THE PATH CHOICE OF
BEAUTIFUL COUNTRYSIDE CONSTRUCTION

# 梧村庭院

## 美丽乡村建设的
## 路径选择

郭晗潇 —— 著

社会科学文献出版社
SOCIAL SCIENCES ACADEMIC PRESS (CHINA)

# 《梧村庭院》序

我国很早就进入了农耕社会，在湖南道县、澧县，广西桂林甑皮岩，江西万年仙人洞等地都发现了超过一万年的栽培稻谷碳化谷粒。自秦始皇统一中国并确立郡县制，以家户为单位的小农经济便成为中国农业社会的特色，县以下基层组织也是以农户为基础建立起来的：史称五家为伍，伍以上为里，十里为亭，十亭为乡。从居住空间看，自新石器时代就形成了一家一户的房屋，并相聚一起，周围修筑壕沟构成村落，如半坡遗址、姜寨遗址。可以说，经历了几千年，以家庭村落为基础的乡村社会一直持续到今天。很自然，在乡村社会学的研究中，村落、家庭是不可缺少的主题，尤其是"社区研究"的方法创立后，以费孝通先生为代表的前辈学者对村落社区进行了开拓性的研究，现如今村落社区研究更是方兴未艾。

相比村落社区研究，对家庭的研究多集中在家庭的结构、功能、继嗣、房屋等方面，而对与家庭居住环境相关的庭院的研究则是近些年的事。费孝通先生在 20 世纪 80 年代对城乡发展的研究中，总结出了各种发展模式，"庭院经济"便是其中一种。我记得湖南常德就是以庭院经济为发展特色，被称为"常德模式"。所谓庭院经济，就是在屋前屋后种植经济作物（果树、蔬菜、药材等）、发展水池养殖、利用沼气作燃料或积肥，形成环境优美、生产生活兼顾的庭院。这种庭院经济后来发展到全国，在江苏、浙江、福建、安徽等地发展迅速，在扶贫时又被推广到西部民族地区。自开展乡村振兴、提倡美好生活以来，纯粹美化乡村庭院的活动开始增多，有关"庭院设计"、"庭院空间"甚至"庭院文化"的研究也不断增加。无疑，从庭院经济到庭院美化，从庭院的实用功能向审美、庭院文化的转变，既展现了乡村的变化，也为乡村研究提出了新的课题。目前，社会学对庭院的研究并不多，而郭晗潇的《梧村庭院》正是响应这种变化的研究成果。

庭院美化，依常识来看应该是在富裕起来的农村中发生的事。如果不算几个直辖市，浙江应该是人均收入最高、最富有的省份之一了。难得的是在发展经济的同时，浙江也注重生态保护，"两山"理念就是在浙江提出的。浙江生态环境保护得好，并不是钱堆起来的，而是抓到了点子上，那就是从每家每户抓起，庭院美化就是方法之一。《梧村庭院》选择的田野点是浙江省安吉县，安吉在浙江省县域经济中的排名是第 62 位（共 90 个县区），处于中下游，可见作者对于选点是有一定的思考的：如果选择太富裕的地方做庭院研究，可能会被人认为太典型了，没有普及意义。

首先，《梧村庭院》透过"庭院美化"揭示了乡村建设与基层运作的规律，作者提出乡村治理的核心是"平衡"，即基层干部寻找农民意愿与国家政策之间的"平衡点"，而梧村庭院美化运动能够成功，正是寻找到了这个"平衡点"。作者的这一发现很重要，如何寻找平衡点可作为乡村基础社会运作的一种范式。

其次，作者关注到了"私人空间"和"社会空间"的互动，从庭院的变化出发探讨私人空间的变化，同时建立了考察私人空间转型的三个维度：意识维度、经济维度和时间维度。作者从这三个维度分别考察了梧村庭院美化的过程和结果，这对于空间社会学理论是一种有益的补充。

再次，作者对参与庭院美化的两个主体，即梧村"两委"与农户之间的关系作出了精彩的描述：服从与抗争、支配与反支配、相互合作等，梧村"两委"充分利用熟人社会中的"面子机制"与"合作机制"使庭院美化项目得以顺利实施。

最后，作者阐述了村民从被动到主动、从被动参与到主动参与的过程，而正是这一过程使得庭院美化能够持续。

无论是精准扶贫，还是乡村振兴，目的都是让村民过上美好的生活！从《梧村庭院》看到美好生活就在眼前，笔者不由得想到费孝通先生提出的文化自觉，梧村村民的主动参与不正是文化自觉的体现吗？

是以为序。

周大鸣

2022 年 6 月 17 日

# 前　言

　　笔者于 2017 年 8 月第一次到浙江安吉调研时，在梧村发现了一个鲜见的现象，在村里统一组织、统一规划、统一要求之下，家家户户都搞起了"庭院美化"这种成规模、群体性地美化农居庭院的活动，这不是自发的、零散的庭院美化行为，笔者称之为"梧村现象"。在全国广大农村地区，这种现象确实还不多见，因此引起了笔者的研究兴趣。笔者随后多次来到梧村，采用文献分析法、参与观察法、深度访谈法等研究方法对"梧村现象"进行了深入的调研。

　　在参考和借鉴前人研究成果的基础上，笔者根据人们利用、改造空间的目的，将空间划分为"工具性空间"、"价值性空间"和"混合性空间"三种理想类型。在此基础上，进一步将空间变迁的类型分为四种理想类型。梧村农居庭院美化后，增添了审美元素、融入了审美意识，我们称这个空间变迁过程为私人空间转型。由此，感性认识的"梧村现象"就提炼为"私人空间转型"的理论概念。梧村"私人空间转型"的原因、背景、机制和过程是什么？这是本研究要重点考察的。为了衡量"私人空间转型"，笔者提出了考察的三个维度，即意识、经济与时间，并从这三个维度具体地考察梧村庭院美化的状况。

　　国家发展理念的转变和基层组织建设形成的合力是梧村庭院发生私人空间转型的动力。国家战略是随时代发展和发展理论的创新而发生变化的。本书着重分析了产生"梧村现象"的背景和基础：重视乡村文化的传承、提高对乡村文化的认识是"梧村现象"产生的时代背景；习近平生态文明思想及其核心"两山"理念的提出与践行是"梧村现象"产生的理论背景；梧村的经济发展是"梧村现象"产生的物质基础；安吉县建设美丽乡村的实践则是"梧村现象"产生的实践基础。

基层建设，尤其是基层组织建设，是促成农居庭院"私人空间转型"的关键性因素。基层治理是复杂的，需要基层干部去寻找农民意愿与国家政策的平衡点。庭院美化过程经历了三个环节，分别是审美意识培养环节、审美意识转化环节以及审美意识内化环节。在庭院美化的过程中，有两个重要的机制在起作用："面子机制"和"合作机制"。"面子机制"起作用的社会基础是"熟人社会"，在陌生人社会里，人们彼此不熟悉，"面子"的约束性作用不大。

产生"梧村现象"，仅靠村"两委"的倡导和推动是不够的，他们只是实现这一过程的主体之一。另一个重要的主体是村民，他们才是自家庭院美化的真正实施者。村"两委"和村民之间不是简单的权力主客体关系，而是"主体间性"的关系。笔者从村民这一主体的视角出发，从深入访谈的资料中，撷取了梧村庭院美化过程中的几个典型案例，来探讨"梧村现象"产生的内在过程。

本研究的创新之处，一是在借鉴韦伯"社会行动理想类型"理论的基础上，对空间作出了新的理想类型分类。这种新的空间分类方法和空间变迁的理想类型对于研究城乡建设过程中的空间变迁有所裨益。二是建立了考察私人空间转型的三个维度：意识维度、经济维度和时间维度。笔者分别从这三个维度考察了梧村庭院美化的过程和结果，这对于空间社会学理论是一种有益的补充。

本研究的主要结论是：在农村经济发展的基础上，在发展理念的转变和基层组织建设双重力量的推动下，梧村农居庭院完成了"私人空间转型"过程；作为参与这一过程的两个主体，梧村"两委"与村民之间充满了服从与抗争、支配与反支配，但合作还是占主导地位的；"面子机制"与"合作机制"是庭院美化项目得以顺利实施的内在机制，也是该项目取得良好效果的重要保证。

本研究验证了福柯关于现代权力是一种"弥散的权力"的理论，同时对福柯的现代权力理论进行了拓展，对权力在"私人空间转型"中的运作过程进行了"末梢考察"，发现了中国基层社会权力运作的某些特点。

# 目　录

# 图表目录

# 第一章　导论

*中国国家之新生命，必于农村求之；必农村有新生命，而后中国国家乃有新生命。*[①] ——梁漱溟

本章介绍了选题背景，将从观察到的"梧村现象"出发，经过理论凝练，形成农居庭院"私人空间转型"的概念。

## 一　选题背景

### （一）初入梧村

2017 年 8 月，笔者前往浙江省湖州市安吉县调研，来到了中国最早一批以打造"美丽乡村"为目标的梧村[②]。梧村始终坚持"乡村旅游地、文美看梧村"的发展定位，全面打造集生态度假、休闲农业等文旅产业为一体的乡村旅游地。

进入梧村，映入眼帘的是干净整洁的柏油马路，路边整齐有序地停放着几辆小汽车与自行车，村中心公园中簇新的长廊里坐着几位在闲聊的村民，一群阿姨在整洁的广场上跳着新编排的广场舞。公园边上是村委会所在地，修剪整齐的绿化带环绕着一栋三层白色小楼，营造出一派肃静又沉稳的景象。

村中，一些周边大城市来度假的游客漫步其中，他们大多聚集在田园加勒比乐园、高氏雄艺术馆、民宿街等观光景点。走进辖属梧村的自然村荷村，一幢幢徽派农居建筑错落有致，青瓦白

---

① 梁漱溟：《乡村建设理论》，商务印书馆，2015，第 322 页。
② 梧村是学术化名，书中凡涉及调查的地名及访谈对象均为化名。

墙的古朴建筑风格让游客流连忘返，村民三三两两地坐在公共广场的长椅上乘凉聊天，脸上洋溢着幸福满足的笑容。

荷村最特别的景观，是农居建筑外围墙上的、据说是由上海美术学院（即上海大学美术学院）的师生创作的3D画，憨厚可爱的小狗与色彩斑斓的目莲花立体地呈现在白色的院墙上，活灵活现，显得既有情趣又富有格调。最让笔者眼前一亮的是荷村的农居庭院，每家每户都做了庭院美化，并且风格各异，有的打造出小桥流水的婉约气质，并配以大面积的绿植；有的甚至花重金在院中建造了私人游泳池……笔者眼前不禁浮现出一幅人与自然和谐共处的美丽乡村画卷，给人带来很大的视觉冲击，让笔者印象深刻。（参见图1-1）

图1-1　梧村公共环境外貌（笔者摄）

注：本书中未另注明出处的图片均为笔者拍摄。

走进一家农户的院落，外面是柏油马路，大门两侧一面是竹林和绿植，一面是颜色艳丽的草花，粉色的、蓝色的、黄色的，十分惹眼。走进大门，有一种走进高档别墅的感觉，如果不是身处梧村，笔者都不敢相信这是农户的庭院。一个弯曲有致的小水池坐落在庭院中央，一座小桥跨越水池最窄处，水面上漂浮着几朵水莲，很有曲水流觞、小桥流水的意境。（参见图1-2、图1-3）

图 1-2 梧村农居外景（摄于 2017 年 8 月）

图 1-3 梧村农居庭院（摄于 2019 年 8 月）

笔者在城市出生、长大，也曾到过国内其他地区的乡村。乡村留给笔者的印象大部分是"脏、乱、差"，是坑坑洼洼的地面与杂乱无章的公共、私人环境。当然，我也到过少数环境治理得不错的乡村，其中不乏一些农户装扮整饬自家庭院。一些以旅游业为发展方向的乡村，通常情况下其旅游景点的环境与农户居住的环境呈现"两张皮"的状态，虽然游客能够享受到周到的服务与田园风光的秀美，但是村民自己的生活环境却不尽如人意。部分农民在经济条件改善之后，开始注重对自家庭院的美化，这种现象在农村地区很常见，但是像梧村这样由村里统一组织、统一要求、统一规划，成规模、群体性的庭院美化现象，还是比较少见。农居庭院搞得很漂亮、很美观，在经济条件大大改善了的农村地区并不稀奇，有些农居庭院甚至堪与高档别墅相媲美，但梧村家家户户都搞起了庭院美化，这一现象还是给笔者带来了不小的内心震撼。邻近村庄只有零星几户做了庭院美化，均是由村民自发完成的，但梧村家家户户都搞起了庭院美化，是什么样的原因引起的呢？

## （二）再识梧村

笔者带着对梧村的好奇多次重返该村进行深入调研时，将侧重点放在梧村的"庭院美化"这一现象上，试图了解到更多的相关信息。

笔者在调研中找到了刘英家2005年拍摄的庭院照片，从图1-4可以看出，未开展庭院美化时的农居庭院，各种物件乱堆乱放，杂乱无章，毫无美感，所谓庭院只是农户堆放东西、劳作和休闲的场所，并没有花费什么时间和金钱去修整，是一个注重实用性的农居庭院。

再看图1-5和图1-6，同样是刘英家，进行美化之后，庭院变得干净整洁了许多，房屋重建，为了美观铺设了鹅卵石围台，同时在院中种植了不少花草树木，都进行过精心修剪、有一定的造型审美，不仅整洁有序，而且有一定的美感，也花费了不少金钱和精力，是一个注入了一定审美意识的农居庭院。

图 1-4　荷村刘英家美化前的庭院
（图片由刘英提供，摄于 2005 年）

图 1-5　荷村刘英家美化后的庭院 1
（摄于 2021 年 1 月）

图1-6 荷村刘英家美化后的庭院2
（摄于2021年1月）

一个有意思的问题是，当乡村的经济水平发展到一定程度时，是否必然可使农民家家户户自觉地开始美化自家庭院？然而，梧村的"庭院美化"现象分明告诉我们，答案是否定的。党的十九大提出乡村振兴战略，并强调"永远把人民对美好生活的向往作为奋斗目标"。"人民对美好生活的向往"的内涵是十分丰富的，农民对庭院的美化改造也包含在对美好生活的向往之内。虽然经济发展是产生审美需求的前提，但这不是全部。究竟还有什么其他因素推进了梧村的"庭院美化"建设呢？或者说，梧村农户的私人空间出现成规模、群体性美化现象，除了村民经济收入提高了，还有什么其他影响因素呢？

当前国内关于乡村环境美化现象的研究多集中于公共环境的美化及房屋建筑的装饰等，而关于农居庭院美化的研究多聚焦于庭院空间的布局及设计，即针对庭院的一些美化方式进行具体分析，但笔者关注的是农居庭院美化的社会行动逻辑及其社会意义，并试图从权力的角度考察庭院内部空间与外部空间的互动。换言之，笔者关注的对象不是普通意义上的农居"庭院美化"，而是像梧村一样，家家户户统一搞起来的成规模、群体性的农居庭院美化现象。从一般意义上来说，庭院美化也是建设"美丽乡村"的一个组成部分，是实践"生态宜居"方针的重要具体方案之一。因此，庭院美化值得研究，梧村式的庭院美化因其不多见，更值得研究。

## 二　概念界定

### （一）农居庭院

中国庭院建筑史绵延数千年，庭院种类繁多。院落与房屋相结合的建筑形式被称为"庭院"。[①]

在古代文献中，关于"庭"与"院"含义的解释很多。"庭"初称"廷"，是室外的围合平地。《说文解字》中说"庭，宫中也"，指围墙以内的空间。《玉海》中说："堂下至门，谓之庭。"《玉篇》中说："庭者，堂前阶也。"《荀子·儒效》说"庭"是"君子之所以骋志意于坛宇宫庭也"。概言之，可将"庭"的含义归纳概括为围墙以内、主体建筑四周的空地或由围墙围合而成的中心空间。"院"在古代文献中也有解释。《玉篇》中说："院者，周垣也。"《辞海》中解释"庭院"为正房前后的宽阔地带，泛指院子。

在笔者的研究中，农居庭院指以家庭为单位，农民可以根据个人意愿进行改造的、围绕在农居建筑四周的私人院落。本研究所涉及的梧村农居庭院不涵盖以接待游客为目的的民宿庭院，只包括以居家为目的的普通农居庭院。

---

① 参见邓寄豫《现代文化视角下的传统庭院空间研究》，硕士学位论文，湖南大学，2010。

## （二）私人空间

在齐美尔之前的社会学巨擘虽然在其作品中也曾提及空间，但社会空间理论的真正奠基者是社会学家齐美尔。齐美尔作为第一个建立空间研究体系的社会学家，认为空间的社会属性高于自然属性。这使得对空间进行社会学意义上的研究拥有了合理性，打开了社会研究的视野。

社会学视野下的空间，不再是单纯的物理空间，而是会受到各种社会影响的"社会空间"。人类的活动，尤其是权力的因素，会给物理空间打上深深的社会烙印。

爱德华·W.苏贾在《后现代地理学——重申批判社会理论中的空间》一书中将空间分为三类，分别是物质空间、心理空间和社会空间。物质空间指客观的物理空间，包括自然地理空间；心理空间是一种主观的精神空间；社会空间则是将前两种空间融合到一起，并被融合进社会空间性的社会建构中。[①] 在笔者的研究中，主要考察的是在客观的物理空间内产生的社会学问题，因此有必要将苏贾所述的物质空间做一个简要的定义。物质空间可细分为两种，分别是自然空间和人化空间。自然空间是指先于人类意识和行为而存在的空间，如未经人类改造的森林、海洋等自然性空间。事实上，现在地球上的自然空间越来越少，大部分森林、雨林、海洋等自然存在的空间都已经被人类涉足并改造过，那些被人类"保护"的自然景观也不再属于自然空间。人化空间指经过人类空间实践改造而形成的空间。大部分我们能想象到的空间都属于人化空间，毕竟人类几乎已经在地球的每个角落都留下了痕迹。

私人空间一般包括农居的房屋建筑以及由围墙、篱笆围起来

---

① 参见爱德华·W.苏贾《后现代地理学——重申批判社会理论中的空间》，王文斌译，商务印书馆，2004，第182~185页。

的庭院，在本书中专指梧村在村里统一组织、统一规划下，开展了庭院美化的农居庭院空间。自然空间第一次被人类利用、改造，笔者称之为"空间的初级改造"。经过初级（primary）改造，空间就从自然空间转化为人化空间。这个空间不再是纯自然状态的空间，而是融入了人类某种目的（工具性目的或价值性目的）的空间。如果人类对"人化空间"再进一步地进行改造，笔者称之为"空间的次级改造"。本书研究的梧村农居庭院的美化就属于一种空间的次级（secondary）改造行为。

### （三）梧村现象

在建设美丽乡村的大背景下，农民对自家庭院进行规划设计、美化和绿化，追求生活起居的舒适和美感，是近年来涌现出的新气象，有方兴未艾之势。根据笔者的观察，农居庭院美化有两种模式。一种是主动型庭院美化模式，即村民主动地、自发地对自家庭院进行美化。这种模式是零散的，是依经济条件和个人喜好量力而行的个人行为。另一种是被动型庭院美化模式，即在基层组织的引导和督促下，被动地对自家庭院进行美化。这种模式是成规模的集体行为。像梧村这样，村里统一组织、统一要求、统一规划，成规模、群体性的庭院美化现象还是比较少见的，笔者在梧村将观察到的庭院美化现象称为"梧村现象"。

将"梧村现象"作为研究对象，有笔者的学术考量。我们知道，基层组织的实践和权力的运作方式是诸多学者研究乡村问题所关注的焦点。笔者试图找到一个新的研究切入点，通过对"梧村现象"的深入考察，研究基层组织在乡村振兴战略的实践中具体是如何发挥作用的？权力运行的过程是怎样的？有何特点？从而为丰富相关研究，提供自己独到的学术见解。

## 三　梧村概况

虽然笔者以梧村为分析单位探讨相关研究问题，但是任何村落的发展变迁都离不开县域一级环境的影响，因此梳理安吉县的发展概况有助于更清晰地呈现梧村的乡村变迁轨迹，本节将在介绍梧村的情况之前，对安吉县的基本情况进行简要的介绍。

### （一）安吉县概况

安吉县建县于汉中平二年（公元 185 年），属丹阳郡，取《诗经》"安且吉兮"之意得名。安吉为浙江省湖州市下辖县，位于长三角腹地，县域面积 1886 平方公里，下辖天荒坪、孝丰、梅溪、天子湖、郼吴、杭垓、报福、章村 8 个镇，溪龙、山川、上墅 3 个乡，昌硕、递铺、灵峰、孝源 4 个街道，共 217 个村（社区），2023 年常住人口 59.6 万人。① 天目山脉自西南入其境，分东西两支环抱县境两侧，呈三面环山、中间凹陷、东北开口的"畚箕形"辐聚状盆地地形，地势西南高、东北低。改革开放以来，全县交通基础设施面貌发生了翻天覆地的变化，安吉县与长三角一线城市的距离进一步拉近，距杭州、上海、苏州、南京、合肥等地车程约在两小时左右。

改革开放 40 多年以来，安吉从一个较落后的山区县，到现在经济社会发展成绩斐然，实现了跨越式发展，人民生活实现了由温饱到小康的历史性转变，综合经济实力大幅提升。2022 年，安吉县地区生产总值达 582.4 亿元，同比增长 0.9%，完成财政总收入 109.7 亿元，其中一般公共预算收入 62.5 亿元；城乡居民

---

① 安吉县人民政府网：《安吉县县情简介》，http://www.anji.gov.cn/col/col1229211445/。

人均可支配收入分别增长 4.1%、6.5%。① 改革开放以来，安吉的产业结构经历了从第一产业主导向第二产业主导再向第三产业主导的转变，经济发展动力由要素驱动向创新驱动转变，经济发展方式由简单粗放向绿色集约转变。三次产业增加值结构由 1978 年的 44.7∶36.6∶18.7 转变为 2022 年的 5.2∶46.8∶48.0，1992 年二产经济规模首超一产，2016 年三产经济规模首超二产。② 安吉人民的物质生活水平与民生问题得到了彻底的改善。

改革开放之初，安吉城乡居民人均收入仅有 200 元左右，到 2022 年，安吉城镇居民人均可支配收入达 68446 元，同比增长 4.1%；人均消费支出 46351 元，同比增长 5.3%。2022 年，安吉农村居民人均可支配收入达 42062 元，同比增长 6.5%；人均生活消费支出 29242 元，同比增长 7.9%。③ 安吉人民的生活向小康迈进，其消费结构也已逐步实现由生存型消费向发展型消费的升级。另外，安吉县交通基础设施的建设、多层次社会保障体系的形成、旅游发展的繁盛、卫生与教育系统的完善都标志着安吉经济社会发展的成绩处在我国县域一级经济社会发展的前列。

安吉县是"两山"理念即"绿水青山就是金山银山"科学论断的诞生地。2005 年 8 月 15 日，时任浙江省委书记的习近平同志在考察安吉县天荒坪镇余村时首次提出"绿水青山就是金山银山"。事实上，安吉在经历 1998 年太湖治污"零点行动"的阵痛过后，就已经在结合自身实际的情况下积极调整产业结构。2001 年，安吉确立"生态立县"发展战略，下定决心主动大幅度淘汰

---

① 安吉县统计局、国家统计局安吉调查队：《2022 年安吉县国民经济和社会发展统计公报》，http：//www.anji.gov.cn/art/2023/4/27/art_1229518619_39312 18. html。
② 安吉县统计局、国家统计局安吉调查队：《2022 年安吉县国民经济和社会发展统计公报》，http：//www.anji.gov.cn/art/2023/4/27/art_1229518619_39312 18. html。
③ 安吉县统计局、国家统计局安吉调查队：《2022 年安吉县国民经济和社会发展统计公报》，http：//www.anji.gov.cn/art/2023/4/27/art_1229518619_39312 18. html。

图1-7 安吉余村的"两山绿道"

水泥等高耗能高污染企业。到2006年，安吉县成为全国第一个"生态县"，县委县政府明确了"坚持生态立县、突出工业强县、加快开放"的发展道路。多年来，安吉始终坚持"生态立县"的发展战略，经济发展方式向生态低碳转变，走出了一条生态美、产业兴、百姓富的可持续发展之路。

## （二）梧村概况

梧村位于浙江省湖州市安吉县灵峰国家级旅游度假区西北部，紧邻塘浦工业园区，云鸿西路穿村而过，交通便利。村内丘、岗、坡、冲层次分明，村民依山傍坡而居，是一个经济繁荣、环境优美的城郊型村庄。全村区域面积6.8平方公里，其中耕地面积 1223 亩，园地面积 1800 亩，山林 3700 亩。全村共 11 个村民小组、453 户、1656 人，党员 60 名。[①] 2018 年，村集体经济经营性收入 679 万元，农民人均收入 40698 元。[②] 近年来，梧村在习总书记"绿水青山就是金山银山"理念指引下，深入推进产业融合发展，在产业融合发展中推动乡村治理，在乡村治理中促进农业增效、农民增收，实现了生态宜居、乡风文明、产业发展良性循环，先后荣获全国创先争优先进基层党组织、中国十佳小康村、中国美丽休闲乡村、国家级美丽宜居示范村、国家 3A 级景区等多项荣誉。

2015 年，梧村首次将农户内部庭院的建设纳入整个美丽宜居工程中来。2016 年起，梧村下辖自然村荷村与下辖社区临风家园为加强维护村内公共环境与庭院环境的秩序，分别出台了相关的管理制度，并成立了业主管理委员会和绿化卫生评定小组。业主管理委员会共有成员 5 人，由自然村住户选举产生，日常经费由村统一拨付，在村委会领导下开展环境管理相关工作。绿化卫生评定小组由自然村内党员、生产队长（村民小组组长）、妇女队长、业主管理委员会成员组成。业主管理委员会将组织绿化卫生评定小组对自然村内住户进行检查（每个季度进行一次），现场打分，并根据得分情况评出一、二、三等；村及业主管理委员会按评出来的一、二、三等给予奖励，奖金从村拨付的自然村管理经费中支出；村及业主管理委员会组织约谈得分最低的住户，查找原因并帮助其整改。

梧村下辖的荷村与临风家园皆形成了一套完整的监督体系，并在管理制度中明确提出了有关私人庭院环境管理的要求，如"庭院内不允许堆砌杂乱的缸、盆、罐子等，村集体可回收此类

---

① 安吉县人民政府网，http://www.anji.gov.cn/art/2023/8/17/art_1229518637_3939133.html。
② 安吉县人民政府网，http://www.anji.gov.cn/art/2023/8/17/art_1229518637_3939133.html。

杂物""房屋四周的卫生由住户自己保洁，具体范围由村及业主管理委员会确定"等。

图 1-8 梧村"两委"大楼

## 四 研究方法

本研究的主要目标是阐释当前中国经济发达地区的农居庭院为何在空间功能属性上从"提供经济支持"嬗递为"庭院美化"。农居庭院实现了从工具性主导型空间到价值性主导型空间的跃迁，本研究旨在分析改变发生的横向与纵向原因。本研究选取了浙江省湖州市安吉县的梧村作为案例。中国的"美丽乡村"建设发端于浙江省，安吉县又是"两山"理念的诞生地，而地处安吉县的梧村自 2015 年起就在村"两委"的带领下开展了"庭院美化"建设，因此梧村可作为最早兴起"庭院美化"建设的代表性个案进行研究。

### （一）个案研究法

个案研究法指对单一的研究对象进行深入而具体的研究，学界对个案研究方法论也有过一些讨论。个案研究法的代表性与典型性问题一直是备受争议的，王宁认为"个案研究实质上是通过对某个（或几个）案例的研究来达到对某一类现象的认识，而不是达到对一个总体的认识。至于这一类现象的范围有多大、它涵盖了多少个体则是不清楚的，这也不是个案研究所能回答的问题。由于作为类别的研究对象的边界是模糊不清的，没有办法从中抽取样本（以便从样本推论总体），也就不存在统计性的代表性问题"①。在个案研究中，典型性是必须具有的属性。该个案是否体现了某一类别的现象（个人、群体、事件、过程、社区等）或共性的性质，即典型性是关于某一类共性的集中体现。个案研究，既是通过个性研究来寻找共性（即典型性），又是通过个性研究来揭示个案的独特性。个案因而具有典型性和独特性这双重属性②。

　　渠敬东阐述了如何在个案研究中"求真"和"求全"，并将其上升为"从个案到整体"的社会科学研究的路径。他认为，"对社会现象的探究难以从总体结构之配置反推出来，而需要从社会变迁的关节点出发，通过个案研究来捕捉促发社会变化的原初动力和反馈机理"。个案研究本身是需要带有一种"投入感"的，要试图去理解个案中具体的人所构成的社会世界，深入探究个案向时空关系的拓展，"个案展现出来的多重而连续的相关关系和共变关系，构成了主导性的社会机制，并通过结构化的方式呈现出社会全体的完整图景"③。渠敬东也提出了个案理论意义上的典型性具有的优势特征：①拥有比较丰富的历史信息和社会容量；②社会的自然机制可自发维持"日常化"和将外部介入因素"再日常化"的过程；③在广度和深度上尽可能扩充、延展和融

① 王宁：《代表性还是典型性？——个案的属性与个案研究方法的逻辑基础》，《社会学研究》2002 年第 5 期。
② 王宁：《代表性还是典型性？——个案的属性与个案研究方法的逻辑基础》，《社会学研究》2002 年第 5 期。
③ 渠敬东：《迈向社会全体的个案研究》，《社会》2019 年第 1 期。

合与外部各种政治、社会和文化因素的关联；惟有此，才能创造出；④更为集中、极致和全面的社会机制，具有更大的扩展性。①渠敬东提供的"典型个案"的策略更多从实证研究的逻辑出发进行讨论，耿曙认为实证方法可以补充一些技术，帮助研究者更好地运用"典型个案"策略，在"总体把握"的基础上，除反映特质的"典型个案"外，还有很多其他的"个案选择"策略，如"比较个案"设计、"关键个案"研究方法以及"最大个案间变异"等研究设计均可成为个案选择策略。②

个案研究的意义从来都不在于个案本身，而是要脱离微观场景的控制，提炼外推到更宏观的层面。卢晖临、李雪提出了如何"走出个案"的四种方法：一是类型学的研究范式；二是人类学的解决方式；三是分析性概括；四是扩展个案方法。③扩展个案方法（Extended Case Method）是由美国社会学家布洛维重建和发展起来的，是一种微观与宏观的结合和互动。扩展个案研究方法与传统个案研究方法的根本区别在于，传统个案研究虽然不排斥对外在宏观因素的考察，但只是站在微观个案的基础上理解宏观因素对微观生活的影响，可以称之为一种建立宏观社会学之微观基础的努力；扩展个案方法的不同之处在于立足点从个别个案到宏观权力的方向转移，它将社会处境当作经验考察的对象，从有关国家、经济、法律秩序等已有的一般性概念和法则开始，去理解那些微观处境如何被宏大的结构所形塑，其逻辑是说明一般性的社会力量如何形塑和产生特定环境中的结果，换言之，这种方法论试图建立微观社会学的宏观基础。④

就本研究而言，笔者采用了扩展个案的研究方法展开研究。

---

① 渠敬东：《迈向社会全体的个案研究》，《社会》2019 年第 1 期。
② 参见耿曙《从实证视角理解个案研究：三阶段考察渠文的方法创新》，《社会》2019 年第 1 期。
③ 参见卢晖临、李雪《如何走出个案——从个案研究到扩展个案研究》，《中国社会科学》2007 年第 1 期。
④ 参见卢晖临《社区研究：源起、问题与新生》，《开放时代》2005 年第 4 期。

本研究选取的梧村符合典型性个案的特征。梧村作为 2015 年就开始进行庭院美化建设的村庄，比国家出台乡村振兴战略后才开始建设"美丽家庭"的乡村有更加深厚的庭院建设历史与更具规模的庭院建设模式。在展现了"庭院美化"这一现象的所有乡村中，无论从历史还是发展的角度讲，梧村都可以作为"典型个案"进行研究。此外，本研究也较适合以拓展个案方法展开研究，因为考察梧村庭院美化建设的缘起与发展必定要与时代背景相联系，而庭院在各阶段的空间属性是被社会结构、国家政策等宏观背景所形塑的，充分体现了微观与宏观的结合与互动。从微观视角来看，梧村庭院美化建设的具体过程、村民对庭院美化建设的看法以及村民与村"两委"之间的互动都是笔者将要在本研究中阐释的。从宏观视角来看，国家发展战略侧重点的转移、梧村与安吉县经济发展水平的变化及发展目标的变迁，都将在本书中做清晰的梳理。本研究将在国家及政府乡村建设路径的视角下，探究个案中梧村的庭院空间属性发生了怎样的变迁，将不同阶段的庭院空间进行对比，从而凸显庭院美化建设的重要性，并呈现其背后的国家发展战略的变迁路径。

## （二）文献分析法

1. 充分利用从图书馆、知网等途径收集的相关学术专著、学位论文、期刊文章、报纸文章、统计数据、研究报告等与本研究相关的文献。

2. 充分利用从安吉县农业农村局、湖州市生态环境局安吉分局、政府档案馆（室）、安吉县统计局、灵峰街道无荒坪镇等部门收集到的县域、乡镇一级的政府文件、处理决定、政策汇编、新闻报道，以及各年度年鉴等文档资料与地方史志资料。

3. 从梧村收集了历史文献、数据、会议记录、宣传稿等电子与纸质版资料并加以分析。

### （三）参与观察法

笔者在调研期间借居在农户家庭，与梧村村民朝夕相处，对村民的日常生活进行了细致的观察。在调研期间，笔者每天走家串户，以访客的身份观察梧村不同农户家的庭院美化情况，如庭院中植物的种类与用途、庭院的布置情况等，并在闲谈中了解农户美化庭院的行为过程和心理变化过程。另外，笔者也会观察村"两委"的工作日常，通过旁听村民代表大会、村"两委"内部会议、村民委员会会议等，以及旁观村干部与村民在村委的日常交流等，观察他们如何进行庭院评比活动，并记录检查过程中关注的重点及提出的问题。笔者在调研期间，每天坚持将自己的所见所思所想以调研日记的方式记录下来，形成了 5 万多字的调研笔记。调研笔记主要反映了笔者当天与研究内容相关的见闻，以及相应的思考与回答。

### （四）深度访谈法

对深度访谈对象的选取，笔者运用了定性研究中常用的滚雪球抽样方法。本研究要研究的是 2015～2019 年梧村庭院建设的过程及机制，因此关键访谈人物就确定为 2015 年任梧村第一书记的卢健以及调研时任的村书记与村主任。笔者在与他们的交谈中获得了一些庭院建设过程中的信息与线索。

此外，笔者还访谈了"村民委员会"的成员，因为他们是最了解庭院评比机制的人，也是制度的直接执行者，通过对他们的访谈，可以加深对梧村庭院治理现状的了解。

### （五）文本分析法

在本研究中，为了深入分析农村问题在国家发展战略中的重要地位，采用了文本分析法。本研究以 1978～2018 年《人民日报》发表的有关农村问题的社论作为分析文本，选取社论中提及频率最高的七个与农村问题高度相关的关键词，并依据其出现频率，从国家发展战略的视角出发，梳理国家对农村问题的认识深化过程和解决路径的变化过程，以及由此作出的相应的工作重心转移。笔者具体分析了改革开放四十余年来国家为解决农村问题出台的政策以及政策导向的变迁，并将其划分为四个历史阶段："农村体制改革"发展阶段、"农村经济"发展阶段、"民生"发展阶段以及多元化发展阶段。

显然，"梧村现象"的产生与国家发展战略的变化是分不开的。或者说，国家发展战略的变化是"梧村现象"产生的重要背景之一。

### （六）问卷调查法

为了对梧村农居庭院美化概况有一个整体的了解，笔者还做了一个小型的问卷调查，入户调查了 30 多户开展了"庭院美化"的荷村村民家庭和临风家园村民家庭，实发问卷 35 份，共回收有效问卷 31 份。其中村民自行填写问卷的共有 19 份。因部分村民不识字，所以有 12 份问卷是笔者根据事先设计的半封闭式问卷，在与村民交谈的同时提问，再由笔者记录村民的回答。问卷内容包括村民对庭院美化活动的看法、效果评价以及在庭院美化方面的花费等，具体内容参见附录二。

## 五 研究意义

本研究以梧村为研究个案，对"梧村现象"产生的时代背景、过程及其内在机制进行了较为深入的研究，具有一定的理论意义和现实意义。

### （一）理论意义

研究农居庭院，可以采用多个理论视角。如从民俗学来看，可以探讨农居庭院布置的讲究与禁忌，以及民风民俗在庭院美化中的体现；从美学的视角，可以探讨农民审美观的形成与变迁；从建筑美学的视角，可以研究中国传统的庭院文化是怎样传承的，又是如何变迁的；还可以从经济发展与美好生活的关系出发，探讨农户美化庭院的选择与追求。这些探讨都是有学术价值的。

本研究将从空间社会学的视角出发，探讨"私人空间转型"产生的原因、背景及过程，研究推动这一过程的动力，尤其是基层权力在其中所起的关键性作用是什么。关于乡村的私人空间，已经有诸多学者进行过有意义的探讨，但研究的关注点主要集中在农民的住宅上，研究住宅的结构、形制如何受时代的约制，以及公权力如何介入。

在空间社会学中，所有的空间（人化空间）都不只是物理空间，而是"社会空间"，也就是说，空间具有"自然性"（物理性）和"社会性"双重属性，这是空间社会学的核心思想之一。其核心思想之二就是，空间产生权力，权力型塑空间。或许可以这样说，空间是社会性的空间，社会是空间性的社会。

笔者研究的"梧村现象"，其实就是公权力规制农居庭院这一私人空间的过程。乡村的私人空间不仅包括房屋的外形构造、室内装饰，还包括庭院的空间安排和布局。简单地说，研究庭院的学者没有关注到农居庭院，缺乏空间社会学的视角；研究乡村私人空间问题的学者更多关注农居房屋建筑的空间转型，而较少关注到农居庭院这一私人空间的变迁。

本研究以空间社会学为理论基础，着重分析"梧村现象"产生的时代背景、具体过程及其内在机制。这一研究对于拓展"三农问题"的研究视野具有一定的启示意义。

此外，笔者还提出了考察私人空间转型的三个维度，并具体从这三个维度考察了"梧村现象"，这对于空间社会学理论也是一个有益的补充。

## （二）现实意义

1. 本研究的主要任务就是从理论上阐释"私人空间转型"为何会发生，审美元素是怎样添加进实用性很强的庭院空间的？这样的研究视角有助于我们更好地运用空间社会学理论来理解社会变迁，更好地理解空间的社会意义。

2. 党的十九大提出了要满足"人民日益增长的美好生活需要"。在日常生活中，除了要不断提高物质生活水平，尽力满足教育、民生等社会性需要，为生活增添美学元素、内化审美意识、满足人民精神层面的需要也是"美好生活"的题中之义。梧村开展庭院美化项目并取得了一定成效，对其他乡村开展"美丽乡村"建设、推动乡村振兴有一定的启示意义和示范作用。

3. 笔者从主体间性的视角，分析了村"两委"与村民两个主体在实现"私人空间转型"过程中的互动。为实现"私人空间转型"，梧村"两委"制定了奖励制度、评比制度并推广实施，在此过程中发生了不少矛盾、冲突，村民的反馈、村里的应对，对这些的描述与分析，尤其是梧村"两委"在推进"庭院美化"项目过程中的一些做法和经验，很值得其他乡村借鉴。

# 六　本章小结

1. 笔者 2017 年 8 月第一次到浙江安吉调查时，在梧村发现了一个鲜见的现象，那里家家户户都搞起了"庭院美化"。在我国广大农村地区，特别是经济发达的农村地区，一座座庭院经过精心设计，花重金打造，修整得像花园、像高档别墅的庭院，十分的美观。但是，像梧村这样由村里统一组织、统一规划，成规模、群体性地美化农居庭院的现象（即"梧村现象"）确实还不多见。这引起了笔者的研究兴趣。此后笔者多次来到梧村，进行了深入的调研。

2. 界定了本研究的三个基本概念：农居庭院、私人空间和梧村现象。农居庭院指以家庭为单位，农民可以根据个人意愿进行改造的、围绕在农居建筑四周的私人院落。本研究所涉及的梧村农居庭院不涵盖以接待游客为目的的民宿庭院，只包括以居家为目的的普通农居庭院。私人空间是与公共空间相对应的空间概念，一般包括农居的房屋建筑以及由围墙、篱笆围起来的庭院。梧村现象指在村里统一组织、统一规划下，梧村家家户户开展庭院美化活动的现象。或者说，专指被动型农居庭院美化这一类现象。

3. 对田野调查点梧村的情况进行了简要介绍。梧村位于浙江省湖州市安吉县灵峰国家级旅游度假区西北部，距离杭州仅 1 小时车程，距离上海也仅 3 小时车程，交通便利，被誉为"城市的后花园"。梧村作为 2015 年就开始进行美丽庭院建设的村庄，比国家出台乡村振兴战略后才开始建设"美丽家庭"的乡村有更加深厚的庭院建设历史与更具规模的庭院建设模式。在展现了"庭院美化"这一现象的所有乡村中，无论从历史还是发展的角度讲，梧村都可以作为"典型个案"进行研究。

4. 介绍了本研究采用的研究方法：个案研究法、文献分析法、参与观察法、深度访谈法、文本分析法、问卷调查法。

5. 论述了本研究的研究意义。本研究以空间社会学为理论基础，着重分析"梧村现象"产生的时代背景、具体过程及其内在机制。这一研究对于拓展"三农问题"的研究视野具有一定的启示意义。

本研究主要的现实意义是，从理论上阐释"私人空间转型"为何会发生，以及审美元素是怎样添加进实用性很强的庭院空间的。这样的研究视角有助于我们更好地运用空间社会学理论来理解社会变迁，更好地理解空间的社会意义。同时，梧村"两委"在推进"庭院美化"项目过程中的一些做法和经验，很值得其他乡村借鉴。

# 第二章 相关研究与分析框架

　　辩证法不知道什么绝对分明的和固定不变的界限，不知道什么无条件的普遍有效的"非此即彼！"，它使固定的形而上学的差异互相过渡，除了"非此即彼！"，又在适当的地方承认"亦此亦彼！"，并且使对立互为中介。[①] ——恩格斯

　　本章对研究问题进行了聚焦，并确定了空间社会学的分析视角。关于庭院空间研究的文献较多，本章将从三个方面对前人的相关研究进行文献综述：一是中国庭院研究，梳理了中国庭院产生、发展与变迁的历史轨迹；二是农居庭院研究，相关研究的多种视角都在本章有所论及；三是农村空间变迁研究，主要是"农民上楼"问题。本章还确定了整个研究的分析框架。

## 一　研究的问题

　　本书要研究的问题是"梧村现象"产生的原因、背景、过程与机制。

　　农居是一个私人空间，一般来说，这个空间包括房屋建筑和庭院。它们虽然同属私人空间，但也有所不同：庭院的私密性比房屋建筑更强一些。村民（或游客）无需经过屋主的同意，即可看见房屋的建筑外形、风格、样式，因此房屋具有一些公共空间的性质。庭院就不一样，由于有围墙、篱笆的遮挡，且未经屋主

---

[①] 中共中央马克思恩格斯列宁斯大林著作编译局编《马克思恩格斯选集》（第三卷），人民出版社，1972，第535页。

的同意就进不了大门，不进大门，就难以看见庭院的空间布局和样式，因此私密性很强。从这一点，我们就很好理解为什么公权力对房屋建筑的外形规制较多，比如各地农村对农居建筑的标高和每层楼高都有严格的规定，超标即为违建。一些地方对房屋的外装饰和门前卫生责任区的划分都会作出统一的规定，因为每一栋农居建筑都是整体村庄空间外形的一部分，不仅是农户的私人空间，也是公共空间的一部分。有些村庄甚至会对农居的建筑外形作出统一的规划，使整个村庄的农居样式整齐划一。"农民上楼"更是做到极致，没有农居庭院，农民的私人空间只剩下居室内部了。

综上，我们就不难理解对乡村私人空间变迁的研究为什么主要集中在住宅外形方面，而从空间视角展开的对农居庭院变迁的研究较少。究其原因，主要是农居庭院这个私人空间较少受到公权力的规制。

像梧村这样，由村里统一规划、作出统一要求，成规模、群体性的农居庭院美化现象是怎样发生的？具体来说，笔者的研究问题主要聚焦在：产生这种现象的背景是什么？这种现象产生的过程与机制是什么？由此，笔者决定将"梧村现象"作为研究对象。然而，"梧村现象"只是笔者的感性认识，还不是一个理论概念，作为研究对象，还需要作进一步的理论凝练。

## 二 文献综述

### （一）中国庭院研究

中国庭院的历史源远流长，最早可以追溯到石器时代。由于当时人类处在恶劣的生存环境中，防卫功能成为原始居住建筑的一个重要功能，因此在建造居所时，对外防卫的意识一直渗透在房屋设计中，其外墙或围墙一直都作为人们心理上求得安全的一种需要而存在。[①]

真正意义上的庭院出现在奴隶社会，成熟于封建社会。庭院可分为宫殿型庭院与民居型庭院。[②] 宫殿型庭院最早出现在商周时期，主要用于满足帝王的生活起居需要，庭院中的色彩搭配与空间布局象征着帝王君主的至尊地位。河南偃师二里头商代早期宫殿遗址是中国已知最早的宫殿型庭院建筑，这种由庭院、主殿、廊庑和大门组成的庭院建筑格局对后来各朝代的宫殿建筑布局产生了深远的影响。陕西岐山西周凤雏村宫室遗址是目前中国历史最为悠久的保存完整的宫殿型庭院建筑，整个建筑围绕庭院向心而筑，宫殿的对称设计也体现出皇家庄重严谨的特点。

春秋之后，随着社会生产力和技术的发展，以及砖和铁器的广泛使用，出现了民居型庭院，包括以下四类不同风格的庭院类型：北方四合院、南方院落民居、天井院及客家土楼。各地域的民居型庭院根据不同的地理环境及当地的传统文化形成了独树一帜的庭院特征。民居型庭院的主要功能是满足人们休憩、交往、观赏等方面的需求。值得注意的是，传统民居庭院空间一般比较注重经济，切合生活实际，空间布局安排也比较注意实效，整体庭院空间呈现为起居生活服务的实用性品格。[③]

中国传统庭院空间除了具有民居型庭院的实用性及宫殿型庭院的权威性等特点，更重要的是，其蕴含着中国传统的审美观念以及文化观念。梁思成认为庭院空间是建筑与自然的结合，庭院空间体现了中国"天人合一"及"家庭合一"的传统观念。在其他文化中也曾有过防御性庭院，如埃及、巴比伦、希腊、罗马都有。但在中国，人们吸取了庭院布置的优点，扬弃了它的防御性

---

① 参见邓寄豫《现代文化视角下的传统庭院空间研究》，硕士学位论文，湖南大学，2010。
② 参见何建美《中西古代庭院空间比较研究》，硕士学位论文，湖南大学，2006。
③ 参见赵坤《传统民居庭院空间的比较研究》，硕士学位论文，东北林业大学，2006。

属性，从而使人们在美轮美奂的环境中心情愉悦，同时保留了其"户外生活"的特点。① 从梁思成的论述中可以窥见，他在庭院空间中融入了对居住者的审美理想与人生追求的理解。因此，宫殿型庭院与民居型庭院皆与园林有了不同程度的结合。

自秦朝开始，宫殿型庭院与园林相结合，拓展了庭院空间的功能，宫殿型庭院成为帝王居住、娱乐、休息的场所。② 秦汉时期为帝王与妃嫔们建造的宫苑，其庭院极尽奢华，这也是彰显和巩固皇家帝王权力的一种手段。民居型庭院与园林的结合可以追溯到西汉时期，源于对美的追求，一些贵族开始兴建私家园林式庭院，以自然或人造山石景观与大量的建筑组群结合的形式呈现。

魏晋南北朝时期，战乱不断，士大夫、文人阶层选择寄情山水或创作诗词歌赋来平复时局动荡带来的精神层面的不安，希望在与大自然的融合中找到精神归宿，这间接推动了大自然与庭院建筑的深度融合，逐渐形成了新的审美认识与文化内涵。诗人陶渊明在《归园田居》中这样描述自己的庭院："榆柳荫后檐，桃李罗堂前。"描绘出了一幅自然、美丽的农居庭院之画卷。《渚宫故事》对造园的设计有更加详细的记载："湘东王（即梁元帝）于子城中，造湘东苑，穿池构山，长数百丈，植莲蒲，缘岸杂以奇木，其上有通波阁，跨水为之。东有襖饮堂，堂后有隐士亭……北有映月亭、修竹堂、临水斋，前有高山，山有石洞，潜行宛委二百余步，山上有阳云楼，极高峻，远近皆见。"从记载上我们可以窥见魏晋南北朝时期贵族阶层对庭院"妙极山水"之境界的追求，"天人合一"的观念与美的意识无一不体现在山水、亭阁、名贵植物相结合的山水园林式庭院建筑模式中。

唐宋时期，私人园林庭院的发展步入成熟阶段，庭院建筑多表现为山水写意式的微缩景观，更追求"情中有景、景中有情"、

---

① 参见梁思成《中国建筑史》，百花文艺出版社，2005，第5~10页。
② 参见何建美《中西古代庭院空间比较研究》，硕士学位论文，湖南大学，2006。

情与景互相融合的意境，庭院发展出现新趋势。

明清时期，中国传统庭院建筑发展到历史顶峰，我们现在熟知的大部分私家园林多建造于这一时期，如苏州"拙政园"、无锡"寄畅园"、浙江"绮园"、佛山"清晖园"等，形成了多种不同的私家园林风格。同时，这一时期的造园理论也逐渐成熟，如明代造园名家计成的《园冶》、文震亨的《长物志》以及清代李渔的《闲情偶寄》等。《园冶》在造园思想上进行了系统的论述，将自然观、写意、诗情画意放在庭院营造的主导地位上，详细描写了亭、台、楼、阁、榭、廊等建筑形式在园林式庭院中的造景手法，体现了造园配景中的审美情趣。李渔曾在《闲情偶寄》中提到了自己的庭院审美观，他认为庭院应"贵精不贵丽，贵新奇大雅，不贵纤巧烂漫"①。同时他还提到："常见通侯贵戚，掷盈千累万之资以治园圃。"② 由此可见，直至明清时期，私家园林庭院的建造始终体现的是贵族阶层对美的追求，普通老百姓由于经济水平有限，往往以实用性功能为主进行庭院建造和使用，维持家庭生计而已，遑论产生对庭院审美的追求了。

近代以来，由于社会格局的变迁，私家园林的建造不再局限于贵族阶层，许多经济实力雄厚的人家也兴建了不少私家庄园，其中既有奢华的建筑，也有布置精美的奇花异草。

新中国成立后，城乡二元结构使农村与城市发展极其不均衡，解决温饱问题是中国农村长期以来努力的目标，无力再顾及其他。20 世纪 80 年代中后期至 90 年代初，我国农村曾掀起庭院经济的热潮。庭院经济以家庭成员为主要劳动力，以集约技术为手段，以庭院和四周非承包地为基础和开发利用对象，从事种植、养殖、加工等经营活动。为了寻求振兴经济的资源依托，人们日益重视庭院经济资源的开发利用，推动贫困地区农民尽快脱贫致富奔小康，提高

---

① 参见李渔《闲情偶寄》，沈勇译，中国社会出版社，2005，第 170 页。
② 参见李渔《闲情偶寄》，沈勇译，中国社会出版社，2005，第 169 页。

图 2-1　苏州园林——拙政园

发达地区农民的经济收入和生活质量①。

　　以上是我国庭院变迁的历史发展。西汉时期的贵族阶层希望在与大自然的融合中找到心灵寄托，兴建精致美观的私家园林正是这种追求的具体体现。纵观中国几千年历史，国人对庭院的审美追求从来没有间断过，中国居住文化的核心就是庭院文化，苏轼亦写过"宁可食无肉，不可居无竹"这样的诗句，用来表达对庭院审美的追求。20世纪80~90年代，"庭院经济"热潮在中国农村兴起，当时人们也追求庭院美化，只是经济条件是追求庭院美化的必要条件，迫于彼时中国农村大部分地区还处于解决温饱问题的阶段，因此我们在农村中基本看不到庭院美化蔚然成风的现象。但是到了新时代，党的十九大提出了乡村振兴战略。其中，"生态宜居"方针体现了国家对民居环境的重视，各地方政府纷纷出台"美丽家庭"政策，"庭院美化"现象也因此重归乡村大地、重回大众视野。

---

① 参见谢志晶、柳建国、卞新民《农村不同庭院农业模式与庭院经济发展的分析》，《安徽农业科学》2008年第2期。

## （二）农居庭院研究

### 1. 农居庭院研究的不同视角

当代中国学界关于农居庭院的研究较多，大多是将农居庭院作为建筑空间整体进行宏观分析，也有从景观设计的微观视角剖析庭院的空间布局及结构的研究，还有部分学者将庭院空间与经济问题联系在一起，探讨庭院空间与农户生计问题之间的关系。

（1）建筑学研究视角

倪云总结归纳了乡村庭院景观的四种基本功能，即休闲游憩功能、经济效益功能、生态功能和美学价值，他从景观设计的角度详细描述了从绿化景观、围墙、庭院铺地、景观小品等多种景观要素设计中体现的"庭院美"。① 陈青红通过实证研究分析了浙江省四种不同类型（山地型、平原型、丘陵型、滨海型）"美丽乡村"的景观设计规划，并通过 AHP 层次分析构建浙江省"美丽乡村"景观综合评价模型，分析发现"宜居"是"四宜"（宜居、宜业、宜游、宜文）指标中权重排在第一位的指标，由此可见乡村居住环境景观的总体质量是村民日常生活中最为重要的景观效用。② 但这样的观点有两个缺陷：一是无法回答农户自发地美化庭院与农户成规模地美化庭院的内在机制有何区别；二是无法回答美化庭院所需的"审美意识"从何而来的问题。

冯奇梳理了围绕中国民居庭院形成的各种理论，包括空间说、人体说、伦理说和文化说，从不同角度解释了庭院产生的原因。他展开分析了民居庭院空间，从建筑空间的角度阐释了庭院的内在设计理念。③ 翟艳从空间要素（"垂直边界""水平边界"）

① 参见倪云《美丽乡村建设背景下杭州地区乡村庭院景观设计研究》，硕士学位论文，浙江农林大学，2013。
② 参见陈青红《浙江省"美丽乡村"景观规划设计初探》，硕士学位论文，浙江农林大学，2013。
③ 参见冯奇《中国民居庭院空间研究》，硕士学位论文，华南理工大学，2010。

分析庭院空间的构成原因，探讨中国民居庭院的空间组合与布局，以及建筑与景观的具体造景手法和规划特点。①

姚彬从空间景观设计的角度研究庭院空间形态的特点与布置手段，通过景观设计元素，譬如声、光、绿化、水石等探求庭院空间的生态设计手法。② 周伟则认为只关注民居建筑如何设计和布局是不够的，在建造民居庭院时，应该注意庭院的生态环境与整体自然环境的协调一致。③

这些分析研究了农居庭院的结构、布局特点，但没有研究农户为何要这样做。

（2）经济学研究视角

有学者从经济的角度出发，探讨庭院空间的生产价值与经济收益。陈铭等认为农居庭院事实上是一种微观层面的村庄闲置空间，应注入农业生产功能，通过在庭院空间改造（例如增加具有经济功能的用地的比重）中引入"庭院经济"的策略，有效提高院落空间的集约利用水平，以改善村民的生活并提高生产效率。④

谢志晶、柳建国、卞新民也曾提到农居庭院闲置率较高的问题。他们调查了经济欠发达地区的 6 个乡村的农居庭院，发现庭院闲置问题非常普遍，且农业模式比较简单。他们认为，经济欠发达地区农村应当调整现有农业模式的结构比例，充分利用庭院资源，以增加农民收入。⑤ 庭院在这里只被视为一个具有经济生产潜能的"闲置"空间，没有考虑到其空间的审美价值。

孟宇航根据农民的经济收入水平，将农居庭院划分为三类：

① 参见翟艳《中国传统庭院空间构成要素解析》，《中国园林》2016 年第 9 期。
② 参见姚彬《关于庭院空间景观设计的研究分析》，硕士学位论文，浙江大学，2013。
③ 参见周伟《建筑空间解析及传统民居的再生研究》，博士学位论文，西安建筑科技大学，2004。
④ 参见陈铭等《村庄闲置空间规划中的"庭院经济"策略》，《规划师》2014 年第 6 期。
⑤ 参见谢志晶、柳建国、卞新民《农村不同庭院农业模式与庭院经济发展的分析》，《安徽农业科学》2008 年第 2 期。

将经济收入水平较低的农民所居住的庭院称为传统生产型庭院；将经济收入水平中等的农民所居住的庭院称为经济生产型庭院；将经济收入水平较高的农民所居住的庭院称为体验生产型庭院。经济收入水平较高的农户更注重对"庭院美"的追求。[①]

信桂新、阎建忠、杨庆媛对新农村建设中的农居建设和改造提出了质疑，认为新农村建设虽然给农户带来了生活便利，但是庭院用地的大量减少影响了农居庭院用地的需求，进一步缩减了庭院带来的生产力及经济收益，侧面反映了"庭院经济"对于农户生计的重要性。[②] 这一分析的不足之处在于，它很难回答当乡村的经济发展到一定水平、"庭院经济"对农户生计不再那么重要时，庭院空间属性是否会发生改变这样的问题。

当代国内关于庭院的研究视角大致可以分为两类：一类是从建筑空间与景观设计的角度出发，考察庭院作为建筑空间的形成、分类、演变过程，以及具体景观要素的构成及其与庭院之间的微观互动；另一类是从经济的角度探讨庭院的生产价值，这一类研究大多以经济欠发达地区的农居庭院作为研究对象，阐释"庭院经济"对于经济收入较低的农户的重要性。对农户成规模、群体性美化庭院的动力、内在机制及行动逻辑的研究甚少。

2. 庭院空间的功能研究

孙大章认为可以从空间组合上将民居分类。空间组合是指居民按照社会制度、家庭组合、信仰观念、生活方式等社会人文因素安排的民居建筑空间形制，具有鲜明的社会和时代特征，按照空间组合可将民居分为六大类，分别是庭院类、单幢类、集居类、移民类、密集类、特殊类。[③]

---

① 参见孟宇航《徐州地区农村庭院发展状况与设计研究》，硕士学位论文，中国矿业大学，2014。
② 参见信桂新、阎建忠、杨庆媛《新农村建设中农户的居住生活变化及其生计转型》，《西南大学学报（自然科学版）》2012年第2期。
③ 参见孙大章《中国民居研究》，中国建筑工业出版社，2004，第64页。

庭院式民居历史悠久且分布范围极广，可以说庭院式民居是中国传统民居的主流形式。庭院式民居指的是院落围绕在独栋房屋周边，室内外共同使用的居住生活空间形态。① 孙大章从建筑学的视角解释庭院的设计与其功能之间的联系，认为有顶的空间可以称为"实体空间"，如房屋室内。庭院这种无顶院落可称为"虚空间"。庭院搭建的花坛、鱼池、凉亭等设施融入了主人的审美情趣。②

中国传统民居庭院的功能以实用性为主，庭院主人首先考虑的是庭院的生活用途，在有余力的情况下，会添加一些自然审美情趣在其中，以体现人与自然的和谐。庭院主人是否会在庭院中添加一些自然审美情趣，不仅与其生活情趣、文化素养、生活阅历有关，还与外部力量的影响有关。显然，有关解释仅仅从建筑学那里是得不到说明的。

阎云翔在《私人生活的变革：一个中国村庄里的爱情、家庭与亲密关系（1949-1999）》一书中，提到了庭院功能随着时代背景的变化而发生变化。他认为在 20 世纪 50 年代至 80 年代早期，也就是集体化时期，"宅基地和自留地是农民在工分之外的主要收入来源。人们一般在后院种玉米和土豆，在前院种蔬菜"③。在建房热潮掀起的同时，前院空间发生了从"种蔬菜"到"铺地砖"的转变，这是为了从事各种家庭副业，比如建养鸡场或者粮食加工厂。在生产责任制时期，人们有了大量土地去种粮食作物，因此后院变成了"菜园子"。阎云翔认为中国农居庭院功能的改变与中国社会的时代背景息息相关，农民对自家庭院的空间布置方式产生了变化。例如，在集体化时期，生产队派出的犁杖要帮助全村人犁地，为了方便犁杖进出，当时的庭院都没有围栏；但是到了 20 世纪 90 年代，因为后院变成了菜园子，所以住宅周围都造起了围墙，

---

① 参见孙大章《中国民居研究》，中国建筑工业出版社，2004，第 65 页。
② 参见孙大章《中国民居研究》，中国建筑工业出版社，2004，第 259~267 页。
③ 参见阎云翔《私人生活的变革：一个中国村庄里的爱情、家庭与亲密关系（1949-1999）》，龚小夏译，上海人民出版社，2006，第 138 页。

并安上了木门或铁门。①

　　阎云翔解释说，住宅结构的变化除了有经济发展的原因，更深层次的原因应该是私人空间转型。住宅空间不只停留在物理意义层面上，它同时还包括社会空间，"在房屋结构的背后蕴藏着更为深刻的社会空间原则，人们就是通过这些原则来组织日常生活和界定人际关系的"②。

　　实际上，中国的基层治理方式很特殊，公权力不仅会介入公共事务、影响公共空间，而且会渗入村民的私人空间中，影响农户的住宅结构、庭院空间布局及其利用。梧村的"庭院美化"就是这样的。

　　据笔者观察，公权力对农户私人空间的干预在农村地区并不罕见，如北京延庆区的柳沟新区建设项目（参见图2-2）。

图2-2　北京延庆柳沟新区（摄于2021年1月）

① 参见阎云翔《私人生活的变革：一个中国村庄里的爱情、家庭与亲密关系（1949-1999）》，龚小夏译，上海人民出版社，2006，第138页。
② 参见阎云翔《私人生活的变革：一个中国村庄里的爱情、家庭与亲密关系（1949-1999）》，龚小夏译，上海人民出版社，2006，第139页。

柳沟古城位于延庆区井庄镇柳沟村，始建于明朝嘉靖年间，因年久失修，损毁严重。2007 年开始柳沟古城修缮项目，古城附近的农居被拆，新建柳沟新区。图 2-2 就是拆迁村民搬迁后居住的柳沟新区。从图 2-2 可以看出，该村新建的农居整齐划一，一样的建筑外形，一样的占地面积，每个院落约占地 260 平方米。这与阎云翔所描述的一致，公权力已经深深地介入了农户的私人空间。笔者同时注意到，虽然柳沟新区中农户住宅的外形一模一样，农居庭院的面积大小也一样（约 100 平方米），但对农居庭院的布局、安排，村里并无统一要求，由各户自由处置，保留了一点村民对私人空间的自由处置权。

梧村的情形之所以特殊，就在于村"两委"对农居庭院也作出了统一的要求，并制定了相应的规章制度施以奖惩。本书研究的"梧村现象"，是学者们甚少关注的现象，有一定研究意义。

余剑峰提出，中国传统民居的庭院布局及其使用方式与中国传统文化有异曲同工之妙，庭院空间的布局与居住者的生活水平和审美心理需要密不可分：物质基础是指庭院空间具有三种功能弹性——多用性、转用性和多变性，庭院空间长久以来的广泛存在与其具有很强的功能张力密不可分；庭院围合式的封闭空间的建筑空间秩序与中国传统伦理道德秩序意义相吻合，部分庭院空间的布局还表现出尊卑的序列；庭院空间还体现出建筑艺术表现特征以及对自然景观的收纳渗透等，蕴含着人们强烈的审美心理需求。[①] 这种观点的不足之处在于其忽视了审美观的建立和提升过程。事实上，审美观不会自发地产生，而是需要一个诱导和培育的过程，这一过程是极其复杂和艰难的。

孙大章从建筑学的视角分析了建筑的实用性与艺术性。从本质上讲，建筑构成的三要素是"实用、经济、美观"，但最重要

---

① 参见余剑峰《中国传统庭院式民居空间对当代住宅空间的影响》，硕士学位论文，中央美术学院，2007。

的是"实用",建筑的布局、构造都是从实用价值出发的,而不是某种精神价值,但是自古以来某些建筑确实不是物质实用的产品,如陵墓、园林等,它们都是为了某种精神需要而建造的,有的是再现某种自然环境或人文环境以取得精神上的价值,简言之,他们表现出了艺术价值。[1] 也就是说,建筑是有不同使用功能的,而庭院也属于建筑的一种门类,因此庭院的使用功能也是有实用性与艺术性之分的。

从建筑学的视角出发,绝大部分学者认为庭院的布局设置体现了中国"人与自然和谐共处"的理念,一些造山理水、种植花木、与自然融合的庭院美化行为是建造庭院的目的。[2] 但是以上研究并没有将中国民居庭院进行分层,古代贵族阶层与平民阶层之间有巨大的鸿沟,造成他们的庭院布局理念是很不一致的:前者追求庭院的格调和审美,后者只考虑方便、实用。

社会学研究中涉及庭院研究的内容并不多,阎云翔认为,社会环境的变化会影响庭院布局并带来庭院空间功能的改变。另外,庭院空间蕴含着社会空间的原则,体现着深刻的社会交往活动痕迹。在《私人生活的变革:一个中国村庄里的爱情、家庭与亲密关系(1949-1999)》这本书中,阎云翔分析的是1949年到1999年这50年间社会环境是如何改变庭院空间的,虽然庭院空间的布局及其功能有一些微观层面的改变,但庭院的用途始终是从实用性功能出发,农户使用庭院的初衷并没有发生本质上的变化。

袁明宝、朱启臻从三个维度对农村庭院的功能进行了深入的剖析,认为农村庭院不仅具有物理空间功能,同时也具有社会空间功能,农村庭院的三种功能分别是直观功能、扩展功能及内隐

---

[1] 参见孙大章《中国民居研究》,中国建筑工业出版社,2004,第348页。
[2] 参见熊璟《中国传统庭院空间形态分析及应用》,硕士学位论文,武汉纺织大学,2013。

功能。① 进入 21 世纪以来，农村市场化和城镇化进程加快，撤村并居、"农民上楼"等改变了农村庭院的形态，袁明宝、朱启臻认为这对农村庭院的功能有很大影响：首先是农村庭院空间及其储存功能的丧失；其次是对农民休闲娱乐和交往空间造成了影响，也就是庭院的扩展功能受到了限制；最后，最重要的是庭院所具有的内隐功能即一些文化功能在逐步退化。②

### （三）农村空间变迁研究

#### 1. "农民上楼"问题

社会学关于农村空间变迁的研究主要集中在"农民上楼"的问题上。2008 年以来，全国各地农民陆续从原来的村落住宅中搬到了新建的单元式楼房里，农村的村落形态、农民的生活方式都发生了剧变。

周飞舟、王绍琛认为"农民上楼"是中国城镇化进程的一种表现形式，农民住宅空间变化是中央与地方税收分配制度改革和资本下乡的作用结果。③ 范成杰、龚继红则从农村代际关系的视角分析了"农民上楼"所引发的居住空间重构和再造的结构性情境下的代际张力，居住空间的演变形成了一种全新的、以主干家庭为主的代际居住空间格局，并塑造了一种新的家庭权力关系，换句话说，代际居住空间再生产扭转了家庭既有的权力格局，并塑造了代际之间新的权力关系格局。④ 谷玉良、江立华也通过农村居住空间的变化探讨了影响农村社会关系变迁的内在机制和逻

---

① 参见袁明宝、朱启臻《城镇化背景下农村院落的价值和功能探析》，《民俗研究》2013 年第 6 期。

② 参见袁明宝、朱启臻《城镇化背景下农村院落的价值和功能探析》，《民俗研究》2013 年第 6 期。

③ 参见周飞舟、王绍琛《农民上楼与资本下乡：城镇化的社会学研究》，《中国社会科学》2015 年第 1 期。

④ 参见范成杰、龚继红《空间重组与农村代际关系变迁——基于华北李村农民"上楼"的分析》，《青年研究》2015 年第 2 期。

辑，认为农民居住空间的整体布局、结构与空间开放性的变化带来了农村社会关系的嬗变，形成了空间与社会关系之间前后不同的两种理想型格局：分散的不规则集中与集中的均匀散落，即空间的改变导致了农村社会关系的嬗变。[①] 确实，随着乡村都市化进程的推进，许多乡村都出现了成片相连的楼房，这些楼房的出现改变了原有的乡村人际关系格局，农居庭院甚至消失了。空间布局的改变对乡村原有面貌（包括关系、结构以及劳作方式）的影响极大，乡村失去了原有的韵味，这一现象很值得研究。

2. 农村公共空间和私人空间的区分

在乡村空间的相关社会学研究中，关于乡村公共空间的研究较多。社会学意义上的村落空间被定义为包括村庄公共交往及其承载的公共空间。[②]

曹海林认为农村公共空间不仅指物理层面的空间，同时还包括制度化组织和制度化活动形式，如村落内的企业组织、乡村文艺活动、村民集会、红白喜事仪式活动等。[③] 他在村落公共空间这个特定场域，通过考察村民日常生活交往的变化，解读乡村社会发生的整体变迁。曹海林认为农村改革是乡村内部社会结构状态发生根本性变化的关键节点，村落公共空间在乡村社会变迁的大环境中发生着演变，依靠外部行政力量生成的行政嵌入型空间逐渐演变成村庄内部力量自生的内生型公共空间，前者的型构动力主要来源于村庄外部的行政力量，后者的型构动力主要来源于村庄内部的传统、习惯与现实需求，村落公共空间形态的演变影射出村庄社会秩序基础变更的大致轨迹以及社会关联解体和重构的历程。[④]

---

① 参见谷玉良、江立华《空间视角下农村社会关系变迁研究——以山东省枣庄市 L 村"村改居"为例》，《人文地理》2015 年第 4 期。
② 参见吴毅《公共空间》，《浙江学刊》2002 年第 2 期。
③ 参见曹海林《乡村社会变迁中的村落公共空间——以苏北窑村为例考察村庄秩序重构的一项经验研究》，《中国农村观察》2005 年第 6 期。
④ 参见曹海林《乡村社会变迁中的村落公共空间——以苏北窑村为例考察村庄秩序重构的一项经验研究》，《中国农村观察》2005 年第 6 期。

张良进一步根据交往类型及其相应的承载空间将乡村公共空间分为信仰性公共空间、生活性公共空间、娱乐性公共空间、生产性公共空间以及政治性公共空间，并分析各类公共空间的特征及其与乡村社会整合之间的关系。①

在私人空间领域也有不少相关研究，探讨了公共空间与私人空间之间的关系。周安平探讨了公共空间与私人空间之间的联系与差别，他认为人类对私人空间和公共空间的区分经历了从物理区分到性质区分的过程，最初人类以房屋、篱笆、围墙等物理标志区分私人空间与公共空间，后来逐渐发展为根据事物的性质来作区分，与个人有关的事务属于私人空间，与他人有关的事务则属于公共空间。②

朱光磊则以不同的处事原则区分了中国的公共空间与私人空间，他认为前者是以社会生活为主体，行事原则是以义统情，后者则是以家庭生活为主体，行事原则是以情统义。同时，他认为中国现代社会日益趋向原子化的个体社会，导致原子化的个体表现出更多的利欲心，因此公共权力制定了更为详尽的公共规范，且公共空间以社会稳定的名义来压缩私人空间。③

林辉煌从围墙功能变迁的角度详述了私人空间和公共空间的变迁，他认为 20 世纪 90 年代围墙的隐性功能逐渐凸显出来，"围墙不仅是私人财产的界限，而且是公共空间的尽头"，围墙重塑了村民的心理结构和行为规则，私人空间与公共空间的变迁也反映了村庄社会的性质与生态。④

朱姝从住宅的局部空间和家庭关系的视角出发，考察住宅空

---

① 参见张良《乡村公共空间的衰败与重建——兼论乡村社会整合》，《学习与实践》2013 年第 10 期。
② 参见周安平《私人空间与公共空间漫谈》，《浙江社会科学》2017 年第 5 期。
③ 参见朱光磊《中国公私空间的中西源流比较与未来可能走向》，《马克思主义与现实》2016 年第 1 期。
④ 林辉煌：《变迁社会中的公共空间与私人空间——基于浙江 J 村的调查》，《长春市委党校学报》2010 年第 6 期。

间这样一个私人物理空间的布局变化如何影响着家庭各成员之间的关系及其情感连结，她主要关注了四个住宅中的重要局部空间，分别是厨房（"准备吃"的空间）、餐厅（"吃"的空间）、客厅和儿童间，指出空间的变迁不仅影响着空间的使用功能，同时蕴含着更深层次的家庭关系的变迁。①

3. "社区营造"问题

"社区营造"这一用语最早起源于日本。胡澎分析了日本社区营造的历史进程，从"官督民办"到"民推官办"再到"官民协作"，自始至终发挥作用的主体都是市民，体现了从"市民参与"到"市民主体"的过程，通过以市民为主体的社区营造，增强了市民与社区之间的联系，公民意识和自治意识进而有了显著提高。②

自20世纪80年代起，台湾开始通过社区营造的模式，试图寻找乡村复兴的道路。台湾乡村地区社区营造的总策略是上层极力倡导的"社区再造"运动，主要依托民间力量进行发展，相关政府部门仅仅是经费提供者和技术支持者。近年来，在政府部门的支持下，社区营造已经成为台湾社区空间再造的主流形式，张俊斌、廖绍安和梁大庆认为这种社区空间再造需要通过社区居民所凝聚的共识、永续经营的运作制度和社区民众的期望这三点来共同推进再造过程。③ 陈振华、闫琳则强调社区营造应规避"自上而下"的治理模式，而是要提倡"自下而上"的发展路径，加强社区居民的自我意识并由他们来主导社区营造的模式。④

在台湾，社区营造已经形成了一种十分完善的机制，而大陆

---

① 参见朱姝《住宅空间与家庭关系的再生产》，博士学位论文，南京大学，2017。
② 参见胡澎《日本"社区营造"论——从"市民参与"到"市民主体"》，《日本学刊》2013年第3期。
③ 参见张俊斌、廖绍安、梁大庆《乡村社区总体营造发展模式之探讨》，《水土保持研究》2007年第1期。
④ 参见陈振华、闫琳《台湾村落社区的营造与永续发展及其启示》，《中国名城》2014年第3期。

的社区营造则还在发展之中，现有研究大多是通过台湾社区营造的成果来分析大陆社区营造的现状。余华通过杭州良渚文化村的例子强调社区营造需要多主体共同参与，形成居民对社区的认同感和归属感，从而建立有序且充满活力的和谐社区。① 谈志林、张黎黎则是通过制度分析的视角考察社区再造的制度困境，他们认为社区再造的首要目标是服从地方政策，强调应该以政府部门作为推动社区治理和制定相关政策的第一推手。② 潘泽泉认为社区营造主要需要从四个方面努力来共同推进：一是促进社区经济发展，二是需要适当的社会动员，三是需要政府授权，四是需要培育服务市场的社区运营机构。③

## 三 文献综述评议

综观以上对中国庭院及农居庭院的相关研究，笔者认为，目前还存在以下可以探讨的空间。

### （一）中国庭院研究

从中国庭院的历史发展脉络可以看出，对私家庭院的审美意识始自西汉，但大多集中在士大夫、贵族阶层，农民由于封建社会的时代背景，始终处于社会底层，因此农居庭院大多是以"工具性"为主进行建造和使用的。新中国成立后，农村发展成为国家发展战略中不可或缺的一环，但由于农村经济发展水平较低，"庭院经济"依旧是将庭院的"功能性"摆在首位，为农户提供经济支持。此类研究从庭院的发展历史出发，从园林建筑学科和

---

① 参见余华《社区营造：协商空间的构建及地方归属感——以杭州良渚文化村为例》，《广西民族大学学报（哲学社会科学版）》2018年第1期。
② 参见谈志林、张黎黎《我国台湾地区社改运动与内地社区再造的制度分析》，《浙江大学学报（人文社会科学版）》2007年第2期。
③ 参见潘泽泉《社区：改造和重构社会的想象和剧场——对中国社区建设理论与实践的反思》，《天津社会科学》2007年第4期。

审美的视角研究中国庭院，注重的是贵族阶层对庭院的审美追求，并未将农户的庭院建设纳入研究视野。

## （二）农居庭院研究

关于农居庭院空间的研究大多是从建筑景观学、经济学和美学的视角探讨庭院空间的客观结构与功能，通常考察的是庭院的内部联系，但忽略了庭院空间中可能存在的与外部环境相关联的社会问题。建筑学相关研究虽然强调庭院布局中的"人与自然和谐共处"的理念，但是并没有对中国农居庭院进行分层研究，也并不是中国所有民居庭院都存在这种"价值性"理念，而这种理念产生的机制是什么建筑学并没有相关研究。建筑学将建筑功能分为实用性功能和艺术性功能，这是一种静态的分类方式，且这种分类方式具有一定局限性，只强调了建筑艺术性中的美学设计，其他政治、精神层面的价值没有详述，并缺乏建筑使用功能动态变迁的过程研究。

只有阎云翔从社会学的视角，采用经验研究的方法，讨论了庭院空间的功能变迁与社会环境之间的联系。由于阎云翔讨论的是 1949 年至 1999 年之间农居庭院空间的变化，庭院空间的布局及功能有一些微观层面的改变，他因此得出结论说农居庭院的用途始终是从实用性功能出发，农户使用庭院的初衷并没有发生本质上的属性变化。关于庭院空间具体功能变迁机制的相关研究暂付阙如。阎云翔这一论断，一般而论是正确的。从全国范围来看，农居庭院的用途确实是从实用性功能出发的。但是具体到梧村，情况就不一样了，这也正是笔者感兴趣的一点：为何梧村庭院的用途不是从实用性功能出发？发生这种变化的原因和机制是什么？这些都是需要认真研究的问题。

## （三）关于"农民上楼"的问题

社会学视角下的农村空间变迁研究大多集中在"农民上楼"

的问题上，也就是农村空间形态的变化如何影响农民生活方式的研究，以及农村公共空间与私人空间的区分研究。对于农居庭院这样一个特定的私人空间，影响其内部形态及性质的运作机制是什么，还有很大的讨论空间。

总之，过往的相关研究从不同的学科角度研究了乡村的空间变化。但是，空间属性发生了什么变化？这一变化的机制是什么？尤其是出现一定范围内成规模的农户庭院美化现象，其动力是什么？过程如何？相关研究极少涉及这些问题。

此后各章将在前人研究成果的基础上，以空间属性变迁为理论线索，详细分析梧村"庭院美化"的时代背景和理论背景，并从三个维度论证"庭院美化"确实是空间属性转型的过程，还将分析发生这种转型的关键性因素是什么，最后分析转型的三个具体的阶段。

## 四　空间社会学视角下的"梧村现象"

### （一）空间社会学的缘起及发展

齐美尔是第一个建立空间研究体系的社会学家，他认为空间的社会属性高于自然属性。他从全新的视角解读了空间划分的理论，并指出空间的排他性和分割性是社会化必须具备的基本品质。他这样解释"排他性"："正如只有一个唯一的、普遍的空间，所有单一的空间都是普遍空间的块块一样，那么每一个空间的局部都有某种唯一性，几乎不可能与之相类似。"[1] 对于"分割性"，齐美尔认为空间是分割开来的，但同时也被视为统一体，互相之间相互影响，既是原因也是结果，也被一些边界所包围着。[2]

---

[1]　参见格奥尔格·齐美尔《社会学——关于社会化形式的研究》，林荣远译，华夏出版社，2002，第461页。

[2]　参见格奥尔格·齐美尔《社会学——关于社会化形式的研究》，林荣远译，华夏出版社，2002，第464页。

在同时期的欧洲，列斐伏尔是首位创立严谨的空间理论体系的法国社会学家，他是把空间属性纳入社会研究的划时代人物。他将空间结构和社会行动之间的辩证关系清楚地呈现出来，形成了自己的研究范式。列斐伏尔在《空间的生产》一书中提到"（社会）空间是（社会的）产物"，并分四层意涵解读了这句话：一是社会空间是自然空间与精神空间的结合；二是社会空间是在特定社会（生产方式）背景下展开的关系构型；三是（社会）空间就是空间生产；四是社会空间包含着时间，具有历史性。①

列斐伏尔重新定义了"生产空间"，他认为像前人一样仅仅分析生产空间中的事物是不够的，而应该转向对生产空间本身的分析；人类社会中的空间不再是一种自然空间，而是一种社会空间，空间成为社会行动的内在要素，社会关系支持着空间，同时，空间也生产着社会关系。列斐伏尔提出，必须将"社会-历史-空间"的"三位一体"辩证法嵌入对空间的研究中，将时间与空间相结合，同时要将时空向度与其他两个向度链接，实现空间、历史、社会的辩证统一。

列斐伏尔的空间社会学理论对本研究是极具启发性的。梧村的农居庭院就是一个"社会空间"，它受到各种社会因素的影响，尤其是公权力的规制。"梧村现象"产生的过程，实质上就是公权力对"私人空间"的规制过程。由于庭院空间的私密性较强，对公共空间的影响不大，大多数乡村对农居私人空间的规制仅限于住宅房屋建筑的结构、外形，相关研究也多集中于此领域，没有渗透到农居庭院这个私人空间。换句话说，不是不管，是认为没必要管。因此，大多数情况下，农居庭院这个私人空间就成了公权力的"不毛之地"。这也是笔者研究"梧村现象"的意义所在。

---

① 参见 Lefebvre H. , *The Production of Space*. Translated by Donald Nicholson Smith. London：Basil Blackwell, 1991, pp. 26-46。

自 20 世纪 70 年代开始，多位学者从空间的角度研究多领域的问题，如福柯把空间视角作为研究权力-知识体系的一个重要维度，侧重空间的组织和分配；布迪厄提出的"场域""惯习""实践感"等极具代表性的概念也都是从社会空间视角进行分析而得出的，同时，他还通过时间与空间的组织模式来探讨阶层问题，从实践与符号的角度阐释他的空间理论；吉登斯从时空向度上深度解读了他的结构化理论，探讨社会体系如何将时间与空间相联系，从权力与互动的角度切入空间议题；哈维的"时空压缩"理论强调后现代性是一种新的对时间和空间的经验方式，将其作为中介探讨后现代主义的出现事实上是文化层面的转移。

在本研究中，从空间社会学的视角看，农居庭院就是私人空间，本可以按居住者的意愿随心所欲地安排、布置。但是，在公权力的介入下，农居庭院必须按照一定要求来归置，这就是权力型塑空间。

列斐伏尔在《空间的生产》（*The Production of Space*）一书中详细论述了空间"三位一体"辩证法的核心内容。第一是空间实践（spatial practice），包含生产与再生产，还包括维系生产与再生产的场所和空间条件特点，它既包括实践者所具备的资质（competence），又包含了其具体的行动表现（performance）；第二是空间的表象（representations of space），它与精确的概念联系在一起，是科学家、规划者、都市主义者、社会工程师通过理论抽象来构想的感知的和亲身经验的空间，空间的表象是在任何社会中都占主导的空间，是生产关系及其秩序的表现物；第三是表象的空间（representational spaces），它与图像或象征物联系在一起，是居民或少数艺术家的空间，它与人的真实的生活经验相连，是人们亲历的空间，但这一空间常常处于被统治状态。[1]

---

[1] 参见 Lefebvre H., *The Production of Space*. Translated by Donald Nicholson Smith. London: Basil Blackwell, 1991, p.33。

列斐伏尔的"三位一体"辩证法中的三个概念不是分开的，而是统一于社会空间整体。空间实践是社会空间得以维系和不断再生产的动力机制，而空间的表象和表象的空间是其基本结构关系，这样才能构成"一体"。空间实践既然是维系着社会空间的基本动力，而空间的表象是空间呈现出来的主要形态，那么这两者便可构成统一体，形成现实的或者可见的空间，它们与处于遮蔽状态和被统治地位的表象的空间（即空间的可能性）对立统一。进一步地说，空间的表象（在这里就是梧村"两委"及他们请来的设计师们所抽象、所构想的庭院空间）与表象的空间（在这里就是与农户生活经验相连的庭院空间）是一种什么关系？按列斐伏尔的说法，后者处于一种被统治的状态。那么，我们需要搞清楚的是，前者是怎么实现对后者的统治的？这也是研究"梧村现象"的空间社会学意义之所在。

综上所述，在空间社会学的视角下，我们研究的"梧村现象"就转变为研究农居庭院这个私人空间的空间转型问题。换言之，本书要研究的问题就是，经过庭院美化，私人空间完成了"空间转型"，产生这个转型的原因是什么？这个过程是怎样的？推动这种再生产的动力是什么？有什么内在机制在起作用？庭院空间作为"空间实践"的产物，与"空间的表象"和"表象的空间"是"三位一体"的，三者之间存在什么样的张力？

## （二）空间的概念及空间划分研究

传统几何学、物理学、哲学是最早认识和解读空间的自然概念的学科，它们分别对空间本身进行了定义，并在不同视角下对空间进行了划分。而社会学家在研究空间问题时更多是把空间作为社会理论的核心，重新审视空间的内涵与结构。除列斐伏尔将空间分为"空间的表象"与"表象的空间"之外，国内外也有学者对空间的分类展开了研究。

文军、黄锐从空间的三组关系分析了空间的思想谱系，这三组关系分别是相对空间与绝对空间、经验空间与先验空间、客观空间与主观空间。① 德谟克利特认为"存在并不意味着存在"②，因此形成了相对空间的概念。柏拉图则认为空间事实上是一种载体，试图强调空间的绝对性。

自然空间经过人类的"初级改造"后，就转化成了"人化空间"，人类在社会实践中还会对"人化空间"不断地进行"次级改造"，也就是列斐伏尔所说的"空间再生产"。

到了当代社会，后现代空间论的崛起使得学者对空间的定义与形式有了更深层的理解。由于信息技术的流动、网络社会的形成，空间表现出一种新的形式，如被鲍德里亚称为"超空间"的东西，它是空间的模拟，对它而言，不存在原始的空间③，卡斯特将这种新空间称为"流动空间"。它虽然没有像地理空间那样的边界性和实体性，但它不是一个虚拟的空间，它内在地保留着传统的地理空间，在传统的空间逻辑下并不会被全球化空间所消除，而是在这过程中不断改变自身形态。归根结底，这是一种后现代性全球化空间④。

其他学科从地理学、城市学、景观学的视角也对空间形式有相关的研究，这部分研究与哲学、社会学、心理学等学科对空间问题的研究不同，更多聚焦于对实体空间的考察。李贺楠从地理学的视角分析中国农村聚落区域地理空间分布，他认为其实质是找到居住空间和土地资源间的相互平衡，并将生活空间与生产空

---

① 参见文军、黄锐《"空间"的思想谱系与理想图景：一种开放性实践空间的建构》，《社会学研究》2012年第2期。

② 参见北京大学哲学系外国哲学史教研室编译《古希腊罗马哲学》，商务印书馆，1982，第98页。

③ 参见肖恩·霍默《弗雷德里克·詹姆森》，孙斌、宗成河、孙大鹏译，上海人民出版社，2004，第171页。

④ 参见冯雷《当代空间批判理论的四个主题——对后现代空间论的批判性重构》，《中国社会科学》2008年第3期；刘少杰《以实践为基础的当代空间社会学》，《社会科学辑刊》2019年第1期。

间进行重新规划，进而形成聚集的空间生态系统。①

综上所述，物理学界是最先定义"空间"的概念的，从空间的本质出发探讨客观空间的存在形式，强调了空间的绝对性。哲学与心理学界将空间的概念进行了拓展，从人的主体性视角强调空间的主观性——一种经验性的、可被感知的空间。社会学界则认为主观空间与客观空间的结合是一种社会空间，空间不再是一种自然产物，而是通过社会的生产与再生产而呈现的空间。

值得注意的是，物理学、哲学、心理学、社会学更多的是从空间的本质与属性出发进行空间本体论的探讨，相对较宏观，较少进行具体实体空间类型功能性划分的实证研究。其他学科譬如地理学、城市学、景观建筑学则大多是从实体空间视角对乡村聚集、城市居住空间、景观生态空间等问题进行探讨，不乏实证研究，但是与社会学交叉较少，没有将具体的实体空间与空间的社会性相联系，探讨其内在的社会学意涵。

概言之，所有的"人化空间"就其本质而言，都不仅仅是一个"物理空间"，而是一个"社会空间"，各种社会因素，尤其是权力因素，都会对这一空间产生影响。或者说，空间产生社会关系，也产生权力，权力型塑空间，这是一个生产与再生产的过程。这也是当代空间社会学的核心思想之一。

阎云翔也注意到，村民本可以盖更大的住宅，但事实上他们更在意的是新式住宅的设计，因为房屋不只是一个简单的物理空间，它同时包含社会空间，其背后指向的是深刻的社会空间原则。②

事实上，20世纪70年代，我国农村也开展了"田园化"和"村庄化"运动，政府对农居的结构、布局有过统一的要求，体现了权力对私人空间的规制。当时，学者讨论的还只是住宅的形

---

① 参见李贺楠《中国古代农村聚落区域分布与形态变迁规律性研究》，博士学位论文，天津大学，2006。

② 参见阎云翔《私人生活的变革：一个中国村庄里的爱情、家庭与亲密关系（1949-1999）》，龚小夏译，上海人民出版社，2006，第139页。

式和结构，而庭院空间这样纯属私人的空间是怎样被权力所规制的，或者说庭院这样的私人空间是怎样被权力再造的，相关讨论尚付阙如。对农居庭院的美化提要求，与对农居内装饰提统一要求，其性质是一样的，都是权力对私人空间的介入。

一般来说，权力是在一定规则下行使的，是在一定时代背景下、在一定理论的引领下行使的。这正是本书第四章要重点阐述的内容。

空间社会学的视角是研究社会变迁的一个十分重要的理论视角，在有些领域采用空间社会学的理论和方法，确实能得到更为深刻的理论诠释。近年来，这方面的研究成果颇丰。其中，最著名的当属阎云翔的研究。

## 五　空间分类的理想类型

韦伯在研究社会行动时，曾经将人的行动划分为四种理想类型，即传统行动（traditional action）、情感行动（affective action）、目标理性行动（purposive-rational action）及价值理性行动（value-rational action）。前两种属非理性行动，后两种则是理性行动。

从行动取向的角度，可将理性进行分类：第一类处理手段与目标之间的关系，包括实践理性和形式理性（即工具理性）；第二类就是价值或实质理性，它所关注的不是选择最佳手段去达到目标，而是绝对地、无条件地、不计后果地遵从某些价值准则行事（价值理性）。①

本书在借鉴韦伯工具理性和价值理性分类理论的基础上，进一步将人化空间分为工具性（instrumental）空间、价值性（value）空间和混合性（mixed）空间。

---

① 参见张德胜等《论中庸理性：工具理性、价值理性和沟通理性之外》，《社会学研究》2001 年第 2 期。

工具性空间是指人们为满足生产或生活需要的某种实用性目的而进行过改造的空间，如工厂、生产车间等。以农居庭院为例，在"庭院经济"时代（20世纪80~90年代），庭院中种植的果蔬收获的果实可以在自给自足之外为农户提供经济支持，庭院中摆放的农具与杂物是农户日常生活中的必备物品，也体现了庭院的实用性。虽然也有个别农户会为了庭院的美观在院中种几棵树、几株花，但并不具有代表性，庭院空间的属性总体还是偏向于实用性，因此，在20世纪80~90年代以前，中国农户的庭院整体表现为工具性空间。

价值性空间是指人们为了体现某种价值理念（政治性、文化性等）追求而进行相应改造的空间，如博物馆、烈士纪念馆、城市雕塑等，这些地点的改造利用、空间布局与物品陈列更多的是用来体现某种价值理念，如营造出缅怀先烈的庄严氛围，或是博物馆中浓厚的历史人文气息，又或是体现环境保护意识，等等。以农居庭院为例，在梧村下辖的自然村荷村，由于村委规定并定期督查，庭院内不允许堆放杂物或农具，并且，在村委的资助下每家每户都安装了花坛，种植了鲜花，经过4年时间，即便村委停止了资助和监督行为，村民们在日常生活中还是会自发地装饰庭院、种植花草。这种不以实用性为目的的美化行为体现了农民的审美情趣，标志着庭院的空间功能发生了一定的转变，庭院空间不再只体现单一的工具性功能，而是在工具性空间中增添了审美的价值取向，完成了私人空间的转型。

混合性空间是指既包括工具性目的又包括价值性追求的混合空间。事实上，大部分空间都属于混合性空间。例如，我们日常居住的卧室，既有实用价值，如衣柜、床、梳妆台等物品的摆放满足了卧室的功能性需求（休息、睡觉等），也有一些审美价值掺杂其中，如在墙上悬挂几幅自己欣赏的书画作品，在梳妆台上摆放几束鲜花，等等，这些物品本身并不能给卧室空间带来休息、睡觉等实用性功能，但是满足了令卧室主人心旷神怡的审美等价值性追求，因此卧室本身就是一个工具性功能与价值性功能并存的空间，笔者称这样的空间为混合性空间。

　　几乎所有的"人化空间"都是"混合性空间"，该空间既能满足人们的部分工具性需要，又能部分地体现人们的某种价值追求。凡是人类对空间的利用和改造的目的主要是出于工具性需要，在满足工具性需要的同时，部分地体现了人们的某种价值追求，我们就将这样的混合性空间叫作"工具性主导型混合空间"；类似的，人类对空间的利用和改造的目的主要是表达某种理念或价值追求，在满足价值性需要的同时，又能部分地满足人们的某些工具性需求，我们就将这样的混合性空间叫作"价值性主导型混合空间"。例如，工厂的厂区空间主要是用来满足人类生产的需要，厂区的布局、设计也主要是为了满足生产需要而展开的。与此同时，为了让工人心情愉悦地生产，厂区中也会设计绿化带、喷水池、种植花卉、树木等，部分地体现了审美追求，这样的空间就是"工具性主导型混合空间"，为简便起见，下文简称为"工具性空间"。再如，纪念馆、博物馆、美术馆等设施，主要是用来体现人们的某种理念、表达某种价值追求，但与此同时，这些设施也建有停车场等附属设施，用来部分地满足人们的工具性需要，而且建筑本身就有挡风避雨的工具性功能，这类空间就是"价值性主导型混合空间"，为简便起见，下文简称为"价值性空间"。

　　总体来说，农居庭院原本属于"工具性空间"，但在进行庭院美化之后，农居庭院的空间属性发生了转变，虽然庭院有满足农户生活起居需要的功能，但在工具性空间中添加了美学元素、融入了审美意识，我们可以视作其完成了从"工具性空间"到"价值性空间"的转型。

　　笔者对空间的这种分类方法建立在区分人们对空间的利用、布局和改造的不同目的之上，出于工具性目的来利用、布局和改造的空间就是工具性空间，反之则是价值性空间。因此，要确定空间的属性，仔细考察人们利用、布局和改造的目的是十分重要的。至于工具性空间呈现一定的价值性，价值性空间呈现一定的工具性并不影响空间的本质属性。换言之，空间的属性由利用、布局和改造的目的决定，而不由空间实际呈现的工具性、价值性的多寡决定。

综上所述，从空间社会学视角来看，梧村农居庭院美化就是在农居庭院这个工具性的人化空间的基础上，对其进行"空间的次级改造"，改造后的庭院空间添加了某些美学元素、融入了审美意识，转变成了"价值性空间"。

## 六　空间变迁的理想类型

本研究的研究对象从感性认识的"梧村现象"，转换成了具有一定理性认识的"私人空间转型"。为了使研究能深入地进行下去，笔者借鉴韦伯的"理想类型"理论，将空间分为工具性空间、价值性空间和混合性空间。其中，混合性空间又可分为工具性主导型混合空间和价值性主导型混合空间。这样，研究的问题就转化为：农居庭院这一工具性空间是如何增添审美元素、融入审美意识，进而转型为价值性空间的？"梧村现象"这一私人空间转型的时代背景和理论背景是什么？推动私人空间转型的关键性因素是什么？"私人空间转型"的具体过程是什么？农居庭院总体上是工具性主导的混合型空间，这是由审美水平、生计需要和时代背景所决定的。在农民文化水平低下、经济拮据的年代，工具性空间其实是一种无奈的选择。而当前农村的经济发展水平普遍提高了，那么农民的审美层次是否一定会随之水涨船高呢？在我们看来未必如此。现在出现了私人空间再造的现象，其原因、动力和过程是什么，目前很少有学者讨论，是一个值得探讨的领域。

基于上述分析，笔者确定了本研究的分析框架。

前文借鉴韦伯的理想类型分析方法，根据人们对空间利用的不同目的，将空间划分为工具性空间、价值性空间和混合性空间。其中，混合性空间又可分为工具性主导型混合空间和价值性主导型混合空间（前文介绍过，由于几乎所有的人化空间都是混合性空间，为简便起见，下面简称为工具性空间和价值性空间）。

农居庭院在增添了审美元素、融入了审美意识之后，就转型为"价值性空间"，我们称这个过程为"私人空间转型"。分散的、各家各户自为的庭院美化（私人空间再造）行为遍及全国各地乡村。各家各户美化庭院的动力各不相同：有的是出于开办民宿的需要，为招揽顾客、赢得口碑；有的是眼界开阔，从外面闯荡世界回乡后，开始注重自家的庭院美化；有的是模仿他人，觉得美化庭院是一件很有"面子"的事情，依葫芦画瓢地搞起庭院美化来。大家动机各有不同，如此种种，不胜枚举。

梧村的情况大不一样，它不是一家一户的行为，而是成规模的群体性行为。这一现象从个人层面无法得到解释，而是应该从时代背景中寻找答案。因此，本研究将用一定的篇幅，研究梧村发生"私人空间转型"现象的时代背景，探寻推动"私人空间转型"的动力。

人类对"人化空间"的再次改造（次级改造），我们称之为"空间变迁"。我们根据人们利用空间的不同目的来区分改造前和改造后空间的属性，改造前的空间可分为"工具性空间"和"价值性空间"，改造后的空间也可分为"工具性空间"和"价值性空间"，而改造空间的过程，也就是"空间变迁"就相应有四种，笔者称之为Ⅰ型空间变迁、Ⅱ型空间变迁、Ⅲ型空间变迁和Ⅳ型空间变迁（见表2-1）。

Ⅰ型空间变迁：出于改造的工具性目的，从改造前的工具性空间变迁为改造后的工具性空间。改造后的新空间有两种：一是空间属性没有发生变化，但在原有的工具性空间的基础上增添了价值性元素或融入了价值性理念。例如，在工厂区修绿化带、建

表 2-1  空间理想类型的变迁关系

|  |  | 空间改造前 | |
| --- | --- | --- | --- |
|  |  | 工具性 | 价值性 |
| 空间改造后 | 工具性 | Ⅰ 型空间变迁<br>工具性→工具性 | Ⅱ 型空间变迁<br>价值性→工具性 |
|  | 价值性 | Ⅲ 型空间变迁<br>工具性→价值性 | Ⅳ 型空间变迁<br>价值性→价值性 |

喷水池。二是空间属性没有发生改变，即保持原有工具性空间的工具性取向，改造后的空间仍是工具性的，但改造后空间的工具性取向变了。例如，云南的哈尼梯田、桂林的龙脊梯田经过修整后，虽仍种植农作物，但从收获庄稼的工具性取向转变为供游客观赏的工具性取向。

梧村下辖的自然村方家村也出现了此类现象。图 2-3 是未开展"庭院美化"项目的梧村辖属方家村（村民小组）的部分农居庭院景象。从图中可以看出，农户在自家庭院里加建了房屋、仓库、停车间等建筑物，用于出租收取租金。这也是从工具性到工具性的空间再造，只是在原有工具性空间里添加的不是审美取向的元素，而是别的工具性取向（出租）。

图 2-3  方家村的农居庭院（摄于 2019 年 8 月）

Ⅱ型空间变迁：从价值性空间变成工具性空间，即出于工具性目的，将原来的具有价值性意义的空间改造为工具性空间。改造后，空间的属性发生了变化。这些价值性空间，由于当时人们没有认识到它的审美价值和历史价值，就这样转变成了工具性空间。这类案例在我国房地产迅猛发展的 20 世纪 90 年代曾不断发生，不少名人故居、历史遗迹被毁。所幸的是，进入新时代以来，这一趋势已经从根本上被逆转。

Ⅲ型空间变迁：从工具性空间转变为价值性空间，改造后，空间属性发生了变化。我们以首钢搬迁为例。首钢工厂区原是生产钢铁的工具性空间，首钢搬迁到河北的曹妃甸之后，原来的厂区被改造成了首钢工业遗址公园，同时成为 2022 年冬奥会的比赛场地之一。赛后，这里成了供人游览、休闲、怀念的教育基地，从工具性空间转变成为价值性空间。

Ⅳ型空间变迁：从改造前的价值性空间变迁为改造后新的价值性空间。改造后的新空间有两种，一是在价值性空间中增添了工具性因素，如被游客批评门票价格过高的乔家大院景区被取消旅游景区质量等级事件引发了社会强烈关注。景区环境虽没有多少变化，但到处充斥着商业气息，在原本供游客参观游览的价值性空间里添加了太多以赚钱为目的的工具性因素，是这类旅游景点受到行政部门处罚的原因。二是在原有价值性的基础上增添新的价值性因素，如名人故居的修整、扩建，周边环境的整治，等等。例如，2017 年，地方政府为整修、扩建，开始了李时珍纪念馆周边的拆迁工作。2018 年，李时珍纪念馆重新对外开放。①

Ⅰ型空间变迁和Ⅳ型空间变迁，空间的属性没有发生变化，我们称之为"空间再造"；Ⅱ型空间变迁和Ⅲ型空间变迁，空间的属性发生了变化，我们称之为"空间转型"。"梧村现象"就属

① 参见李时珍纪念馆《李时珍纪念馆简介》，http://www.lszjng.com/about.html，最后访问日期：2020 年 12 月 8 日。

于"私人空间转型"。

笔者认为，这种空间变迁的理论视角在研究我国的城乡改造中有一定的应用价值。

为了更明确地阐述空间变迁的理论视角，这里我们以首钢工业园区为例，简要地说明一下Ⅲ型空间变迁，即从工具性空间转变为价值性空间。

首钢搬离北京市区到河北曹妃甸的事例，就可以运用空间属性变迁的视角得到有意义的理论解释。20 世纪 70 年代，首钢曾经是全国十大钢铁企业之一。由于北京的经济结构转型，污染严重的首钢搬离了原所在的石景山区。但是，首钢所占用的空间并没有废弃，而是原址保留，建起了首钢工业遗址公园，并规划建设各类供游客参观游览、休闲休憩以及具有教育意义的配套设施。通过对部分设施的改造，这里还成为 2022 年北京冬奥会的比赛场地之一。

两相对照，改造前的首钢工业园区遗址颓败荒芜、杂草丛生（见图 2-4），改造后的首钢工业园区遗址绿波荡漾、整洁卫生，虽然烟囱不再冒烟，但仍可领略首钢当年的风采。对首钢工业园区遗址的改造和利用，既取得了良好的社会效益、环保效益，也取得了一定的经济效益。从空间变迁的视角看改造前后的首钢工业园区遗址，也许能给人们更多的启示。空间位置没有发生变化，原本生产钢铁的空间变成了供人游览、怀念、进行历史教育的工业遗址公园，由工具性取向变成了价值性取向，或者说空间的属性已经由"工具性空间"转变为"价值性空间"。①

本研究所讨论的庭院空间变迁也一样，它虽然是一个私人空间，但也是一种社会空间。在"私人空间转型"的过程中，"工具性空间"被添加了美学元素、融入了审美意识，转变成"价值性空

---

① 2022 年北京冬奥会期间，首钢原厂区被改造成比赛场地，自由式滑雪坡面障碍技巧等比赛项目在此举行。赛后，这里成了市民游玩、休闲的场所。

图 2-4　改造前的首钢工业园区遗址（摄于 2014 年 4 月）

间"，这一转型过程仍然可以从空间社会学的视角来研究。研究"私人空间转型"产生的原因、背景和过程，以及引发"私人空间转型"的关键性因素，仍然是具有理论意义和现实意义的，因为私人空间既包括物质空间所指的客观存在的自然地理空间的特性，同时也包括心理空间所指的空间内主体（即农户）意识与精神的建构的特性，两种空间特性融合在一起即为一种社会空间。在社会空间中，主观与精神层面的建构对空间的形态与性质影响颇深。本研究就试图以空间社会学的理论来解释"梧村现象"。

## 七　研究进路

梧村庭院发生"私人空间转型"的具体过程是什么？这是本研究要重点考察的。推进这一过程的因素有哪些？在这一过程中会遭遇哪些阻力？怎么克服这些阻力？如何保持庭院美化的持续性（审美意识内化）？如此等等，都是本研究要重点探讨的。

"私人空间转型"就是本书的研究对象，研究的问题就聚焦为："私人空间转型"是结果，形成这种结果的原因是什么？形成的过程又是什么？换句话说，"私人空间转型"是结果，是因变量；影响它形成的因素有哪些，或者说自变量有哪些？是如何影响的？在此基础上，本研究采取的研究进路就是：采用空间社会学的视角，研究"私人空间再生产"的影响因素和形成过程。

我们共分析了两个影响因素，分别是时代背景的影响和基层建设的影响。其中，基层建设是关键性因素，常言道："火车跑得快，全靠车头带。"庭院美化实质上就是将审美意识具体落实到庭院的布局、修饰和整饬上的行为，其中，审美意识尤为重要。确实，农户的审美意识需要以经济收入水平提高为基础，乡村经济结构的转型会带来农户生活方式的变迁，这些是"私人空间再生产"的物质基础。但经济收入水平提高了，审美意识也不一定就会自发地产生，更不会自发地落实到日常生活中去。具体到我们的问题，经济收入水平提高是"私人空间再生产"的必要但不充分条件。基于这一分析，我们研究了"私人空间转型"的具体过程，这一过程有三个环节：意识培育、意识转化、意识内化，这里的意识就是庭院审美意识。本研究采取的研究进路如图 2-5 所示。

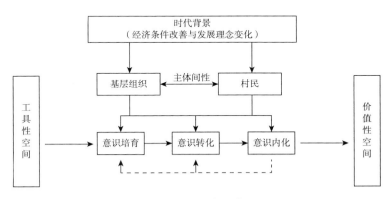

图 2-5　研究进路

从原生的私人空间到改造后的私人空间，发生这种变化有两个推动力：国家发展战略和基层建设。其中，国家发展战略的变化受时代背景影响，基层建设是关键性影响因素。"梧村现象"的产生，与我国农民经济收入大幅提高、乡村建设思路与发展战略变化的历史轨迹，以及"生态文明理念"的发展和践行有着密切的联系，这是产生"梧村现象"的时代背景。基层建设是极为重要的，其中基层组织建设尤为重要，甚至可以说基层组织建设是产生"梧村现象"的关键性因素。基层组织建设归根结底是"人"的建设，班子成员的思想意识、工作作风关乎乡村振兴计划的实施。

同时，在庭院美化过程中，村民并不仅仅是公权力作用的客体，也是与村"两委"并列的主体。只有村"两委"的倡导，没有村民的响应和行动，庭院美化项目也是不可能进行下去的。因此，本书采用"主体间性"的视角，对庭院美化过程中村民的行动进行了研究。在庭院美化过程中，村"两委"与村民虽然在权力地位上不是对等的，但作为主体的一方，村民也不是完全被动的。同时，作为主体的另一方，村"两委"也要在互动中考虑对方的合理诉求，有时也会做出必要的让步。本研究关注两个主体互动的具体过程，以及双方的一些具体应对策略。

"私人空间转型"在经历了"审美意识培育"、"审美意识转化"和"审美意识内化"三个环节之后才得以最终完成。审美意识内化是一个复杂又艰难的过程，可能要经历多次反复，即再次回到培育、转化环节，才能最终完成审美意识的内化。这一过程实质上也是基层权力运作的具体过程。

## 八　本章小结

1. 本书的研究问题就是"梧村现象"产生的原因、背景、过程与机制。为此，笔者引入了空间社会学的理论视角。空间社会学的理论核心有二：其一，空间具有"物理性"和"社会性"双重属性；其二，空间产生权力，权力型塑空间。本章简要介绍了空间社会学的缘起和主要理论。

2. 笔者从三个方面对相关文献进行了梳理，一是关于中国庭院的研究，二是关于农居庭院的研究，三是关于农村空间变迁的研究。从中国庭院的历史发展脉络可以看出，对私家庭院的审美意识始自西汉，但大多集中在士大夫、贵族阶层，他们的私家庭院属于"价值性空间"。本章还对相关文献进行了评述。

3. 农民在封建社会时期始终处于社会底层，因此农居庭院大多是以"工具性"为主导进行建造和使用的。新中国成立后，农村发展成为国家发展战略中不可或缺的一环，由于农村经济发展水平较低，"庭院经济"依旧是将庭院的"工具性功能"摆在首位，为农户提供经济支持。

4. 关于农村空间变迁的研究主要集中在"农民上楼"问题、农村公共空间与私人空间的区分以及"社区营造"问题上。

"农民上楼"问题是农村空间形态的变化影响农民生活方式的研究，对于一个农村特定空间，影响其内部形态及性质的运作机制是什么，还有很大的讨论空间。

农村公共空间与私人空间的相关讨论甚少涉及农居庭院这个私人空间的变化，尤其没有关注到梧村这样成规模、群体性的庭院美化现象，这给笔者留下了研究的空间。

关于"社区营造"的研究虽然与本研究的"空间再造"问题相关，但"社区营造"的相关研究所关注的空间大多集中在学校、广场、公园等区域，关注的重点在城市社区，即使有关于农村社区的研究，也更多是关于公共空间的社区营造，对于本研究所关注的农居庭院空间的再造甚少关注。

5. 本章确定了研究的分析框架。借鉴韦伯的理想类型分析方法，我们根据空间的利用目的，将其划分为工具性空间、价值性空间和混合性空间。其中，混合性空间又可分为工具性主导型混合空间和价值性主导型混合空间。农居庭院这一工具性空间在增添了审美元素、融入了审美意识之后就成了价值性空间，我们称这个过程为"私人空间转型"。

梧村庭院发生"私人空间转型"的原因、背景和过程是什么，是本研究要重点考察的。推进这一过程的关键性因素是什么，在这一过程中会遭遇哪些阻力，怎么克服这些阻力，如何保持庭院美化的持续性（审美意识内化），等等，都是本研究要重点探讨的。

6. 在空间分类的基础上，我们进一步分析了空间变迁的理想类型。其中，Ⅰ型和Ⅳ型空间变迁没有发生空间属性的变化，要么是从工具性空间到工具性空间，要么是从价值性空间到价值性空间，我们称之为"空间再造"。Ⅱ型和Ⅲ型空间变迁发生了空间属性的变化，从工具性空间转变为价值性空间，或者从价值性空间转变为工具性空间，我们称之为"空间转型"。我们研究的"梧村现象"就属于"私人空间转型"。

7. 确定了分析进路。"私人空间转型"经历了"审美意识培育"、"审美意识转化"和"审美意识内化"三个环节之后才得以最终完成。审美意识内化是一个复杂又艰难的过程，可能要经历多次反复，即再次回到培育、转化环节，才能最终完成审美意识的内化。这一过程实质上也是基层权力运作的具体过程。

8. 在分析"私人空间转型"的过程中，本研究将采用"主体间性"的视角，对庭院美化过程中村民的行动进行研究。在庭院美化过程中，村"两委"与村民的关系虽然在权力地位上不是对等的，但作为主体的一方，村民也不是完全被动的。同时，作为主体的另一方，村"两委"在互动中，也要考虑对方的合理诉求，有时也会做出必要的让步。

# 第三章　"梧村现象"产生的背景

我们首先应当确定一切人类生存的第一个前提也就是一切历史的第一个前提，这个前提就是：人们为了能够"创造历史"，必须能够生活。但是为了生活，首先就需要衣、食、住以及其他东西。因此第一个历史活动就是生产满足这些需要的资料，即生产物质生活本身。[①] ——马克思、恩格斯

美国社会学家赖特·米尔斯在论及社会学的想象力时说："个人只有通过置身于所处的时代之中，才能理解他自己的经历并把握自身命运……我们已开始明白在某一社会中，一代代人的个人生活；他生活在自己的生活历程之中，而这个历程又存在于某个历史序列之中，他就对社会的发展和历史的演进做出了贡献，无论这贡献多么微不足道，甚至连他自己也是在社会和历史的推进作用下被塑造出来。社会学的想象力可以让我们理解历史与个人的生活历程，以及喜爱社会中二者间的联系。"[②]

研究梧村的"庭院美化"建设，或者说研究梧村庭院空间属性为何发生变迁，必须首先研究发生这种变迁的时代背景和理论背景。只有这样，才能从对历史发展脉络的梳理中理解梧村农居庭院发生空间属性变迁的历史原因，才能从理论上说明发生这种变迁的内在动力。

本章将从厘清乡村建设的历史脉络，以及阐述习近平生态文

---

① 中共中央马克思恩格斯列宁斯大林著作编译局编译《马克思恩格斯选集》（第一卷），人民出版社，2012，第32页。

② C. 赖特·米尔斯：《社会学的想象力》（第三版），陈强、张永强译，生活·读书·新知三联书店，2012，第4页。

明思想，尤其是"两山"理念入手，尝试图分析梧村庭院空间属性发生变迁的时代背景和理论背景。

# 一 时代背景：我国乡村建设的路径选择

20世纪20年代以来，乡村建设问题逐渐成为学界研究的焦点；20世纪80年代以后更是成为学界研究的热点问题，有关成果浩如烟海。中国从贫穷落后走向繁荣富强，离不开乡村建设。2021年2月25日，习近平总书记在全国脱贫攻坚总结表彰大会上庄严宣告：我国脱贫攻坚战取得了全面胜利。从20世纪20年代到今天，乡村建设经历了百年的实践摸索和理论探讨。而梧村的"庭院美化"与乡村建设的思路、战略密切相关，这是梧村"庭院美化"重要的时代背景。因此，笔者先简略地分析百年来，我国乡村建设的路径选择与发展战略在不同历史时期的变迁。

## （一）改造乡村：规训与变革——20世纪上半叶至1980年

改造乡村是中国现代化的重要内容，也是20世纪中国乡村社会变迁的主旋律。中国乡村受到的第一次冲击是西方城市文化向中国乡村渗透，这种规训与型塑来自民间自发的力量；第二次冲击是国家力量自上而下对乡村社会结构进行彻底变革，引起了中国乡村几千年未有之巨变。

### 1. 规训与改造

20世纪上半叶，面对深重的民族危机，西方现代化的冲击引发中国社会结构全面震荡，中国乡村表现出政治失序、经济破产以及文化失调的整体性颓败。彼时，中国乡村的发展侧重于通过乡村建设运动来改变乡村的落后面貌。

晏阳初认为中国农村的根本问题在于农民的"愚、穷、弱、私"四大病，他领导的中华平民教育促进会试图通过文艺教育、生计教育、卫生教育、公民教育来解决这些问题，并在河北定县开展了长达十年之久的"定县试验"。有学者用"晏阳初模式"来概述那个时代一批以挽救乡村破败命运为使命的知识分子的思维方式。[①] 他们将中国乡村看成"病人",而"治病"的手段就是用教育去改造农民,为他们灌输现代文明的价值观。这种乡村建设路径的实质是运用西方城市文明对农民的价值观念、行为等进行全方位的"规训"。在福柯看来,"规训"指近代产生的一种特殊权力技术,既是权力干预、训练和监视肉体的技术,同时也是制造知识的手段,且它本身还是"权力-知识"相结合的产物。[②] 用福柯的"规训"概念来概括20世纪20~30年代乡村改造的主流模式,即用现代城市文化来型塑和重建乡村文化。

卢作孚的乡村建设思想与晏阳初略有不同,他认为乡村建设的终极目标应着眼于"创造出现代需要的新社会"和建立一个"完全独立自主的民主国家",乡村建设思想的核心是"乡村现代化",尤其是"人"的现代化。[③] 卢作孚认为中国乡村在吸引新经济项目开展实业建设的同时,应推行民众教育运动,即现代生活运动、识字运动、职业运动和社会工作运动。卢作孚认为乡村建设的根本问题在于秩序建设,他指出:"秩序问题,是包含着自治事业的经营问题和组织问题,是乡村建设中不可避免亦不可疏忽的根本问题。"[④] 同时,他强调了对既有地方自治组织的重视,认为教育、经济、治安、交通、卫生等方面的建设均属于乡村自治范围,自治组织的建设就是乡村建设的根本问题。无论是

---

① 参见赵旭东《乡村成为问题与成为问题的中国乡村研究——围绕"晏阳初模式"的知识社会学反思》,《中国社会科学》2008年第3期。

② 参见米歇尔·福柯《规训与惩罚》,刘北成、杨远婴译,生活·读书·新知三联书店,1999,第154~155页。

③ 参见王先明《中国乡村建设思想的百年演进(论纲)》,《南开学报(哲学社会科学版)》2016年第1期。

④ 卢作孚:《乡村建设》,载《卢作孚编辑之乡村建设》(1929年10月1日),重庆市档案馆藏,档号:0081-0001-00386,第27~28页。转引自王先明《中国乡村建设思想的百年演进(论纲)》,《南开学报(哲学社会科学版)》2016年第1期。

晏阳初提倡的改造农民的价值观，还是着眼于乡村现代化建设的卢作孚，都是在规训乡村、形塑乡村，试图用城市的标准去改造乡村。究其根本原因，在于城市文化与乡村文化的力量不同，城市文化是一种强势文化，乡村文化则是一种弱势文化。一般来说，强势文化往往会凭借其经济、政治、军事和传媒等方面的优势，向弱势文化推销自己的经济理念、政治价值、文化意识形态、价值观和生活方式。凭借便捷的生活方式和强大的经济能力，城市文化相对于羸弱的乡村文化就是一种强势文化。在晏阳初、卢作孚等人大刀阔斧进行乡村建设的年代，正值许多学者纷纷从国外留学归来。他们深受当时西方现代的城市文化影响，认为中国的"穷根"正是来源于中国乡村文化的落后，试图用城市文化"规训"乡村文化，从而达到改造乡村、实现强国的目的。

当然，当时也有像梁漱溟先生这样"认取自家精神，寻取自家的路走"的不同声音出现，他提倡建立"以中国固有精神为主而吸收西洋人的长处"①的组织，以中国传统文化为根基，在此基础上创造新文化。梁漱溟认为中国乡村的根本问题在于社会的组织构造。当时，由于各种各样的原因，中国的社会组织构造已经全然崩溃，乡村建设运动实则为"吾民族社会重建一新组织构造之运动"②。基于这些认识，梁漱溟在山东邹平开展了长期的乡村建设实践，形成了著名的"邹平模式"。梁漱溟勾勒的中国新的社会组织构造以中国固有精神为主，同时吸纳了西方先进的物质文化。梁漱溟的出发点并不是要全盘否定乡村文化，而是要在借鉴西方现代文明的同时保留中国乡村文化的精髓。

梁漱溟主张走"振兴农业以引发工业、复兴农村以带动都市"的道路，费孝通则认为城乡同样重要，在农业与工业的关系

---

① 梁漱溟：《乡村建设理论》，商务印书馆，2015，第19、333~334页。
② 梁漱溟：《乡村建设理论》，商务印书馆，2015，第19、333~334页。

上更强调乡村工业的重要性。[①] 费孝通在《乡土中国》一书中尝试从宏观层面分析中国独特的文化模式是如何从农村社会的生产生活中演变而来的,人与土地的关系构成了中国乡土社会的特殊性,因此他极力倡导以发展工业逐步复原中国乡土社会的完整性,进而实现乡村的现代化转型。

无论是晏阳初开展的"定县试验",或是卢作孚主导的"北碚模式",又或是梁漱溟推动的"邹平模式",再或是费孝通提出的人与土地之间的关系,皆是从实践层面关注乡村建设问题。彼时的中国传统文化受到西方城市文化的影响,中国乡村社会面临着改造与重建的困境,大部分学者着眼于寻找中国乡村发展的改革之法与重建之路,如农民思想观念的改造、乡村自治建设、文化重建下的社会结构再造、发展乡村工业化等宏观层面的乡村建设实验模式。

2. 变革与改造

1949 年之后,国家开始大规模自上而下地对乡村社会进行改造,这种改造以变革农村基本制度和生产组织形式为核心。这一变革可分为两个阶段,第一个阶段是新中国成立之后开始的土地改革与人民公社化运动,第二个阶段则是 1978 年开始的家庭联产承包责任制的推行。与第一次乡村改造的主要目的是文化规训不同,第二次乡村改造的主要目的是变革乡村社会结构以及农民与土地的关系。第一个阶段是指从 1949 年至 1978 年,国家两次改变农村土地的所有权,先是在新中国成立之初将地主所有的土地变成农民所有,紧接着在 1952 年又从农民所有变成了集体所有,并通过农业合作化运动和人民公社这一组织形式实现了土地的公有化。人民公社是政社合一的组织,社员参加集体生产劳动,按照工分取得劳动报酬。但实践表明,这一制度是具有多个

---

① 参见张浩《从"各美其美"到"美美与共"——费孝通看梁漱溟乡村建设主张》,《社会学研究》2019 年第 5 期。

方面的局限性的。①

改革开放后，我国乡村变革进入第二个阶段。国家推行了以家庭联产承包责任制为切入点的改革，由此掀起了波澜壮阔的农村改革大潮。推行家庭联产承包责任制的根本目的是解放和发展农村生产力，激发农村经济活力，为农民和集体经济组织破除制度性束缚。从农村集体经济组织的统一分配变为农民经营的自主选择，这不仅是农民和集体关系的改变，也是农民和国家关系的重大调整。通过这一改革，农民从人民公社体制中解放出来了。农民拥有了生产经营的自主权，由此大大激发了他们的劳动积极性，提高了农业生产的整体效率。

无论是第一次冲击还是第二次冲击，虽然乡村建设的目标不同，但"改造"乡村却是始终不变的主题。第一次改造试图用"先进的"城市文明改造"落后的"乡村文化，改造的方式是"规训"；第二次改造则是将封建社会的乡村改造成社会主义社会的乡村，改造的方式是"变革"，其核心是变革农民与土地的关系。第二次乡村改造的第一个阶段是新中国社会主义改造整体计划的一部分，土地改革使得农民真正成了土地的主人，人民公社化则是将分散的小农经济转化为社会主义集体经济；第二个阶段是将农民从土地的束缚中解放出来，激发农民的生产积极性，提高农村生产效率。

## （二）变革后的困境及走出困境的探索：社会主义新农村建设

家庭联产承包责任制的实施极大解放了农村劳动力，使农民开始流动起来，不仅增加了农民的收入，同时，进城农民也为城市的发展做出了重要贡献。但是随着时间的推移，农村的一些深

---

① 参见张红宇《中国农村的土地制度变迁》，中国农业出版社，2002，第42~44页。

层次问题逐渐显现出来，农村发展陷入了新的困境。为突破这些困境，国家出台了一系列积极有效的措施。

1. 变革后的困境

从家庭联产承包责任制实施后到 20 世纪 90 年代中期，是我国农村快速发展的时期，农民的积极性被调动起来，农业稳步增产，农村保持活力。20 世纪 90 年代中期以后，我国农村经济社会开始出现一些新的困境。

第一，小农经济制度内在的深层次问题日益凸显。家庭联产承包责任制仍属于小农家庭经营方式，虽然有利于激发农户的生产积极性，但其难以适应现代市场经济的需要——既无法承担市场经济的风险，又无法对市场需求做出及时有效的回应，更无法实行规模化经营。因此，在这一制度下，农村虽迅速解决了温饱问题，但要真正实现农村经济的发展和农民的普遍富裕是很困难的。

第二，乡村的治理危机日益凸显。1997 年以后，由于农业发展进入新阶段，农产品供大于求、销售不畅、价格低迷，农民的收入增幅逐年下降：1996 年为 9%，1997 年为 4.6%，1998 年为 4.3%，1999 年为 3.8%，2000 年为 2.1%，2001 年为 4.2%，2002 年为 4.6%。[1] 农民的负担明显加重，并逐渐影响到农村干群关系，导致群体性事件增多，农村的治理性危机日益凸显。[2] 一时间，"农民真苦，农村真穷，农业真危险"的呼声使"三农"问题成为全社会广泛关注的焦点问题之一。

第三，大量农民进城导致了农村的空心化。随着城市的迅速发展和城乡差距的日益扩大，农村里有知识、懂技术的年轻人纷纷到城市打工，农村出现了"空心化"的现象。而伴随农村"空

① 参见陆学艺《中国"三农"问题的由来和发展》，《当代中国史研究》2004 年第 3 期。
② 参见赵晓峰《税改前后乡村治理性危机的演变逻辑》，《天津行政学院学报》2009 年第 3 期。

心化"的出现，留守老人、留守儿童、人口老龄化、土地纠纷等其他社会问题也纷至沓来。

2. 走出困境的探索

正如有学者所指出的那样，城乡关系失调是农村问题的症结所在，破除城乡二元结构体制是解决农村问题的根本途径。[①] 为了消除城乡壁垒、统筹城乡发展，国家按照"工业反哺农业，城市反哺农村"的思路调整了相关政策，并提出了按照"生产发展、生活富裕、乡风文明、村容整洁、管理民主"的要求扎实推进社会主义新农村建设这一重大战略任务，其目的在于"加快改变农村经济社会发展滞后的局面"。[②] 陆学艺提出了十五点新农村建设亟须解决的农村与城市之间的差距：第一是收入差距，第二是消费差距，第三是就业差距，第四是教育差距，第五是医疗差距，第六是科技文化差距，第七是社会保障差距，第八是基础设施建设差距，第九是住房差距，第十是土地的所有权和使用权方面的差距，第十一是参军方面的差别，第十二是金融信贷方面的差距，第十三是婚姻和计划生育的差别，第十四是社会地位差异悬殊，第十五是城乡交换不等价、不合理。[③] 由此可见，新农村建设侧重于解决由于城乡差距所产生的经济、民生、教育等问题，提高农民的生活质量，提升农村的教育资源，实现农村的经济发展。关于庭院美化，新农村建设更多关注的是农村公共卫生环境的建设，对于农居庭院的建设提及甚少。与民国时期的乡村建设实验不同，"社会主义新农村建设"是在统一的国家政权驱动下改造农村社会结构的系统方案，是在由国家主导的发展战略已经具备制度正当性和意识形态合法性条件下产生的历史任务。

———————

① 参见陆学艺、杨桂宏《破除城乡二元结构体制是解决"三农"问题的根本途径》，《中国农业大学学报（社会科学版）》2013年第3期。
② 参见叶敬忠《乡村振兴战略：历史沿循、总体布局与路径省思》，《华南师范大学学报（社会科学版）》2018年第2期。
③ 参见陆学艺《社会主义新农村建设与中国现代化（笔谈）》，《江西社会科学》2006年第4期。

068

因此,"社会主义新农村建设"回答的是"乡村如何加快发展"的问题。

## (三)升华:美丽乡村建设与乡村振兴战略

20世纪各个时期的乡村改造不同程度上缓解了乡村的危机,但仍然没有解决乡村的主体性问题,乡村在很大程度上仍然只是作为城市的"附庸"而存在,是待改造的对象。党的十八大以来,社会主义新农村建设已经解决了农民的温饱问题,乡村建设进入新阶段,这其中一个显著特点就是强调乡村自身的独特价值,重建乡村的主体性,这是乡村建设的升华。

2013年中央1号文件明确提出,要加强农村生态建设、环境保护和综合整治,努力建设美丽乡村。中国美丽乡村建设最早发轫于浙江省安吉县,2008年安吉县就以"村村优美、家家创业、处处和谐、人人幸福"作为建设发展的目标。有学者评价,近年来浙江安吉的美丽乡村建设成绩斐然,成为全国美丽乡村建设的排头兵。[1]党的十八大第一次提出"美丽中国"的概念,对比新农村建设,美丽乡村建设更加关注对生态环境资源的有效利用,更加关注人与自然和谐相处,更加关注农业发展方式转变,更加关注农业功能多样性发展,更加关注农村可持续发展,更加关注保护和传承农业文明。美丽乡村建设是农村发展方针由经济建设转向生态建设的关键节点。然而,农村生态建设的重点依然是农村公共卫生的整治与环境美化,大部分学者对农村生态建设的研究也多是从绿色农业、环境保护、绿色科技等角度出发,对农居庭院建设的研究暂付阙如。

党的十九大提出乡村振兴战略,并提出"产业兴旺、生态宜居、乡风文明、治理有效、生活富裕"的总要求。可以看出,在这

---

[1] 参见吴理财、吴孔凡《美丽乡村建设四种模式及比较——基于安吉、永嘉、高淳、江宁四地的调查》,《华中农业大学学报(社会科学版)》2014年第1期。

一阶段，国家对农村发展的要求是按照全面的、多元化发展路径进行乡村治理，农业、经济、政治、民生、文化、生态等内容都涵盖其中，并且做出了分两个阶段实现第二个百年奋斗目标的战略安排。乡村振兴战略是改革开放以来统筹农村建设的最全面部署。"城市偏向"和"农村偏向"构成了发展战略的经典争论，叶敬忠梳理了我国自改革开放以来发展重心从城市向乡村的迁移过程，他认为改革开放后中国一直奉行"城市偏向"的发展战略，社会主义新农村建设虽然名为"建设乡村"，事实上仍是在肯定"城市偏向"基础上的"以工促农"和"以城带乡"，乡村振兴战略是真正意义上在城乡协同论基础上坚持农业农村优先发展的"重点论"。①

有学者就乡村振兴战略背景下乡村生态文明建设的转型做研究。温铁军、邱建生、车海生提到，直到党中央明确宣布中国必须以生态文明作为方向来推进乡村振兴，农村问题的处境才有了根本好转。② 叶兴庆提出乡村建设从"村容整洁"到"生态宜居"是在农民衣食住行等物质生活得到改善的情况下，乡村振兴战略对农村生态环境提出的新要求，要适应休闲旅游养老、绿色农业等新产业的发展，创造整洁舒适的农村人居环境，包括农村房前屋后的绿化美化都是必要的措施。③ 廖彩荣从另一角度解读对比了社会主义新农村建设方针中的"村容整洁"与乡村振兴战略方针中的"生态宜居"，他认为这是一个从静态升级到动态的过程，更强调农村生态文明建设，从单一的村庄面貌的干净整洁拓展到农村生态环境整体，同时更注重"人"的获得感，达到"宜居"的状态。④ 黄祖辉提出生态宜居要与农民的物质生活相结合，统一发

---

① 参见叶敬忠《乡村振兴战略：历史沿循、总体布局与路径省思》，《华南师范大学学报（社会科学版）》2018年第2期。
② 参见温铁军、邱建生、车海生《改革开放40年"三农"问题的演进与乡村振兴战略的提出》，《理论探讨》2018年第5期。
③ 参见叶兴庆《新时代中国乡村振兴战略论纲》，《改革》2018年第1期。
④ 参见廖彩荣《乡村振兴战略的理论逻辑、科学内涵与实现路径》，《农林经济管理学报》2017年第6期。

展，以实现乡村自然生态环境保护与开发利用的和谐统一，使"生态宜居"的乡村既成为城乡居民对美好生活向往的所在地，又成为"绿水青山就是金山银山"的所在地和富裕农民的重要源泉。[①]

在乡村振兴背景下的生态文明建设的相关研究中，有学者从农居庭院宜居性的角度分析乡村建设。2005 年，社会主义新农村建设首次提出了人居环境的建设；到 2012 年，党的十八大提出推进生态文明建设；再到 2016 年，中央"一号文件"强调保留乡村风貌的美丽宜居乡村建设[②]，乡村生态建设的重点始终停留在乡村的环境整治及保留乡村风貌的整体性建设中。但是乡村振兴战略出台后，不少学者注意到了农居庭院的建设，研究方向更加偏向微观和实践层面。窦清华通过宜宾长宁"竹乡美丽庭院"的案例分析了乡村振兴背景下建设生态宜居乡村的实现路径，提及了"竹乡美丽庭院"建设中具体的"干部包户、责任到人"的工作机制，以及存在的缺乏资金支持、规划不完善、村民观念无法转变等问题。[③] 陈云良认为乡村要振兴，美丽宜居是关键，他分析了浙江省金华市磐安县以"环境卫生美、整齐有序美、庭院绿化美、风貌协调美"为重点要求创建的"美丽庭院"，特别提出在庭院建设方面要凸显当地乡村特色，绿化面积要增加，要提高村民改造庭院的审美，特别提到了提倡多用爬山虎类藤蔓植物美化墙体、庭院绿地面积不少于 30% 等要求。[④] 王婧祎从景观规划设计的角度剖析如何在乡村振兴的大背景下助力农居庭院建设。她认为在创造美丽宜居乡村的过程中应当还原传统风貌，突出地方特色，尤其要激发村民的主观能动意识，使他们积极主动

---

[①] 参见黄祖辉《准确把握中国乡村振兴战略》，《中国农村经济》2018 年第 4 期。

[②] 参见纪志耿《当前美丽宜居乡村建设应坚持的"六个取向"》，《农村经济》2017 年第 5 期。

[③] 参见窦清华《乡村振兴背景下建设生态宜居乡村的实现路径——基于宜宾长宁"竹乡美丽庭院"实践的思考》，《吉林农业》2019 年第 22 期。

[④] 参见陈云良《创建美丽庭院 助推乡村振兴》，《政策瞭望》2018 年第 4 期。

地参与到乡村建设中来。①

20世纪上半叶以来，乡村建设的脉络与思路发生了几次大的转变。第一次转变发生在乡村建设运动时期，许多学者和实业家自发进行改造和拯救乡村的实践活动，旨在重构乡村的整体发展思路，如改造农民的思想观念、发展农村工业及文化重建下的乡村社会结构再塑造等宏观层面的乡村发展战略。第二次转变发生在新中国成立后的社会主义新农村建设时期，此阶段由国家层面主导农村建设，提出了对乡村发展的全面要求，重点在于提高农民物质生活水平及农村基础建设水平。第三次转变发生在美丽乡村建设及乡村振兴战略提出的时期，在农民温饱问题已基本解决的情况下，如何激发新时代的农村活力成为此时期亟须解决的问题，以让农民获得幸福感，体会乡村的"美好生活"为主要发展目标。通过以上的梳理，可以看出国家对于农居庭院的建设要求是从乡村振兴战略提出之后才逐渐纳入乡村发展的要求之内的，在乡村建设运动时期与社会主义新农村建设时期，国家均没有明确提出建设农居庭院的目标，因此在此阶段关于农居庭院的研究尚付阙如。乡村振兴战略中"生态宜居"的方针体现了对农民居住幸福感的高度重视，因此才会有各地关于"美丽庭院"的政策出台与实施，并逐渐被学者纳入研究范围。

综合来看，党的十八大以来国家所推进的"美丽乡村"建设和乡村振兴战略在很大程度上就是重建乡村主体性的努力。长期以来，在主流文化意识形态中，农村的价值被严重低估，只有城市才能让生活更美好。其实，与城市生活一样，乡村生活也是人类的一种生活方式。与城市生活相比，乡村生活有着宁静的生活氛围、优美的生活环境、简单的生活状态和温馨的人际关系，这些东西恰恰是久居城市的人们所追求、所向往的。党的十八大以

---

① 参见王婧祎《基于赞皇县幸福庄调研浅谈景观规划设计助力乡村振兴》，《现代园艺》2019年第19期。

来，习近平总书记多次提出要建设"美丽乡村"，进一步加强农村生态建设、环境保护和综合整治工作。"美丽乡村"建设不仅仅是对农居与道路的改造，而是要在乡村建设路径上突出"美丽、生态、宜居"的概念。

美丽乡村建设的目标是既要实现"百姓富"，又要保持"生态美"，推进农村生态文明建设。党的十九大提出的乡村振兴战略将"建设美丽乡村"的发展方向上升到了一个新的高度。从"美丽乡村"到"乡村振兴"，一以贯之的是国家对农村生态文明和农民精神生活的关注，强调要"让群众望得见山、看得见水、记得住乡愁，让自然生态美景永驻人间，还自然以宁静、和谐、美丽"①。这表明，国家开始强调乡村生活和城市生活是两种不同的生活形态，按照城市模式型塑乡村并不是一条可以推广至全国的发展道路。乡村生活也是人类生活的一种形态，具有人口密度低、社会组织结构简单、生活形态贴近大自然等特点，是不可替代的，要重视乡村文化的传承。

总的来看，中国进入新时代以后，乡村建设的路径选择已经进入升华阶段。在新阶段，人们逐渐认识到乡村生活也是人类生活的一种形态，而乡村振兴战略的重要内容之一就是要重视乡村文化的传承。这就是梧村"庭院美化"的时代背景之一。

另一重要的时代背景就是中国自改革开放以来，经济发展取得了巨大成就，农民的经济收入水平大幅提高。以安吉的变化为例：改革开放之初，安吉城乡居民人均收入仅有 200 元左右，到 2017 年，安吉城镇和农村居民人均可支配收入分别达到 48237 元和 27904 元。在解决了低层次的需要后，通过外力的培育和推动，有可能激发农民审美需要这样的高层次需要。总之，对乡村文化的重新认识以及经济发展水平的大幅提高，构成了农居庭院空间属性变迁的共同时代背景，二者缺一不可。

① 习近平：《推动我国生态文明建设迈上新台阶》，《求是》2019 年第 3 期。

## 二　理论背景：习近平生态文明思想

### （一）习近平生态文明思想的形成与发展

习近平生态文明思想是在中国特色社会主义建设的伟大实践中形成和发展的，也是"梧村现象"出现的重要理论背景，这里我们有必要梳理一下该理论的主要内容。

习近平同志在浙江工作时，深入基层调研，考察了浙江的山山水水，形成了"两山"重要思想，其中既有对绿水青山感性层面的认识，也有理性层面的思考。

2003年8月8日，在《环境保护要靠自觉自为》一文，习近平同志从认识论的角度阐述了人们对于金山银山和绿水青山之间的关系的认识。他说："'只要金山银山，不管绿水青山'，只要经济，只重发展，不考虑环境，不考虑长远，'吃了祖宗饭，断了子孙路'而不自知，这是认识的第一阶段；虽然意识到环境的重要性，但只考虑自己的小环境、小家园而不顾他人，以邻为壑，有的甚至将自己的经济利益建立在对他人环境的损害上，这是认识的第二阶段；真正认识到生态问题无边界，认识到人类只有一个地球，地球是我们共同的家园，保护环境是全人类的共同责任，生态建设成为自觉行动，这是认识的第三阶段。"①

2005年8月15日，时任中共浙江省委书记的习近平同志在浙江省安吉县天荒坪镇余村考察调研时，听到村里下决心关掉了石矿，停掉了水泥厂，对此给予了高度的肯定，称他们这是高明之举，并且明确提出了"绿水青山就是金山银山"的科学论断。回到杭州后不久，习近平同志就在2005年8月24日的《浙江日报》上发表了《绿水青山也是金山银山》一文。在文中他强调："如果能够把这些生态环境优势转化为生态农业、生态工业、生态旅游等生

---

① 习近平：《之江新语》，浙江人民出版社，2007，第13页。

态经济的优势,那么绿水青山也就变成了金山银山。绿水青山可带来金山银山,但金山银山却买不到绿水青山。绿水青山与金山银山既会产生矛盾,又可辩证统一。"①

此后,习近平同志在丽水市、衢州市、杭州市等多地调研时均阐述过绿水青山与金山银山的辩证关系。2006 年 3 月,习近平在中国人民大学的一次演讲中,进一步从金山银山与绿水青山之间对立统一的关系角度做了更为完整、更为严谨的表述:"人们在实践中对绿水青山和金山银山这'两座山'之间的关系的认识经过了三个阶段:第一个阶段是用绿水青山去换金山银山,不考虑或者很少考虑环境的承载能力,一味索取资源。第二个阶段是既要金山银山,但是也要保住绿水青山,这时候经济发展和资源匮乏、环境恶化之间的矛盾开始凸显出来,人们意识到环境是我们生存发展的根本,要留得青山在,才能有柴烧。第三个阶段是认识到绿水青山可以源源不断地带来金山银山,绿水青山本身就是金山银山,我们种的常青树就是摇钱树,生态优势变成生态经济优势,变成一种完全浑然一体的关系,和谐统一的关系。"②

"绿水青山就是金山银山"这一重要论断已经载入党的十九大报告及党章,成为生态文明建设的指导思想。以"两山"理念为基础,在不断丰富和发展的过程中形成的美丽中国说、美好生活论、绿色发展论、全球环境治理理论等共同构成了习近平生态文明思想体系。

对于浙江省来说,在习近平生态文明思想的指引下,浙江省的生态文明建设与美丽乡村工程大力推动了经济发展,"经济发展"与"生态文明建设"不再是相悖的关系,浙江省找到了两者之间的平衡点,形成了互惠互利的促进关系。经过十余年实践,"绿水青山就是金山银山"的科学论断带来的生态红利和生态理

---

① 习近平:《之江新语》,浙江人民出版社,2007,第 153 页。
② 习近平:《之江新语》,浙江人民出版社,2007,第 186~187 页。

念在浙江大地裂变出强大的正能量。在绿水青山中受益的老百姓由最初的"要我做"变为"我要做"，对生态环境建设的自觉意识逐渐凸显出来。从国家层面来说，习近平生态文明思想的提出既扩展了"美好生活"的内涵，也为建设"美丽中国"提供了强有力的行动指南与思想方针。

### （二）安吉县的践行

2017年，安吉县环境保护部门求真务实，认真履职，较好地完成了各项环境保护工作，全力推动县域生态环境持续改善；协助中央电视台拍摄《打好绿色环保攻坚战》专题片，作为中央政治局第41次集中学习资料；牵头开展浙江省"6·5"世界环境日宣传现场纪念活动，邀请时任省长袁家军出席并作重要讲话；牵头筹备全国生态文明建设现场推进会，时任环保部部长李干杰用"四个一流"高度肯定了安吉生态文明建设成效；作为全国4个基层县区之一，代表浙江在环保部2017年全国农村环境保护培训班上做经验介绍；农村环境综合治理工作成果入选"十九大"全国农村环境综合整治成果展。安吉县还荣获首批省级生态文明建设示范县，成为全国第一批"绿水青山就是金山银山"实践创新基地；县局荣获"全国环境保护系统先进集体"荣誉称号，一名基层环保所长被评为全国十大"最美基层环保人"；县局监测站成为湖州首个取得辐射监测资质的县级站。①

1. 完善生态文明机制体制。制定《安吉县"两山"重要思想实践示范纲要》《安吉"两山"理论实践示范县建设规划》《中国最美县域建设规划》《安吉国家生态文明建设示范县规划》《美丽县域建设指南》，形成一整套"两山"理念践行工作体系，有效为"两山"理念实践提供方向指引。首次建立德清-安吉对河口水库水源地跨区域保护联系机制。安吉县被省政府批准为

---

① 安吉县史志办公室编《安吉年鉴2018》，方志出版社，2018，第64页。

2017～2019 年"两山"理念建设财政专项激励资金实施对象，每年安排资金 1 亿元，连续安排 3 年。抓生态文明示范项目，开展国家生态文明建设示范县和全国"两山"理论实践试点县创建，国家生态文明建设示范县创建顺利通过省级验收。完成 34 个生态文明示范点创建，申报省级生态文明教育基地 1 家，创建省级绿色家庭 4 家、市级生态文明教育示范学校 6 家。

2."四边三化"项目围绕"全域大花园"建设，攻坚问题点，实行倒排节点、定时通报、销号治理，县督查组全程跟进，完成所有问题点位整治。打造精品线，按照省、市"双百创建"（百条精品示范道路、百个最美入城口）要求，围绕"两线一点"（S205 青临线、刘彭线、杭长高速安吉入城口），实施"八美"（天美、山美、水美、田美、路美、镇美、村美、房美）工程，改造锅炉 15 台，拆除违建企业 40 余家，修复山体 5 万平方米，林相改造约 1000 亩，完成浒溪天荒坪段和"205 省道—余村"景观建设，推进沿线村庄创意观光农业发展，加强沿线建筑物立面改造和垂直绿化，全力建设安吉的"示范道"。

2017 年，"绿水青山就是金山银山"写入了党的十九大报告，写进了党章。安吉县全体会议通过了《关于高举习近平新时代中国特色社会主义思想伟大旗帜，高质量推进中国最美县域建设争当践行"两山"理念样板地模范生的决定》（以下简称《决定》），《决定》坚持中国最美县域的建设，同时突出强调美丽元素。党的十九大把"美丽"纳入社会主义现代化强国的建设目标。美丽，是新时代的大势，更是安吉发展的最佳胜势，《决定》更加突出强调"美丽"元素，作出了美丽经济、美丽环境、美丽文化、美丽民生、美丽党建的全域美丽建设部署，更加结合安吉实际，突出安吉特色。①

---

① 安吉县史志办公室编《安吉年鉴 2018》，方志出版社，2018，第 64 页。

## 三　经济发展：产生"梧村现象"的物质基础

人类的精神生产不是纯粹与物质无关的活动，精神文明的发展需要一定的物质条件，这些物质条件正是物质文明提供的。显然，没有一定的经济基础，很少有农户会美化自家庭院。从梧村的情况来看，2021年该村村民人均年收入已达4.5万元，具备了搞庭院美化的经济基础。"梧村现象"发端于2015年，这时改革开放已三十余年，中国农村地区的面貌已经焕然一新，最显著的改变就是经济发展了，农民收入增多了（参见表3-1）。据此，笔者认为，物质丰裕是产生"梧村现象"的基础。若是温饱问题都没有解决，何谈"私人空间转型"？

表 3-1　农村居民人均收入对比

单位：元

| 年份 | 全国农村居民人均收入 | 安吉县农村居民人均收入 | 梧村居民人均收入 |
|------|------|------|------|
| 2002 | 2476 | 4930 | 5640 |
| 2003 | 2622 | 5402 | 6433 |
| 2004 | 2936 | 6161 | 7094 |
| 2005 | 3255 | 7034 | 8718 |
| 2006 | 3587 | 8031 | 10020 |
| 2007 | 4140 | 9196 | 12080 |
| 2008 | 4761 | 10343 | 13769 |
| 2009 | 5153 | 11326 | 15841 |
| 2010 | 5919 | 12840 | 17420 |
| 2011 | 6977 | 14152 | 18745 |
| 2012 | 7917 | 15836 | 20619 |
| 2013 | 8896 | 17617 | 23010 |
| 2014 | 10489 | 21562 | 25190 |

| 年份 | 全国农村居民人均收入 | 安吉县农村居民人均收入 | 梧村居民人均收入 |
|---|---|---|---|
| 2015 | 11422 | 23556 | 27716 |
| 2016 | 12363 | 25477 | 29933 |
| 2017 | 13432 | 27904 | 33028 |
| 2018 | 14617 | 30541 | 36998 |
| 2019 | 16021 | 33488 | 40698 |
| 2020 | 17131 | 35699 | 45600 |
| 2021 | 23660 | 45560 | 45000 |

数据来源：国家统计局官方网站、《安吉年鉴》及梧村"两委"提供的资料。

改革开放后，我国在农村地区推行"家庭联产承包责任制"，随着农业劳动生产力不断提高，农村出现大量的剩余劳动力。于是，国家逐渐开放农村劳动力进城，农民开始进城务工或经商以增加收入。此外，由于农业技术的发展和劳动生产积极性的提升，农作物的产量和农民的经济收入也大幅提升。这是发生私人空间再造现象的物质原因。我们以安吉县的发展成就为例，作一个简要的说明。

改革开放以来，安吉从一个经济发展水平较差的县发展到现在，经济繁荣，人民安居乐业，可谓实现了跨越式发展。安吉县的经济发展方式从以前的简单粗放转变为现在的绿色生态，三次产业增加值结构由1978年的44.7：36.6：18.7转变为2017年的7.1：44.8：48.1，1992年二产经济规模首超一产，2016年三产经济规模首超二产，安吉人民的物质生活水平与民生问题得到了彻底的改善。2017年安吉城乡居民恩格尔系数分别是30.3%和30.6%，生活向小康迈进。另外，安吉县交通基础设施的建设、多层次社会保障体系的形成、旅游发展的繁盛、卫生与教育系统的完善都标志着安吉经济社会发展的成绩处在我国县域一级经济社会发展的前列。[①]

富起来的安吉在解决温饱问题之后，自然有了追求更美好生活的愿望。2001年，安吉确立"生态立县"发展战略，下定决心主动大幅度淘汰水泥等高能耗高污染企业；到了2006年，安吉县成为全国第一个生态县，县委县政府确立了"坚持生态立县、突出工业强县、加快开放兴县"的发展道路。多年来，安吉始终坚持"生态立县"发展战略，经济发展方式向生态低碳转变，走出了一条绿色生态发展之路。

改革开放40多年来，安吉县全面推进美丽环境、美丽经济、美好生活"三美融合"，着力构建绿色发展"共享"机制，实现了人居环境明显改善、经济社会同步协调、城市乡村和谐相融。正所谓，穷则思变，富则思美。

## 四　本章小结

梧村庭院空间属性的变迁与我国乡村建设思路和发展战略变化的历史轨迹，以及习近平生态文明思想和"两山"理念有密切的联系，这是发生这种变迁的时代背景和理论背景。

1. 本章采用文献分析法，认为中国乡村建设思路的演变经历了从规训到变革、再到升华的过程。升华阶段，人们认识到乡村生活也是人类生活的一种形态，具有人口密度低、社会组织结构简单、生活形态贴近大自然等特点，是不可替代的。乡村振兴的重要内容之一，就是要重视乡村文化的传承。对乡村文化的重新认识以及经济发展水平的大幅提高，构成了农居庭院空间属性变迁的共同时代背景，二者缺一不可。

2. 习近平生态文明思想的形成基础是"两山"重要思想，最终形成了"绿水青山就是金山银山"的"两山"理念。2016年，

---

①　安吉县史志办公室编《安吉年鉴2018》，方志出版社，2018，第2页。

浙江省安吉县被国家环保部列为"两山"理念实践试点县。浙江省经济的迅猛发展也与"两山"理念息息相关,从刚开始的"宁愿牺牲经济发展也要保护好生态"到现在的"生态建设带动经济发展",浙江省的生态文明建设与美丽乡村工程在"绿水青山就是金山银山"的理念指引下大力推动了经济发展。2017年,"绿水青山就是金山银山"写入党的十九大报告,成为生态文明建设的指导思想。

3. 安吉县作为"两山"理念的发祥地,不仅在乡村振兴、建设美丽乡村的行动中走在了全国前列,更完善了生态文明机制和体制,制定了《安吉县"两山"重要思想实践示范纲要》《安吉"两山"理论实践示范县建设规划》《中国最美县域建设规划》《安吉国家生态文明建设示范县规划》《美丽县域建设指南》,形成了一整套"两山"理念践行工作体系,有效为"两山"理念实践提供方向指引。

重视乡村文化的传承、对乡村文化认识的提高以及乡村建设进入升华阶段是"梧村现象"产生的时代背景;习近平生态文明思想及其核心"两山"理念的诞生是"梧村现象"产生的理论背景;梧村的经济发展是"梧村现象"产生的物质基础;安吉县对"两山"理念的践行是"梧村现象"产生的实践基础。

# 第四章　基层建设与"梧村现象"

政治路线确定之后，干部就是决定的因素。① ——毛泽东

在第三章中，我们详细分析了梧村庭院空间属性变迁的时代背景和理论背景，但这还不够。因为，在同样的时代背景和理论背景之下，为什么只有极少数像梧村这样的乡村出现了成规模、群体性的农居庭院美化现象，而其他地方只有零星的庭院美化？农居庭院呈现从"工具性空间"向"价值性空间"变迁的趋势，除共同的时代背景和理论背景之外，还有一个关键性因素：基层建设。本章将采用文本分析法，在国家发展战略视野下研究"三农"问题，在论证基层建设重要性的基础之上，具体分析梧村的基层组织建设。基层组织建设，说到底还是人的问题。村"两委"组成人员的政治素养、工作能力和思想品德，尤其是主要成员的这些素质是促成农居庭院空间属性变迁的关键性因素。具备这些素质的人，我们称之为"乡村能人"。梧村就出现了这样一位"能人"，本章将详细介绍他的情况和他所起的关键作用。

## 一　基层建设的重要性

农居庭院空间再造，说到底还是属于"三农"问题的研究范畴。关于"三农"问题的研究成果浩如烟海，我们要做的是首先关注农村问题的历史发展阶段，以及从国家发展战略层面来看，各阶段关注的重点是什么？然后总结出一定的规律，找出解决

---

① 《毛泽东选集》（第二卷），人民出版社，1991，第526页。

"三农"问题的重中之重是什么。

笔者以 1978~2018 年《人民日报》发表的有关农村问题的社论为分析文本，选取其中出现频率最高的七个与农村问题高度相关的关键词，并依据其出现频率，从国家发展战略的视角出发，探讨国家对农村问题的认识深化过程以及解决路径的变化过程和相应的工作重心转移。笔者具体分析了改革开放四十余年来，国家为解决农村问题所出台的政策及其导向的变迁，并将其划分为四个历史阶段："农村体制改革"发展阶段、"农村经济"发展阶段、"民生"发展阶段和多元化发展阶段。

"三农"问题涉及的关键词较为繁杂，笔者主要筛选了改革开放四十余年来，中央在"三农"问题方面提及次数较多的主题词，并合并同类词语，以便作出比较。笔者一共选取了七个关键词：改革、生态、农业、民生、文化、基层建设和城乡关系。其中特别值得我们关注的两个方面，一是中央对生态问题的关注，二是中央对基层建设问题的重视。

改革开放四十余年来，《人民日报》社论涉及"生态"内容的共 43 篇，约占"三农"问题相关社论总数的 24.2%。2000 年以前，我国对农村生态问题并不是特别关注，甚至 1985~1993 年连续 9 年在《人民日报》关于"三农"问题的社论（共 19 篇）中，均未曾提到过关键词"生态"或与其相关的词语。2000 年以后，关键词"生态"及其相关词语出现的比例明显升高，特别是 2014~2018 年，"生态"及其相关词语出现比例皆达到 100%。换言之，在 2000 年以后，中央对农村"生态"问题的关注度呈上升趋势，并于近年达到峰值。国家重点从两个方面关注农村生态问题："农业"生态和"人居"生态。

有学者曾指出，基层建设包括两个方面：一是实体建设，主要指对基层场域中各类实体的建设过程，既包括对乡镇政府、居（村）委会等政权、准政权组织的建设，也包括对各类存在于基层场域中的社会组织的建设；二是关系建设，主要指对基层场域中各类实体间关系的梳理与协调过程。①

因此，基层建设的核心是基层组织建设，是村"两委"的班子建设。基层组织建设与"人"是密不可分的，无论哪种政策、哪类制度或哪项改革，都与"人"相关，即与工作在农村第一线的村干部密切相关。

改革开放初期，中央对基层建设层面的关注点在于"农业"方面。"农田基本建设"和"水利工程建设"是这一阶段《人民日报》发表的涉及"三农"问题的社论中，在"基层建设"这一关键词下提及频次最高的相关词语。这一阶段，对基层干部的培训和教育主要体现在农业工作方面，以推动基层工作的进行，如更扎实地落实农业相关政策、更科学地处理农业问题、更有效地提高农民务农积极性等。

改革开放四十余年来，农村基层干部的教育问题受到国家的持续关注。几乎在每一篇《人民日报》发表的涉及"三农"问题的社论中，在"基层建设"这一关键词下，都包含农村基层工作的落实问题。中央关于农村的指示是否能落到实处，与基层干部的具体落实行动有密不可分的联系。因此，关于"农村干部的教育"问题频频出现在社论中。教育农村干部积极落实相关政策、一切以群众利益为工作的出发点是我国基层建设工作中的核心内容。

自 1998 年起，国家对基层组织建设的重视程度进一步提高。但是，与改革开放初期相比，基层建设的方向发生了改变，国家在这一阶段着重考虑的是民生问题。中央对农村的经济建设、政治建设、文化建设、社会事业建设、基础设施建设作出了全面的部署，农村综合改革正式拉开序幕。在这一时期，国家从对"农业"问题的重视转向了对"民生"问题的高度重视，提高农民的

---

① 参见徐永祥、侯利文《基层建设与社会治理：当前中国社会建设的两个命题》，《河北学刊》2015 年第 4 期。

生活质量是国家重点要解决的问题，依托的载体是农村基层组织，因此基层建设显得尤为关键。改善农民教育、文化和医疗卫生条件，以及健全农村基层民主制度、保障农民收入都是该阶段基层建设的核心内容。国家意识到，改善农村民生需要基层政府职能的转变。在这一阶段，农村发展的核心由免除农业赋税转变为民生供给和有效服务，这在很大程度上对政府权力的理性回归和基层政府职能转变提出了新的要求。①

在笔者的研究中，可以发现关键词"基层建设"及其相关词语是笔者在《人民日报》发表的涉及"三农"问题的社论中选取的七个关键词中出现频次占比最高的关键词，达85.4%。这是因为改革开放四十余年来，中央制定的解决"三农"问题的各种方针、政策，最终都要落脚到基层建设上来。

基层治理是复杂的，需要基层干部寻找农民意愿与国家政策的平衡点。例如，"目标责任制"的实施要求基层政府表现出更加积极有效的社会动员能力，并帮助国家有效地推动经济发展和维持社会秩序。与此同时，由于上级政府、基层政府、基层干部、普通群众等所有行动者都分布在一个"联结"关系的行动网络中，因此基层政权的运作充满了复杂性与多样性。② 基层建设可以说是农村建设中连接各项问题的"黏合剂"，其重要性不言而喻，但因为与"人"相关，充满了各种变数，更需要国家谨慎应对和强力推动。③

---

① 参见余敏江、何植民《基于民生改善的农村社会治理转型》，《理论探讨》2016年第5期。

② 参见王汉生、王一鸽《目标管理责任制：农村基层政权的实践逻辑》，《社会学研究》2009年第2期。

③ 参见郭晗潇《基层建设：实现乡村振兴战略的关键》，《中国社会科学报》2019年8月7日。

## 二 梧村"两委"引领梧村建设"美丽乡村"之路

### （一）庭院美化的前奏

2008年，梧村遇到"美丽乡村"建设的契机。梧村"两委"按照县级建设"美丽乡村"的要求，在村庄美化、生活污水处理、中心村建设、老村委改造、建设现代家庭工业聚集区等方面都取得了十足的成效，先后获得全国创先争优先进基层党组织、省级党风廉政示范村、省级文明村、省级文化示范村、省级充分就业先进集体等多项荣誉。

梧村建设"美丽乡村"的主要措施如下。

一是环境整治。自2008年梧村开始创建"美丽乡村"以来，陆续完成了农村旧房功能化改造，集中式、分散式生活污水处理改造，道路硬化改造，等等。环境整治不仅直接提升了梧村"美丽乡村"建设的水准，更是为村民谋了"福利"，并且优化了公共服务。在"美丽乡村"建设中，梧村加大公共基础设施投入，建设了生态公园、标准化幼儿园、休闲长廊、篮球场、网球场等，村民文化娱乐活动设施丰富。

二是成立梧村旅游发展公司与建立安吉县美丽乡村展示馆。2012年，梧村成立旅游发展公司，逐步规划该村的旅游之路，打造全村精品观光环线，全力组织该村乡村旅游示范村的建设与经营。

三是建设新安置小区，共安置村民120余户。小区按照乡镇总规划进行设计和建造，小区内绿化已逐步完善。

四是实施老村委改建计划。2012年10月通过村民代表决议，同意将老村委改建成整体景区的一个观光带。

2015年，梧村根据安吉县住建局创建美丽宜居村庄的总体要求，坚持统筹发展、因地制宜、生态优先、以人为本，结合本村实际，拟定了"布局美、环境美、建筑美、生活美"的创建要求，并以荷村为建设点展开工作。在公共环境方面的建设主要包括以下几个部分。

一是拆除违建，并结合"三改一拆"工作要求，进一步完善村庄内部的环境建设，以达到"产居分离"的目的。通过集中治理，荷村共完成 52 户（约计 7012m²）违建拆除工作，其中违建钢棚约 1200m²，茶叶、竹制品等加工厂房约 4000m²，应拆未拆约 1800m²。拆除后用于道路拓宽改造的面积约 2000m²（方便了农户的出行），用于绿化的面积约 4300m²（美化了村庄），用于白茶集中加工点建设的面积约 700m²（方便了农户生产，同时也保障了生产安全）。总投入资金约 120 万元。

二是完成"五线"下地项目。为了使村庄内部空间更加整洁有序，投入约 100 万元，完成了荷村电信、广电、联通、移动、电力（低压）"五线"下地项目。

三是完成围墙改造、竹篱笆安装项目。总计投入资金约 23 万元。

四是公共区域的环境绿化，投入资金约 100 万元。

五是自来水安装及污水治理、公厕修建、道路修筑等公共设施的建设，总计投入资金约 298 万元。

除了对村内公共环境与设施的改建，美丽宜居工程还注意到了对农户房屋等私人空间的建设，如荷村农户房屋的立面整治工程，投入资金约 35 万元，共完成 49 户（约 13000m²）房屋的立面整治工作。还有 2015 年 11 月 23 日通过村"两委"会议的关于"补助荷村农户庭院美化"的项目，投入资金约 8 万元，由村集体出资，为荷村 80 户农户做庭院花坛，补助额度为 1000 元/户。农户若想做更高规格的花坛，超出 1000 元的部分由农户自行承担。

2015 年，梧村首次将农居内部的建设纳入到整个美丽宜居工程中来。2016 年起，梧村下辖自然村荷村与下辖社区临风家园为加强村内公共环境与庭院环境的秩序，分别出台了相关的管理制度，并成立了业主管理委员会和绿化卫生评定小组。业主管理委员会成员 5 人，由自然村住户选举产生，其日常经费由村统一拨付，在村委会领导下开展环境管理相关工作。绿化卫生评定小组由自然村内党员、生产队长、妇女队长、业主管理委员会成员组成。业主管理委员会将组织绿化卫生评定小组对自然村内住户进行检查（每个季度进行一次），现场打分，并根据得分情况评出一、二、三等；村及业主管理委员会按评出来的一、二、三等给予奖励，奖金从村拨付的自然村管理经费中支出；村及业主管理委员会组织约谈得分最低的住户，查找原因并帮助其整改。

荷村与临风家园皆形成了一套完整的监督体系，并在管理制度中明确规定了有关私人庭院的环境要求，如"庭院内不允许堆砌杂乱的缸、盆、罐子等，村集体可回收此类杂物""房屋四周的卫生由住户自己保洁，具体范围由村及业主管理委员会确定"等。

梧村在美丽乡村建设的带动下，利用其得天独厚的自然风光优势以及通过招商引资建造的田园式乐园、艺术馆、3D 画等景观形成了"生态旅游"的乡村发展定位，并依靠该村"美丽乡村"建设的模范效应挖掘出了"美丽乡村样板区+文旅休闲体验区"的潜在产业链，为村庄发展与村民生活水平提升打下了坚实的基础。

## （二）"3D 画"——传统乡村与现代艺术的碰撞

梧村完成公共环境治理两年后的一个夏天（2017 年夏），笔者来到了荷村。第一次进入荷村的时候，笔者就被干净整洁的柏油马路以及农居庭院外围墙上成片的 3D 画（有立体感的平面画作）所吸引了（参见图 4-1、图 4-2）。可爱的小狗、憨厚的水牛与色彩斑斓的木莲花立体地呈现在白色的院墙上，活灵活现，显得既有情趣又富有格调。为什么在中国的乡村会出现富有现代格调和艺术气息的 3D 画？

图 4-1　荷村 3D 画景观之一（摄于 2019 年 8 月）

图 4-2　荷村 3D 画景观之二（摄于 2021 年 1 月）

　　经了解，这些富有艺术气息的 3D 画的出现与村"两委"的决策密不可分。2015 年 8 月，为创建美丽乡村精品示范村，荷村的公共环境、道路、农居外围墙的改造正在如火如荼地进行中。村"两委"开会时，有人提出了一个新的想法。他认为公共环境建设好之后，农居庭院的外围墙一片白花花的，并不好看。荷村美丽乡村建设项目的预期是将农居的外围墙都改造为徽派建筑风格，白色的墙面加上青灰色的瓦片，并在墙体上挖出一个镂空的小窗户，显得幽静又文雅（参见图4-3）。

**图4-3　荷村徽派建筑风格外围墙（摄于 2021 年 1 月）**

虽然那时荷村的外围墙改造还未完全竣工，但如果农居外围墙都是白花花的一片，是否美观？或许显得有些单调了。于是，经村里研究，做出一个大胆的决定：请艺术家团队来，在荷村的外围墙上作画！讲起当时的想法，时任梧村第一书记的卢健说：

　　当时很多景观都是没有的，然后把设计单位现场叫过来画图纸，根据我们的想法怎么弄，然后我在上海有一批朋友，就最终确定叫他们过来画 3D 画，这个都是边做边改这么做出来的。（2021 年 1 月 8 日，云塘街道办公室，卢健）

# 第四章 基层建设与"梧村现象"

2015 年 8 月,卢健联系了自己在上海美术学院(即上海大学美术学院)的画家朋友武江,并由他召集了一批该校的师生到荷村来,在荷村新改造好的农居外围墙上作 3D 画。3D 画本是一种现代艺术,画在传统徽派建筑的围墙上,形成了传统与现代的碰撞。卢健多次与画家武江沟通怎么将 3D 画的内容与荷村的特点相融合,最终确定了作画内容一定要与乡村传统文化相结合的策略。于是,在荷村的围墙上出现了以具有当地特色的木莲花、耕牛、家犬等内容为主题的 3D 画。3D 作画于 2015 年 9 月开工,前后工期大概三个月,武江给了卢健"友情价",整体共花费了 40 万~50 万元,这个收费据说是对外收费的对折。画家武江与笔者聊起了当年的事情:

> 卢健跟我是多年的朋友,我一听说他有这样的需求,我立刻带着团队就赶过来了。他管我们吃住,一管就是三个月。(2019 年 8 月 12 日,梧村四方民宿,武江)

在上级政府和梧村"两委"的共同努力下,梧村的公共环境已经达到"美丽乡村"的基本要求,但是村里认为村民的一些真实需求并没有真正得到满足。在公共环境基本建设完成后,村民私人居住环境的建设同样重要。因为这里是一个乡村民宿旅游点,村里有一些农居改造成了民宿。村里的公共环境变美了,但是普通农居的庭院仍是原样,杂乱无章,如果让游客看到,会影响观感,也影响梧村的整体形象。于是,村里开会决定,把"美丽庭院"建设也纳入到"美丽乡村"建设的范围中来。"美丽乡村"建设是一个整体,既包括公共空间也包括私人空间,即使是庭院空间这样私密性很强的私人空间也不例外。公权力介入私人空间的过程就这样开始了,或者说"私人空间转型"的过程开始了。这意味着村民的思想观念需要转变,然而村民对环境保护、环境美化的意识不足,与"美丽乡村"建设出现了断层。

## 三　卢健的影响：能人型干部

### （一）习惯的形成

笔者于 2019 年 7～8 月到梧村实地调研时，见得最多的是卢健，尽管当时他已经调到街道办事处任领导职务，不在梧村工作了，但得知他是"庭院美化"的主要推动者，笔者便将访谈的重点人物确定为卢健，与之交谈的时间最长，对他的人生经历、发起"庭院美化"的心路历程和具体过程都有比较详细的了解。

初见卢健，他中等身材，白皙的脸庞上架一副金属框眼镜，身着深灰色夹克，白色衬衣，很有书卷气。他说话语速很快，带有江浙官话口音的普通话听起来很悦耳。与之接触，能感觉到他工作上很有方法，待人又很有亲和力。经过几次访谈，我已经确定他就是"乡村能人"，他符合"乡村能人"的全部特质：政治素养高、工作能力强、为人正派、社会声望高。

2015 年卢健在梧村任第一书记时，在安吉县的总要求下，梧村的"美丽乡村"建设正在如火如荼地进行，包括整顿村庄的内部整体环境、拆除违章建筑、"五线"下地以及村庄公共环境的绿化等。当村庄公共环境改造基本完成时，卢健又为什么会想到要进行"庭院美化"呢？他认为在县级政府和村委的领导下，梧村的公共环境已经达到"美丽乡村"的基本要求，但是村民的一些真实需求并没有真正得到满足。他提到，最初开展"美丽庭院"建设的灵感源于上层领导来梧村视察时的一次对话：

> 在上车的时候他（领导）就问了我一个问题，他说你觉得现在（乡村）最突出的矛盾是什么？类似这个意思，我觉得现在就是说我们能够提供给老百姓的需求，老百姓都有哪些需求我们没办法去满足？（2019 年 8 月 21 日，梧村"两委"办公楼，卢健）

卢健认为这种需求就是村民对美好生活的需求，其中就包括对优美的乡村环境的需求。在公共环境基本建设完成后，村民私人居住环境的建设同样重要。但是私人空间的建设与维护并不容易，村民现有的环保意识还不足以支持他们持续维护改造后的美丽乡村，改善村民的私人居住环境、提高村民的环保意识也是"美丽乡村"建设的重要一环。在谈及村民的习惯与乡村建设的冲突时，他这样说：

> 站在我们"美丽乡村"的标准来说，其实就是做公共区域的道路、排污、路灯对吧？墙面的，外立面的改造，这些攻坚设施，政府投入得比较多，或者村里面主体来实施、村里面投入，其实对老百姓的要求就是要整洁……那么当时也是这么一个情况，后来我们把村里外围环境打造好以后，我发现这个村民的习惯还没改。（2019年8月21日，梧村"两委"办公楼，卢健）

在访谈中卢健提到，村民的环保习惯对于"美丽乡村"建设工程来说是非常重要的，建设美丽乡村的核心是激发村民对"美"的意识以及培养保护环境的习惯。习惯在中国"熟人"社会特定语境下的社会治理中发挥了极其重要的作用，作为一种非正式制度，习惯在新时代基层社会治理的语境中仍具有顽强的生命力与现实解释力。① 在新制度主义社会学视角下，习惯的社会意义在于它具有文化建构性，并且是一种基于社会群体的规范性建构。个体的价值取向是受制于集体意识或社会意识的，亦即受制于集体与社会，群体习惯是一种抽象的个体习惯，是一些有着某种关联的人基于同一偏好或原因而选择的共同行为方式，是反

---

① 参见陈成文、陈静《习惯与新时代基层社会治理》，《探索》2020年第1期。

映了群体生活特征的群体性行为①。卢健试图去做的就是将"保护和美化环境"这样一个价值偏好和行为选择演变为梧村村民的一种群体行为方式，建构一种基于村民心理认同的群体习惯。培养群体习惯的基础在于激发老百姓的潜在意识，在这方面，卢健也有着深刻认识：

> 老百姓的意识很强，就是我们浙江老百姓渴望发展，文化经济发展的欲望很强，从逻辑关系上老百姓是能够接受的。环境搞这么好，我们有这么好的环境才能有后面的经济发展业态（做零售之类的）。那么环境就是（我们家有）资源，资源越好以后我们的财富越多，那么老百姓这个是很接受的，对吧？我把环境保护好了，弄漂亮以后可以赚更多的钱，就是资本白话（通俗易懂的意思）就这么说，这个灌输给老百姓他是绝对能够接受的。（2019年8月21日，梧村"两委"办公楼，卢健）

他认为培养老百姓"保护环境"的习惯的先决条件是他们有积极的发展意识，将环境资源与村民的经济收益挂钩是培养环保习惯的最佳方式。换言之，只要村民接受优质的环境资源可以正向推动经济发展的理念，那么保护环境的习惯的形成就十分容易了。卢健在培养群体习惯的过程中的具体做法也十分有趣。荷村在改造村公共环境时请了上海的艺术团队在农户住宅的外立面围墙上画了3D画以美化村貌，但是刚画好就出现了一些问题。习惯不是一朝一夕就能改变的，对此，他有些懊恼地回忆道：

---

① 参见李保平《从习惯、习俗到习惯法——兼论习惯法与民间法、国家法的关系》，《宁夏社会科学》2009年第2期；刘少杰《个人行动的社会制约——评迪尔凯姆关于个人行动、集体表象和社会制度的论述》，《黑龙江社会科学》2009年第5期。

## 第四章　基层建设与"梧村现象"

　　当时墙上我们画了一些牛啊这种图案，画好以后半个月墙上就有什么小孩子的脚印，小孩子在那玩，一脚蹬上去一个黄脚印，黄泥巴的（脚印），白墙上印上黄脚印很刺眼。（2019 年 8 月 21 日，梧村"两委"办公楼，卢健）

卢健提到，荷村以前的环境状况是非常糟糕的，保护环境的意识对村民来讲几乎是不存在的。

　　荷村原来也是一塌糊涂的。我举个例子——抽烟，抽烟的人烟头都扔地上，地上都是烟屁股，都是烂了的。（2019年 8 月 21 日，梧村"两委"办公楼，卢健）

"习惯在日常生活中具有惰性与无意识性"[1]，中国自古以来的农村生活方式不太在意"环境保护"的问题，孩子们无意识地破坏刚刚画好的 3D 画、荷村地面上随处可见的烟头都属于一种生活习惯。正因为村民还没有形成良好的环境保护意识，所以美丽乡村的建设成果想要"可持续"留存，卢健认为必须改变村民的思想观念。他认为首先要做的是培养家长的环保观念，再由家长将观念传递给自家孩子。他似乎找到了改变习惯的入手点：

　　就感觉可能很难管理，这一块管理不是说小孩子在哪里我们就到哪里，干部哪里顾得着去教育孩子呢？只能从家长、从家里去灌输（道理给）他，所以先把家长这个关系做通了，家长说会像保护眼睛一样来保护我们的墙，保护我们这个 3D 画，保护我们的环境，以后对我们家更好这种逻辑观念（就树立起来了）。（2019 年 8 月 21 日，梧村"两委"办公楼，卢健）

---

[1]　参见高宣扬《流行文化社会学》，中国人民大学出版社，2015，第 94 页。

　　事实上，中国农村是以家庭为基本认同和行动单位的，虽然村庄也可以作为处理公共事务的重要单位，形成基本的认同和行动单位，如习惯法、地方性知识等以个人义务为本位的规范作用的结果，就是促使村庄成为传统中国农民认同和行动的一个基本单位，但是乡村社会中存在的认同与行动单位是双重的，第一重是家庭，第二重是村庄，家庭才是中国人基本的认同和行动单位。① 因此，要想培养村民的环保意识，应该从第一重的认同与行动单位也就是家庭出发，先在家庭内部形成一种意识认同；第二重单位村庄则要依靠族规家法、乡规民约等硬规范和伦理、舆论等软规范将意识内化为一种文化认同，使村庄变为与家庭相似的"私"的单位。

　　事实证明，经过四年的努力，梧村村民的环保意识已基本形成。2019 年 8 月，笔者在荷村一家农户访谈时偶然看见这样一个场景：景色美丽的庭院地面上有一个废纸团，一个八九岁的女孩在庭院中玩耍，女孩的爷爷要求女孩将地面上的垃圾捡起来扔到垃圾桶里，并告诉她："地上有垃圾要随手捡起来。"从日常生活的细节，就可以看出荷村村民的环保意识及保护环境的习惯已经形成，同时做到了对下一代的教育和传承。习惯是基层社会治理的重要基础，但这其中存在很大程度的不确定性，即习惯可能呈现一种正向的自治形态，亦有可能对基层社会治理产生负功能。② 从 2015 年到 2019 年，荷村村民保护环境的习惯呈现出对基层社会治理从负功能到正功能的转变。

　　卢健在培养村民的环境美化意识的同时，也在改变着村民日常生活中的行为习惯，如引导村民讲卫生、提高审美等，他认为这些行为习惯的养成有助于激发村民的环保意识，是一种现代文明价值观的体现。对此，他分析道：

---

① 参见贺雪峰《农民行动逻辑与乡村治理的区域差异》，《人类学与乡土中国——人类学高级论坛 2005 卷》，黑龙江人民出版社，2006。
② 参见陈成文、陈静《习惯与新时代基层社会治理》，《探索》2020 年第 1 期。

一些行为习惯，打个比方，手指甲养得太长不好，其实就跟教小学生一样的是吧？头发没整齐对吧？对别人的尊重，这是基本的……农村老百姓在家泡个茶给你，你泡个茶、点个烟给别人是一种尊重，你自己穿戴整齐，东西摆放整齐，手指甲干净对吧，这个也是给别人一个礼貌尊重。这种观念，通过我们授课以后，他慢慢地就能够接受，其实人的本性都是向往美好的东西，就是美好生活，我相信这个有的老百姓他是表达不出来的，需要引导。（2019年8月21日，梧村"两委"办公楼，卢健）

理性引导习惯的变迁方向是要在社会变迁的过程中、治理场域中以及习惯的内在功能需求中去寻找、改造的。习惯是嵌在一定的社会情境中的，同时会随着社会的变迁而演变，因此习惯的变迁依赖于社会情境的引导，如通过多种媒介，做好长期、广泛的政策宣传与思想教育，逐渐改变人们的观念。另外，可采取柔性政策，分步实行，如采用村干部家庭起带头示范作用等方式逐渐推进新旧习惯更替。卢健在培养村民"保护环境"的习惯时，会从简单的"仪容端庄是对别人基本的尊重""东西摆放整齐是一种礼貌"等观念入手进行宣传和教育，先改变村民自身的行为习惯，再谈环境保护。他认为，审美观念只有成为习惯才能持久：

村民的行为习惯养成，就是他的良好的审美观念、待人接物，包括他的一些旧的习惯的变化，就是把它变成了往我们希望的好的地方走。（2019年8月21日，梧村"两委"办公楼，卢健）

卢健认为这些行为习惯的养成体现了村民对美好生活的向往，村民在口头上不会表达，但是潜意识里有这种需求。基层干部需要做的就是引导村民发现这些潜在需求，形成一种村民和村委双方都认同的共同价值。村民追求的美好生活中包括审美观念的提高、基本礼节的培养、生活质量的提高，等等。村民认同村委引导的美化环境等价值观，形成一种契合村委所倡导的生活行为习惯，是习惯在私权力治理场域下的"价值-耦合"机制。卢健也深深明白习惯的养成不能依靠外力强制，习惯是村民在认同某种价值观的基础上逐渐形成的一种自治形态的行为。面对种种困难，他还是很有耐心的：

> 靠"讲"效率很低，那么怎么办？采取什么（办法）？跟我们人上课一样，学校要上课，我们这里就要开讲座，对吧？但是我们村民……我们没办法去强制他是吧？那么我们就开会，……你愿意来的老百姓没事晚上就来，反正也不就是一家一户，你只要没事你都来，小孩子抱来也可以。（2019年8月21日，梧村"两委"办公楼，卢健）

简言之，当地村民对"发展"是有迫切需求的，家家户户都想让村庄快速发展起来提高老百姓的生活水平，在不强制村民参加讲座的前提下，多次的讲座、培训等活动潜移默化地影响着村民的行为习惯及审美观念，村民在思想观念方面逐渐向村委所倡导的价值观念靠拢，村民与村委通过交涉与协调进行价值调整，达成价值融合与认同，形成一种"价值-整合"机制。"价值-整合"机制指在治理场域中的价值交涉与协调，就是对各主体的目标、利益、规则、规范等进行一系列的整合，其方式可以是在习惯群体与相对的治理主体之间的互相交涉中完成，也可以通过第三方力量的介入、协调来完成。梧村"两委"（治理主体）与村民（习惯群体）在没有第三方力量的介入下达成价值认同，是因为习惯行为主体在价值认识上具有一定的自觉性，其观念与行为在治理场域中具有可协调性。对村民如何讲"道理"，卢健也有自己独特的方法：

老百姓比较向往谁家里有钱，把家里的房子装修得好好的，就这个道理和城里人其实一样，他也向往未来生活，但是他有时候说不出来。那么我们通过这种培训的形式，免费的对吧，你不收他钱，然后讲一下村庄发展前景是什么想法，那么老百姓能够接受，他就会保护环境，他就会意识到环境保护好了。（2019 年 8 月 21 日，梧村"两委"办公楼，卢健）

当老百姓接受了环境保护行为可以为他们带来美好生活这一观念时，村民与村委的价值目标和利益需求就完成了整合过程，村民的观念和行为在治理场域中逐渐适应了现代价值观，习惯的"价值-整合"机制使习惯在基层社会治理的场域中产生正功能，习惯的养成就变得容易了。

过往诸多研究表明，乡村建设的顺利推进，离不开乡村能人的带领，卢健就是梧村的能人。卢健就是在梧村"美丽庭院"建设中那个重要的"人"，正因为有了他的存在，种种问题才都能得到顺利解决。卢健就是连接各项问题的"黏合剂"，是串联建设中具体事宜的"黏合剂"，同时也是连接上级政府、基层政府、基层干部、普通群众等所有行动者的"黏合剂"。卢健是怎样一个人？他为何能成为乡村能人？要回答这些问题，还得对卢健进行深入访谈，从各个方面对他进行深入的了解。

### （二）小学老师的智慧：卢健的生命历程

卢健是梧村"庭院美化"的首倡者、推动者。他的一整套想法和做法与他的生命历程是分不开的。他在具体开展荷村"美丽庭院"项目的过程中设立了奖惩和监督机制：业主管理委员会组织绿化卫生评定小组对自然村内的住户进行检查（每个季度进行一次），现场打分，并根据得分情况评出一、二、三等，张贴在村内公告栏上；村及业主管理委员会按评出来的一、二、三等给予奖励，奖金从村拨付的自然村管理经费中支出；村及业主管理委员会组织约谈得分最低的住户，查找原因并帮助其整改。此外，村民除了负责自家庭院的建设，业主管理委员会还会将农户门前的公共区域的环境打扫工作也分配给各家各户，培养农户自主"搞卫生"的习惯。在访谈中卢健提到，他认为这些制度和模式的建立与他之前的个人经历息息相关。他详述了他过往的经历，其中提到：

> 我本身跟你（指笔者）一样，我是（在）学校里待了20多年，我是原来读书，后来到学校（小学）里当老师，（再）后来当校长，（在）学校里大概待到了38岁出来，38岁以前都在学校里。所以学校里的管理，其实有一个精细化管理这么一个概念，就是老师上课几点钟他不能迟到，学生几点钟上课就是非常有条不紊，是吧？然后大学我是没读过，我不知道大学里（怎样搞卫生），反正小学里的卫生是分小组，小学初中都这样。今天晚上，对吧，4个人、5个人扫地摆桌子，是吧。那么这种就是说我在管理的时候，你（得）考虑到什么叫精细化的管理。（这）就是我考虑的问题。（2019年8月8日，梧村"两委"办公楼，卢健）

卢健在小学有超过20年的教学经验，先是做数学老师，之后成为小学校长，所以对小学生的管理方式非常熟悉，也清楚如何组织和管理小学生的行为。卢健在梧村制定的"环境自治"与庭院美化的"奖惩机制"都映射了他在小学执教的工作经历。他从学校里学生自主做值日打扫卫生的规定出发，将曾经的工作中发生的事件联系到现阶段的工作内容中，体现了个人生命事件和生命轨迹所产生的深刻影响。埃尔德（Elder）将生命历程定义为"在人的一生中通过年龄分化而体现的生活道路"。这里，年龄分化（age-differentiation）指的是"年龄所体现的社会期望差异和可供选择的社会生活内容的差异。正是这些差异影响了生活事件的发生及其在某一状态中持续时间的长短，从而形成了不同的生命阶段、变迁和转折点”。埃尔德还认为年龄级的变迁发生于一定的社会建制之中，并且易受到历史变化的影响。[①] 伽斯皮（Caspi）等则认为，延误变迁可能会产生冲突性的后果，并因此增加未来生活的难度。[②] 所以用生命历程范式分析社会现象时，要特别关注事件与事件之间持续时间的长短，要关注事件是否依社会时间表而产生、主要生活事件发生的先后次序和它们对未来社会发展的影响。对于卢健来说，在学校工作的 20 年几乎占了他人生的一半时间，因此学校的一些规章制度及日常生活的模式对于他的人生有着重大影响。

生命历程理论（life course research）萌芽于 20 世纪 20 年代，是一项跨学科的研究计划，经过近百年的发展，如今已成为相对成熟的研究理论。埃尔德在《大萧条的孩子们》一书中有对生命历程理论的完整叙述。在书中，埃尔德提出了生命历程的概念，并概括了四个生命历程的研究范式中最核心的原理：其一，个人的生命历程嵌入了历史的时间和他们在生命岁月中所经历的事件之中，同时也被这些时间和事件所塑造着，称为“一定时空中的生活（lives in time and place）”；其二，一系列的生活转变或生命事件对于某个个体发展的影响、某一生活事件在何时发生甚至比这一事件本身更具意义，称为“生活的时间性（the timing of lives）”；其三，生命存在于相互依赖之中，“社会-历史”影响经由这一共享关系网络表现出来，称为“相互联系的生活（linked lives）”；其四，个体能够通过自身的选择和行动，利用所拥有的机会，克服历史与社会环境的制约，从而建构他们自身的生命历程，称为“个人能动性

---

① Elder, Glen H. Jr. 1975. “Age-differentiation and the Life Course.” *Annual Review of Sociology* 1: 85–89.

② Caspi, A. and Glen H. Elder, Jr. 1989. “Continuities and Consequences of Interactional Styles Across the Life Course.” *Journal of Personality* 57: 375–406.

（human agency）"。① 真正将生命历程理论及其方法论介绍到国内来的学者是李强等人，他们就"西方生命历程研究的历史发展、分析范式、理论应用等问题进行了综述；对该领域所运用的定量方法中较新的'事件史分析'方法进行了介绍；阐述了生命历程研究对于中国社会学的意义"②。李强、邓建伟、晓筝认为个人的生命历程是社会结构的产物，"生命历程研究不仅要求在一个共同的概念和经验性研究的框架内对个体生命事件和生命轨迹的社会形式做出解释，并且注重考察影响这些事件和轨迹的社会进程"。生命历程的分析框架包括以下三个方面的内容：第一，关注整个生命历程中年龄的社会意义；第二，研究社会模式的代际传递；第三，宏观事件和结构特征对个人生活史的影响。③

卢健在梧村的环境治理方面所制定的规章制度反映了他在人生早期的生活经历及学校这个社会环境对他产生的思维方式的影响。生命历程理论认为人的发展是社会性组织和社会性影响的结果。它不仅关注人生早期的生活经历，而且更关注社会结构、社会互动对人的一生的重要影响，以及生活机会对个人发展的影响。在学校中与学生互动，以"奖惩"的模式达成与学生们的行为一致，该方式被卢健运用在村委与村民之间的互动上。在学校里，老师们通常会奖励那些学习或行为习惯优秀的学生，如发奖状、发奖品、当众表扬等，对于那些表现不好的学生，会通过请家长、当众批评、做值日等方式进行惩罚，这样的方式会使"差生"们出于羞耻心、好胜心等心理争取做不被惩罚的学生，以达到老师提高成绩、管理学生的目的。卢健将这一套在学校中运用得较多的奖惩机制运用在对村民的管理中，在庭院评比过程中激

---

① 参见邹佳、周永康《国内有关生命历程理论的研究综述》，《黑河学刊》2013年第 4 期。

② 参见李强、邓建伟、晓筝《社会变迁与个人发展：生命历程研究的范式与方法》，《社会学研究》1999 年第 6 期。

③ 参见李强、邓建伟、晓筝《社会变迁与个人发展：生命历程研究的范式与方法》，《社会学研究》1999 年第 6 期。

发村民的好胜心及羞耻心，从而促进美丽庭院建设的良性循环。"累积（cumulation）"概念是生命历程理论中一个重要视角，表述了个人早期与后期生命历程之间的关联，具体指人生经历的成长性积累动态过程以及人的早期生命阶段的积累性后果。[1] 当一个人的互动形式将他与他所处的环境联系起来，环境又强化了这种互动形式时，就称为累积性延续，它通过对其自身后果的成长性积累维系起跨越生命历程的行为类型。[2] 对卢健来说，他早期在学校工作的经历对他目前在政府工作中的处事方式的影响是极大的，产生了累积效应，这种累积效应导致并维系了卢健后期生命阶段的个性与行为类型的长期延续性，早期的工作经历及大环境塑造了他后期的生活与工作轨迹。

### （三）具体的引导方式

卢健在引导村民养成环保习惯的过程中，主要通过庭院改造、创建监督机制等行为逐步促使村民加强对庭院建设的重视。庭院空间自古以来一直是私人空间，农户对庭院空间的安排始终享有绝对权力。村"两委"要进行庭院改造的基础是当时村里的外部环境改造包括自来水管道安装、基础设施建设以及绿化建设已经基本完成。

> 我们外面在做基础设施建设，走路的、自来水的，但是院子里很脏，那些破的缸、坛坛罐罐、收来的废品，反正是老百姓没用的，（比如）那些腌菜缸、石头，都放在院子里。（2019 年 8 月 21 日，梧村"两委"办公楼，卢健）

---

[1] 参见李钧鹏《生命历程研究中的若干问题》，《济南大学学报（社会科学版）》2011 年第 3 期。

[2] 参见 Caspi, A. and Glen H. Elder, Jr. 1989. "Continuities and Consequences of Interactional Styles Across the Life Course." *Journal of Personality* 57: 375-406.

卢健认为村里的外部环境完善后，村民的庭院与村庄的外部环境形成了不协调的状况，由此产生了庭院改造的想法，改造庭院的第一步就是将杂乱无章的庭院变得整洁，但是卢健的工作一开始进展得并不顺利。

> 我们一开始做工作呢，老百姓说我不搞，老百姓就是这样，有的老百姓不愿意搞，这些瓶瓶罐罐他们说没地方放，老百姓很节约的，你让他扔掉很可惜。他们说没地方放，还有一些柴什么乱七八糟的堆在那里（院子里）。（2019 年 8 月 21 日，梧村"两委"办公楼，卢健）

老百姓长久以来养成的习惯不是一朝一夕就能改过来的，村民已经习惯了将庭院当作堆放杂物的地方，庭院的初步改造遇到了阻碍。中国人自古以来就有很深的公私观念，公家的事情与自己无关，自家的事情就会非常在意，界限感很强。费孝通也曾在《乡土中国》中提到中国人的公私观念："在乡村工作者看来，中国乡下佬最大的毛病是'私'。说起私，我们就会想到'各人自扫门前雪，莫管他人屋上霜'的俗语。"[1] 费孝通认为农民对"私"的事情非常在意，而"私"对于中国人来说是以家庭为定义的。对于公家的事情，中国人是"没有一家愿意去管'闲事'的态度"。[2] 梧村"两委"在整治乡村公共环境的过程中虽然并非一帆风顺，但村民并不认为公共环境的改造与自身利益相关。然而庭院属于私人空间，在卢健提议开展庭院改造项目时就遇到了阻碍，村民对于私人空间的改造持非常谨慎的态度，不愿意轻易去改造自己的庭院。卢健找到了温和的解决办法，让村民更易于接受。他是这样做的：

---

① 参见费孝通《乡土中国 生育制度》，北京大学出版社，1998，第 24 页。
② 参见费孝通《乡土中国 生育制度》，北京大学出版社，1998，第 25 页。

（知道了这个情况后）我就从班子里开了会，我说这样：所有的老百姓家里都一视同仁，有用的东西村里面全部花钱收掉，50块一个或100块一个，这样效果很大。老百姓家里有用的卖（钱）给村里，让他扔掉他不愿意，但是变成钱他就开心了。反正村里先花点钱，把这些瓶瓶罐罐都买下来。那么把有用的收掉了，一些瓶瓶罐罐乱七八糟的，老百姓也不要了，就有用的他家里放好，他觉得又有用又有价值的话，就分类处理，没用的，我当时村里面用拖拉机、汽车，反正都是公家出钱，全部装掉，跟倒垃圾一样，我们全部搞干净，装上车子全部拉走。（2019年8月21日，梧村"两委"办公楼，卢健）

卢健选择用资金支持这种最直接的方式来助力庭院改造，这也是村民最能接受的方式。首先处理没什么大用场但有价值的杂物，村里花钱从村民手里买过来；其次村民觉得有用且不愿卖掉的杂物可以在庭院中保留；最后一些没用的杂物村里集体组织处理。将庭院的杂物分类处理是村民更容易接受的和缓方式，同时村里还提供了资金支持，让庭院改造迈出了第一步。卢健提到，就荷村来说，买村民家里的杂物和组织回收杂物一共花费了3万~4万元，他认为村里出钱帮助村民整理庭院，这种工作方式是村民能接受的。在第一步完成之后，卢健决定开始进行下一步，具体怎么做，他是这样介绍的：

弄好以后院子空荡荡（的），搞干净了，看上去整洁、干净、漂亮，那就（又）碰到（新）问题了。那么根据我们村里整个的财力，我们就定了一个规矩，他们（荷村）大概有八十几户人家，当时我们商量的就是说，大概，给他们做个花坛，然后配一些便宜的树木或者是花草种子，是吧？我们去采购一部分，这个预算大概十来万块钱。当时这个方案

也是我提的，因为（让院子）空荡就是要搞漂亮。（2019年8月21日，梧村"两委"办公楼，卢健）

在庭院的杂物收拾干净以后，庭院变得空荡了不少，因此卢健又有了村里花钱给村民的庭院安装花坛的想法，不过卢健非常尊重村民的想法，在安装花坛的前提下给足了村民自主选择权。很显然，各家各户的经济条件不同，美化庭院的意愿也有强有弱，他并没有搞简单的"一刀切"，而是在要"做"的前提下，充分尊重农户的意愿。他这样介绍具体的做法：

但是我们也没说一定要我们来做对吧？所以我们老百姓做事情，我们就给他abc让他做选择题，这样他更能够接受，是吧？你家里（愿意）做5000块、10000块没问题，你做好（就可以），给你1000块；你不愿意做的话呢，我反正免费给你做1000块钱的花坛，上面的树木花草我给你弄好，老百姓肯定接受了，把院子里面搞干净，他们也愿意。

这个（方案）当时搞下去很顺，搞好以后有两个老百姓认为这样还不够，他又去外面买了一些（材料）把花坛修好，因为我们送给他的比较便宜，花比较少，花坛没有填充完，其实我们在这里就是起个引导作用。（2019年8月21日，梧村"两委"办公楼，卢健）

"免费做花坛"这个项目是卢健的想法，每户有1000元的额度，并发放花草、树木的种子，村民可以自愿选择做1000元的花坛，或在此基础上加一些钱自费做价格更高的花坛。卢健特意提到村"两委"的作用更多是"引导"，按照当时国家层面开展"美丽乡村"建设的发展策略将国家意志下沉、落实到乡村基层社会。事实上，近代以来，国家权力渗透到乡村社会主要有三种途径：①突破"皇权不下县"的传统，在县以下设置政权；②打

图 4-4　荷村农户家的"免费花坛"（摄于 2019 年 8 月 14 日）

破国家与社会之间的相对隔绝，通过法律和公共政策，将国家意志贯彻到乡村社会；③在党政体制的背景下，通过政党下乡（基层党组织建设）来改造和治理乡村社会。三者皆以不同方式致力于一个共同目标：在乡村社会建构迈克尔·曼（Michael Mann）所谓的"基础性权力"。① 行政村不是法律意义上的行政单位，"村干部行政化"的高妙之处在于，它采取了一种后现代策略，将历史上政权下乡的整体战略化解为局部的、碎片的技术策略。这一方面有助于实现政府改造和治理乡村社会的诸种目标，另一方面又不至于引起结构性的震荡。② 卢健作为基层政府的代理人和改造乡村的骨干力量，需要在将国家意志下沉到乡村社会和尊重村民的利益诉求之间找到一个动态平衡点。

---

① 参见景跃进《中国农村基层治理的逻辑转换——国家与乡村社会关系的再思考》，《治理研究》2018 年第 1 期。

② 参见景跃进《中国农村基层治理的逻辑转换——国家与乡村社会关系的再思考》，《治理研究》2018 年第 1 期。

政府就是起个引导作用，用小的手段来让它往这个方向走，然后他（村民）自己去买了一些（花草），人家旁边一看很漂亮，他也去弄几盆，那么整个院子（的档次）就高起来了。（2019年8月21日，梧村"两委"办公楼，卢健）

除了政府的引导作用，卢健还特意提到了村民之间的示范效应，他认为有户村民在村集体免费提供的花草树木之外，又额外自己再买了一些，起到了带头作用，其他村民看到别人家有一个精致美观的庭院，也会动起自费买花草树木来布置庭院的心思。他有些得意地介绍习惯是如何改变的：

老百姓看到外面（村庄公共环境）很漂亮，院子搞得很漂亮，你再叫他去破坏它，他就不会去破坏了。人都是这样，（在）这种好的环境待过以后，你再叫他回到原来（那个不好的环境就不适应了），所以他们搞好了，院子扫得干干净净，香烟也不会乱扔，到外面也不会乱扔。（2019年8月21日，梧村"两委"办公楼，卢健）

卢健在治理庭院环境的过程中，最初的策略是以一种政府引导的方式让村民们适应和接受一种全新的生活方式，将在庭院中种植花草树木这种带有审美功能的生活方式嵌入到村民的日常生活中去，慢慢改变村民的日常生活习惯、提高他们的审美意识。同时，除了政府的引导在起作用，农户之间也存在着示范效应，村里有几户庭院设计比较漂亮的，也会引起其他村民的争相效仿。

在政府引导之后，卢健提出了行政手段上的监督机制。监督机制能够在农村有效施行的根本原因是卢健认为"老百姓都爱面子"。在讲到具体的方式方法时，他当过小学教师的经历的影响再一次浮现出来：

# 第四章 基层建设与"梧村现象"

你知道我们读书，特别是高中，考试要排名对吧？我是当老师出来的，那么其实我当时想的也是排名，大概 50 户人家。然后追求公平性，所以我们不能叫他们当地的人来打分，当地的人，比如这是我老表，不好不打高一点。所以我是把荷村和临风家园交叉来打分，老百姓（互相之间）不认识是吧，进去以后，（打分）就像青歌赛（指央视举办的青年歌手大奖赛）一样，有三五个评委，去掉最高分，去掉最低分，这个都是我定的游戏规则，这样相对来说比较公平。（2019 年 8 月 8 日，梧村"两委"办公楼，卢健）

卢健提到的监督机制实际上就是两个自然村之间互相交叉进行庭院评比，并且为了追求公平性，选择跨村进行评比，保证了分数的客观性。卢健之所以产生这个想法，还是与他之前做过教师的个人经历密不可分，学校的各项考试与考核实质上都是在进行排名，卢健将他之前的生命经历有机联系到目前的工作中，现在的工作方式是他早期人生经历的一种积累性后果。作为安吉本地人，他熟知当地人的心理，奖惩不是目的，排名结果"很难看"才是奖惩制度起作用的根本原因：

排名出来以后，那么你说排在最后你也很难看，所以呢我们对老百姓也有刺激（办法），我们弄个一二三等奖，当时我定的是 30% 的一等奖，40% 的二等奖，30% 的三等奖，也做了一定的经费的奖励，但这个奖励的经费我们也没多花钱，就是把我们要请保洁的那个经费拿出来奖励给老百姓，如果老百姓不搞卫生，我们就得请几个清洁人员在那里扫地，也得花钱，我把这个钱，就是本来是要请保洁的钱，现在发给老百姓。

那么老百姓呢？这个钱他不是很在乎，关键是个面子上的事情，因为每个月的排名都贴在广场那里的，老百姓稍微看看，我家一等奖，你家三等奖。所以这个机制建立了，他（老百姓）都要面子，关键是这个面子。（2019 年 8 月 8 日，梧村"两委"办公楼，卢健）

卢健主要通过两个方面来维持监督机制的施行。一方面是金钱刺激，将请保洁人员的钱转移支付到老百姓手里，这样既没有增加村集体的额外支出，同时还能在一定程度上激励老百姓美化庭院。更重要的一方面是利用面子机制来更好地推动庭院评比活动的进行，激起老百姓更强烈的好胜心，以达到庭院建设的良性循环。他分析说：

长期下来，两年以后，我们这边条件还可以，他（老百姓）不会为了 200 块钱奖金去干这个事，关键（政府）起引导作用，我们也不会让你白干，把保洁的钱给你了，对吧？搞好以后，一到两年之后，我们把这个（监督机制）取消掉，那现在他就不是为了钱干这个事，意识已经形成了，你让他再弄脏，他不会了，弄脏他很难过，所以这个就是行为习惯的养成。（2019 年 8 月 8 日，梧村"两委"办公楼，卢健）

庭院美化的监督机制约持续了一两年，卢健认为一到两年之后，村民已经完成了庭院美化行为的内化，便不再需要监督和管理就能够自觉去维护庭院的环境与美化。

## （四）试点村的选择

梧村下辖 6 个自然村，为何村"两委"只选择了荷村和临风家园两个自然村作为美丽庭院建设的试点村呢？在与卢健的交谈中笔者了解到，他认为荷村和临风家园是最先开始进行公共环境建设的，农居庭院的建设必须在公共基础环境建设好的基础上再做规划。是否建设某自然村的公共基础环境则是在村民代表大会上由村民表决投票后决定的，而荷村和临风家园的公共基础环境建设早在农居庭院美化开始前就已完成，也就是 2015 年左右就已竣工。先外后里，在搞好村庄公共环境的基础上再推动农居庭院美化行动，这就是梧村的思路。笔者在 2019 年 8 月调研期间参加了一次有关陈家头村公共道路维修事宜的村民代表大会，笔者猛然醒悟，梧村内部各自然村的发展速度差异还是很大的，既有 2015 年就已经完成全部公共环境建设的荷村和临风家园，也有四年后才刚刚通过修缮公共道路决议的陈家头村。由于村庄公共环境的建设需要村民出部分费用，因此各村的经济发展水平也是决定该自然村是否能尽早完成公共环境建设的重要因素之一。

2015 年 7 月，灵峰街道直接派遣卢健到梧村任第一书记，到 2016 年 11 月，卢健不再任梧村第一书记，而是又回到了街道办事处任职，因此，只有荷村和临风家园的公共环境建设和美丽庭院建设是由卢健一手引导和管理的。在荷村和临风家园的美丽庭院监督机制设立之后，卢健就离开了梧村，并没有时间去建设其他自然村。他提及离开梧村后的计划，显得雄心勃勃：

> 后来我就回到街道了，如果在我这里（指在别的村）当村书记，我就一个一个地方弄下去了。当时我们弄的是临风家园和荷村两个地方，那么其他地方我们准备再做下去，以后再分步实施的这么一个过程。你也能发现，这两个村子比较好，但其他村子不行，比如（修缮）陈家头的路（的决议）是刚刚通过的……我在这里当书记，2015 年的 7 月份来的，（从 2015 年）7 月份干到（2015 年）12 月份，搞建设，其实管理手段是（从）2016 年开始用，到 2016 年的 11 月份我就回街道了。（2019 年 8 月 8 日，梧村"两委"办公楼，卢健）

根据卢健的描述，2015 年 7 月至 12 月是荷村和临风家园进行公共环境建设的阶段，2016 年才开始设立各项监管机制。卢健在梧村任第一书记的一年零四个月时间，精力主要集中在这两个村子的建设上，其他村子虽然也有基础规划，但由于时间紧迫，卢健连其他村子的公共环境建设都无暇顾及，更遑论美丽庭院建设了。因此，荷村和临风家园的美丽庭院建设在梧村是独树一帜的。

然而，荷村和临风家园美丽庭院建设的最终效果也有些许差异。总体来说，荷村的美丽庭院建设更加顺利和成功，村民建设自家庭院的积极性更高，且村民将庭院美化习惯内化得更加深入，尤其是在监督机制取消后，庭院美化效果维护得更持久；临风家园的美丽庭院建设则较为曲折，一是村民积极性不高，二是庭院美化的行为习惯没有完全养成，笔者在 2019 年 8 月进行田野考察时，能够直观地感受到临风家园在美丽庭院建设的监督机制撤销后，大部分农居庭院逐渐回归到以前的状态，庭院美化的意识内化过程并没有完成，与荷村的农居庭院建设形成了鲜明的对比。在与卢健的交谈中，他提到荷村和临风家园的美丽庭院建设项目是同时展开的，并且各项规定和机制都相同，在问及两个自然村在进行相同项目的情况下却出现不同效果的原因时，卢健给出了他的答案：

> 临风家园靠公路那一侧，那个小区好一点，也就是一期，二期差一些，二期是梧村（中心村）拆迁过来的，一期是临风（原梧村某自然村）直接迁过来的。我在弄（梧村任职）的时候二期还没搞，你明白了吧？我在的时候把一期搞好了，我调走了，他们再搞二期，二期再在里面造（庭院）。（2019 年 8 月 21 日，梧村"两委"办公楼，卢健）

换言之，临风家园是梧村（中心村）拆迁后建成的一个新型社区，社区内有来自各个自然村的村民，风气不一，并且卢健在任时临风家园只建成了一期工程，二期工程还在建，因此美丽庭院建设其实只涉及临风家园一期的农户。而荷村的整体村庄氛围与风气却是比较统一的，该村没有经历过拆迁，农户都长期居住在荷村，基本没有经历过拆迁、搬家等，因此村民之间的关系较和睦，心也比较齐，进行美丽庭院建设时荷村的推进就更加顺利一些。临风家园因为后期牵涉到二期农户的入住，整个村庄的居民成分较为复杂，所以美丽庭院建设的推进与维持就不那么尽如人意了。

虽然卢健在 2016 年 11 月回到了灵峰街道任职，但他在任梧村第一书记期间，在村民中口碑十分好，"做实事、搞发展"的形象深入人心，并且行动力很强，那为什么在他离任后梧村"两委"没有将这些很有效果的建设继续推进呢？卢健认为并不是继任的村支书与村委会主任不想发展建设梧村，归根结底是因为意识上的差异，这是关键：

> 你可能也能感觉到赵书记（现任村书记）和张书记（现任村主任）他们的意识（观念）还是有点区别，他们的精细化管理是那种应激性的，就是出了问题我再去弄一下，他们这种长效（长远规划的意识），怎么动脑筋把它（庭院美化）管好，这种意识和能力是没有的。（2019 年 8 月 21 日，梧村"两委"办公楼，卢健）

在卢健看来，继任的村领导的管理方式是应激式的、临时性的，发现了问题再去解决，是一种"平时不烧香，临时抱佛脚"的做法，与卢健的主动将乡村建设置于问题发现之前的管理方式是有差异的，他认为产生这种管理方式的不同的最本质原因是个人经历的不同造成的思维与意识的差异，这里讲的个人经历所产生的意识差异，卢健明确指出了是受教育程度的不同。

笔者了解到，荷村在美丽庭院建设之前，村庄整体情况在梧村所有自然村中处于中等水平，那么为什么会选择荷村作为美丽庭院建设的试点村呢？卢健认为主要有"公"和"私"两方面原因。"公"是荷村优越的地理位置。他说起当年选择荷村的原因：

> 选择荷村呢，其实是这样，既有公心又有私心，公心是梧村要把村委会这个区块全部搞好。第一，梧村是要搞美丽乡村的，（荷村）就（在）咱们村村委会附近。那么后面的提升（美丽庭院建设），当时是在陈家头、木鱼山和荷村三个地方挑一个，这个地方（指荷村）面积相对小一些，面积大意味着投入的资金更多，我们村子也要量力而行，那么根据实际情况，从村里的资金投入来说，就定了这个目标（指荷村）。（2019 年 8 月 21 日，梧村"两委"办公楼，卢健）

从村庄发展的角度来说，荷村的地理区位更靠近梧村的中心区域，位置更有优势，与其他两个自然村陈家头和木鱼山相比，荷村的面积更小，在荷村开展美丽庭院建设成本更低，更易于管理。但是除了客观原因，卢健还提到了选择荷村作为试点村的一点"私心"：

> 第二个我讲的是私心，光亮（某村民）的叔叔是之前的村书记，他是住在荷村的，客观的话花的钱少一点，再一个就是在他家门口（搞）。我估计就是这两个原因，我当时没来，我为什么会来呢？美丽乡村工作停掉了，村里有些矛盾……所以就把我派下来了，我就是"救火队员"。（2019 年 8 月 21 日，梧村"两委"办公楼，卢健）

在卢健之前任职的书记姓张，卢健认为张书记选择荷村作为试点村进行整改的其中一个原因是张书记的家住在荷村。卢健来到梧村任职的原因是当时梧村村子里发生了经济方面的矛盾,所以村庄各项建设都暂停了。根据卢健的描述,他来到梧村任职时荷村的公共环境建设刚刚开始。他说起荷村当时的情形时是这样描述的:

> 这个村庄的道路,它的毛坯,也就是形状拉出来了,然后就是拉了一条路,其他东西都没搞。然后村里的政策没有处理好,工作做不下去了,老百姓不肯,就停掉了。(2019年8月21日,梧村"两委"办公楼,卢健)

荷村是梧村的自然村中第一批开始搞美丽乡村建设的,卢健是在荷村刚开始进行公共环境建设时任职的梧村第一书记,因此,荷村的公共环境改造和美丽庭院建设可以说是卢健手把手带着村班子里的人一同做出的成绩。贺雪峰曾根据村干部的行动取向将村干部的经纪模式分为赢利型经纪和保护型经纪两种类型,赢利型经纪的目的是利用所处位置谋取个人的经济利益,保护型经纪则因为村庄文化网络所构造出来的公共空间,愿意从面子和社会关系方面获取收益,而不仅仅考虑个人经济收益的最大化。① 对比张书记和卢健两任梧村党支部书记:张书记在治理梧村的过程中更偏向于赢利型经纪模式,因为他本人就是土生土长的梧村人,所以在做相关决策时会考虑与自身相关的经济性收益;而卢健是街道下派到梧村兼任梧村第一书记的,他更看重的是他在职位中获得的表达性收益,譬如获得在村庄里的声望和权威、具有面子、实现个人的政治社会抱负等社会性收益。总体来说,卢健与张书记当村干部的出发点和需求不同,导致了他们在治理乡村时的动力机制和具体做法出现了差异。

---

① 参见贺雪峰、阿古智子《村干部的动力机制与角色类型——兼谈乡村治理研究中的若干相关话题》,《学习与探索》2006年第3期。

## （五）对庭院美化建设中阻力的处置

在庭院美化建设的过程中也遇到了很多阻力，主要在于有些老百姓对于庭院美化建设的不理解和不配合，卢健认为在梧村，这样的人所占的比例还是很小的，大部分老百姓都比较朴实。

> 其实梧村老百姓总体还是比较朴实的，所以有时候我们开会，政府老跟我说有的基层官员或者老百姓怎么怎么样，我说老百姓不是很难搞，难搞的也有，就像一个学校里读书，有尖子生，随便读成绩都很好，但是也有什么都读不好的。其实老百姓也是一样的，也有那种混混，但是这个比例还好（不多），个把个的我们不怕，政府可以管住他，或者是利用舆论（来管）。（2019 年 8 月 21 日，梧村"两委"办公楼，卢健）

有趣的是，卢健当过小学老师的经历和经验，再一次在基层治理中显现出来了。学校里有所谓的"优等生"和"差生"，村民中也有"难搞的"和"朴实的"，分类管理的那套思维和手段被卢健用在推进庭院美化建设上来了。卢健认为管理"刺儿头"还是需要政府通过舆论压力这种非正式手段来进行。笔者在观察和访谈中得到一个很有意思的信息，荷村业主管理委员会的成员（即参加美丽庭院建设的评比人员）都是由村民选举产生的，往往那些"刺儿头"都会被老百姓推选成业主管理委员会成员（与小学老师让调皮的学生当班干部的做法如出一辙）。卢健讲了荷村其中一个"刺儿头"被推选为业主管理委员会成员的故事：

> 荷村有一个女的姓高，因为这个女的当时赌博赌很大，把家里的钱都输完了，一天到晚家里活不干，你知道农村解决问题的方法吗？老百姓把她选上来（进业主管理委员会），

他们当时想这选得好，把她给选上来了。她天天搞这个（庭院美化建设工作）之后，她也就不赌了。（2019 年 8 月 21日，梧村"两委"办公楼，卢健）

高红阳在荷村属于前面所讲的"刺儿头"，她在村里的名声不太好，因为赌博成瘾，家务也不干，与家里矛盾很大，对卢健牵头的美丽庭院建设工作也非常地不配合，但是村民将她推选为业主管理委员会成员后，她对美丽庭院建设的态度有了很大转变，这是为什么呢？

我觉得赌博的人你去分析她，其实她内心也很痛苦，为什么？我觉得人大都是在这种本质上，我相信两句话，第一个是人之初性本善，第二个是人从内心来说都有一种需求，应该说（像）吃肉似的，这个意思是一种满足，内心上都是希望得到别人的尊重和认可，但是这个人可能她从小到大的家庭环境，包括她的教育各方面，她就是没有一个能得到别人尊重的平台，对吧？……所以后来我就考虑这个问题，她为什么不赌博了？她为什么会改掉赌博这个习惯？她从另一方面得到满足了对不对？她在村里搞（美丽庭院建设）是没有工资的，她指挥老百姓怎么弄，其实她这个人能干，我相信她是能干的人是吧？能够赌博的人也是有魄力的，她指挥老百姓怎么样弄这个东西，感觉让别人也听她的，她有那种成功感，体现了自己的内心的一种价值，所以她愿意不赌博，去干这个事，哪怕没有工资她也愿意。（2019 年 8 月 21日，梧村"两委"办公楼，卢健）

看看，卢健简直就是一位业余的心理学家！他把马斯洛的"需要层次理论"在实践中运用得得心应手，懂得自尊的需要是人的需要中较高层级的需要。卢健认为她能够放弃赌博去认真完成业主管理委员会这种没工资的类似于志愿者的工作的根本原因是她在这个工作中找到了自己的价值，得到了别人的尊重和认可，这种内心的满足远比赌博带给她的意义更大。所以推选"刺儿头"成为业主管理委员会成员是一举两得的行为，不仅解决了"刺儿头"不配合美丽庭院建设的问题，让她为老百姓做实事，还让她本人得到了精神上的满足和认可，从而戒掉恶习。

卢健非常有群众基础，深受老百姓的信任与爱戴，这与他在工作中充分考虑老百姓诉求的工作方式与态度密不可分。卢健向笔者讲述了他在美丽庭院建设过程中如何解决老百姓的诉求。一次，高红阳因为不满村委的做法，认为没搞好，在荷村的马路上泼了一地黄泥以表达自己的不满，卢健与村委其他村干部对如何处理该事有不同意见。谈及当时的分歧时，他说：

> 当时赵书记就讲了，他说这个人（指高红阳）到底不上路（指陋习难改），怎么就把黄泥泼到了路上。我说你们肯定有地方没做好，她讲的东西是合理的，你们没做好，她采用这种手段来刺激你们。后来我去解决，我和她说，和赵书记说得不清楚的地方你跟我说，她一共说了 5 条（意见），5 条里面有 3 条是对的，两条是不对的，那两条可能是资金的客观原因，暂时无法实现，那么这 3 条我们可以马上弄。她后来（听完卢健的解决办法）自己把它（路面）擦好，弄掉（干净）了。（2019 年 8 月 21 日，梧村"两委"办公楼，卢健）

卢健在解决与老百姓的矛盾时总是优先站在老百姓的立场尽力为他们解决问题，听取他们的意见想法，当老百姓感到自己的意见有村干部认真听、想法被尊重的时候也就不会站在村委的对立面了。卢健在谈及"泼黄泥"这种行为时说：

> 她只是用这种简单的方式来表达自己的一些诉求，但是

这个诉求也不是为她个人的,其实也是为了整个村子的利益,所以我觉得老百姓总体来说还是很通情达理的……我们做事情也是很透明的,真的做不到,我也给你讲明白,能做的我马上给你办,是吧?(2019 年 8 月 21 日,梧村"两委"办公楼,卢健)

卢健很理解老百姓偶尔的不理智行为,他认为这是老百姓的一种简单且直接的表达诉求的方式,尤其高红阳并不是为了个人诉求,而是为了荷村整个村子的利益才提出的诉求,所以卢健在与老百姓沟通工作的时候也是十分坦诚的,并没有拿村干部的身份去强压老百姓,而是平等互动。狄金华认为村干部在对村民进行动员时需要通过"公"与"私"两种伦理法则来推进工作,"公"是指"讲政治","私"是指"讲情面"。[①] 在乡村工作中,前台与后台的互动极为重要,前台指作为权力支配和"讲政治"的前台机制,后台指作为利益置换和"讲情面"的后台机制,二者之间形成了明显的互补。当前台的规则在乡村之中推行不下去时,后台通过利益置换或是私人交情的解决机制就会提升至重要的位置。卢健在日常工作中就充分利用了"讲政治"与"讲情面"两种伦理法则来动员村民,在一些政策与规范面前有绝对的支配权力,但同时也会私下透彻了解村民的所思所想,例如了解高红阳作出极端行为背后的逻辑,并想办法解决,这又体现了"讲情面"的"私"。

除了荷村村民不配合这种阻力,还有一种阻力来源于梧村其他自然村的村民,美好的人居环境是所有人都想拥有的,但是各自然村环境建设的先后顺序也给村民带来了极大的落差感和不公感,梧村其他自然村的村民对此很有意见。卢健从另一个角度详

---

① 参见狄金华《"权力-利益"与行动伦理:基层政府政策动员的多重逻辑——基于农地确权政策执行的案例分析》,《社会学研究》2019 年第 4 期。

细说明了当时作出先后顺序选择的困境：

> 陈家头（梧村其中一个自然村）那边需求也有，声音很大，所以我来干了几件事情，荷村照做，然后当时开了很多会，（开）党员大会听他们发牢骚，因为老书记不干了，半年多都没开过会的。发牢骚其中有一点就是：这个书记，为什么不（把环境建设）在其他地方，（而是）放在自己家门口去，把自己家门口搞好，把我们这里搞烂是吧？所以我是这么解决的，这个就是涉及平衡性……所以包家（梧村其中一个自然村）就在我手里干掉（建设好）了，包家的老百姓还是很开心的，就是老房子拆成新房子，政策补偿到位。
>
> 第二个临风家园的新小区搞进去（建设）了一些。最不平衡的是哪里？……环境最差的就是陈家头那边，但是那两条路是我浇（修）的，原来都是泥巴路……我是这么跟他们说的，事一样一样干，饭一口一口吃，现在老书记就定下来先搞（建设）荷村，我们就先把荷村干（建设）掉，接下来再搞（建设）你们（的庭院）。（2019 年 8 月 21 日，梧村"两委"办公楼，卢健）

卢健选择的是聆听村民内心的想法，有能力解决的问题尽量解决，再争取做到为每一个村民谋福利。村民最在意的是基础建设和住房条件的改善，至于人居环境或是庭院的建设属于锦上添花的非必要需求，所以村民的反对声音就小了许多。另外，卢健也在设法缩小梧村各自然村之间的差距，为此他没少花心思。搞"庭院美化"是需要资金的，他怎么处理呢？他说：

> （陈家头的）路浇（修）好以后，我还是对他们有句话（保证），所以我现在谈项目的时候就叫项目方拿一点点钱出来，然后我跟街道争取、跟县里的部门争取，我还是想这个

项目落地的话，我再筹 2000 万块钱，把木鱼山和陈家头全部改造好……张书记和赵书记毕竟是村一级的（干部），让他们搞这么多资金还是困难一些，所以我说我来想办法，项目落地的时候我们把这一块也全部弄掉（建设好）。（2019年 8 月 21 日，梧村"两委"办公楼，卢健）

卢健考虑到村一级的干部拉项目资金的能力有限，无法与项目资方达成协议，所以卢健在回到街道工作后依旧在积极为梧村相对建设较弱的自然村的村民谋福利，即便不在梧村任职也努力兑现对木鱼山村和陈家头村老百姓的承诺。

## （六）意识的转变

梧村美丽庭院的建设给梧村村民带来的不仅是行为习惯的改变，同时，卢健还提到了意识的转变，他认为梧村的美丽庭院建设不只美化了农居庭院，更重要的是引导村民的意识发生巨大转变。观念的转变是需要一个过程的，他说：

……村民意识发生了巨大改变，因为什么？我是安吉人，我也是个比较外向的人，我经常和老百姓开玩笑："水泥地浇好了难看死了，你现在又不晒稻子，原来种地还要晒稻子，现在光秃秃的夏天要热死，你还可以种点水果树，水泥（地）看着都难过，还是绿色好看。"有这么一个观念，老这么说，然后农村找点树也方便，那他们也就种了，所以审美观是有变化的。（2019 年 8 月 21 日，梧村"两委"办公楼，卢健）

卢健认为村民的审美观是需要在外界信息的不断刺激下慢慢转变的，同时，庭院绿化的核心基础与村民生产方式的变化密切相关，梧村村民的生产方式近年来已经从第一产业逐渐转向第二产业和第三产业，生产方式的改变也是梧村村民的审美观能够发生转变的根基。经济结构的转型是搞"庭院美化"的一个前提，他分析说：

> 梧村实际是个城郊村，（虽然）也在慢慢地走向城市化，但又不是标准的城郊村，不是高楼林立的，所以村庄（的性质）这是一种。第二个是大环境下，实际上是整个经济的发展造成的，如果老百姓家里还是跟原来一样不搞卫生，他这个院子绝对搞不起来，也就是物质基础，他的养老保险有了，稻子也不种了，那他的院子没用了，只能乘乘凉、晒晒太阳对吧，还有客观需求搞漂亮……所以大环境要整体匹配起来。（2019 年 8 月 21 日，梧村"两委"办公楼，卢健）

卢健认为这种意识的转变主要与梧村的两点变化密不可分：一是村庄的性质，他认为村庄走向城市化是一个必然趋势，但梧村又不是传统意义上的城郊村，保持了乡村独特的景观；二是村庄的经济基础，近年来梧村村民的生产方式逐渐从第一产业向第二、三产业转变，因此庭院的一些与第一产业相关的功能被弱化，庭院空间在一定程度上被闲置，由此激发出新的功能需求，这也是美丽庭院建设得以在梧村顺利展开，并促使梧村村民的审美意识发生转变的必要条件。

## 四　本章小结

本章在论证基层组织建设重要性的基础之上，具体分析了梧村的基层组织建设情况。基层组织建设，说到底还是人的问题，即关涉村"两委"组成人员的政治素养、工作能力和思想品德，尤其是主要成员的这些素质，是促成农居庭院空间属性变迁的关键性因素。

# 第四章 基层建设与"梧村现象"

1. 本章以 1978～2018 年《人民日报》发表的有关农村问题的社论为分析文本,选取其中出现频率最高的七个与农村问题高度相关的关键词,并依据其出现频率,从国家发展战略的视角出发,探讨国家对农村问题的认识深化过程以及解决路径的变化过程和相应的工作重心转移。七个关键词中,"基层建设"是出现频次占比最高的关键词,达 85.4%。可以说基层建设是重中之重。由此可见中央对基层建设的重视程度,也可见基层建设对于解决"三农"问题的重要性。

基层建设与"人"是密不可分的,无论哪种政策、哪类制度或哪项改革,都与"人"相关,即与工作在农村第一线的村干部密切相关。基层治理是复杂的,需要基层干部寻找农民意愿与国家政策的平衡点。正如毛主席所说的那样:"政治路线确定之后,干部就是决定的因素。"

2. 在上级政府和梧村"两委"的共同努力下,梧村的公共环境已经达到"美丽乡村"的基本要求,但是村里认为村民的一些真实需求并没有真正得到满足。在公共环境基本建设完成后,村民私人居住环境的建设同样重要。因为梧村是一个乡村民宿旅游点,村里有一些农居改造成了民宿。村里的公共环境变美了,但是普通农居的庭院仍是原样,杂乱无章,如果让游客看到,会影响观感,也影响梧村的整体形象。于是,村里开会决定,把"美丽庭院"建设也纳入到"美丽乡村"建设的范围中来。"美丽乡村"建设是一个整体,既包括公共空间也包括私人空间,即使是庭院空间这样私密性很强的私人空间也不例外。公权力介入私人空间的过程就这样开始了,或者说"私人空间转型"的过程开始了。

3. 卢健是首倡和推动梧村"庭院美化"的主要人物,时任梧村第一书记。他是从街道办事处下派到梧村任职的,比一般的村干部具有更高的"法理权威"。他有开阔的视野(到上海等大都市游历过)、丰富的人生经历(当过小学老师、校长、街道干部),又是上面派遣的村第一书记，办事公道，这些都意味着他的乡村治理理念和方式会带有强烈的个人色彩，也决定了他自身拥有很强大的人格魅力，即具有韦伯所说的"卡里斯玛"（Charisma）权威。

按照韦伯的观点，"卡里斯玛"指的是个人通过为众人创造福利以获得声望，从而具有一定的支配力量和尊严。它主要表示某种人格特质——"某些人因具有这个特质而被认为是超凡的，禀赋着超自然及超人的，或至少是特殊的力量的品质"①。卢健当过小学教师和校长的经历，使梧村"庭院美化"的过程充满了个人生命历程的色彩，他无疑是一位"乡村能人"。

卢健不是本村人，不必考虑各种复杂的人际关系，与村民间也没有日积月累的恩恩怨怨。他对农户行为习惯及审美意识的培养观念以及行事方法就与他曾在小学任教的经历关联性很强，他在制定相关规章制度时所设立的奖惩机制、舆论机制以及评分机制都是他早期在学校工作的生命阶段的积累性后果。他认识到经济结构转型是搞"庭院美化"的一个前提，他特别强调审美观念只有成为习惯才能持久。

审美意识和行为不会随着经济水平的提高而自发地产生，而是需要引领、诱导，需要技巧和相关的制度，光靠个人的人格魅力是不够的。这正是下一章要着重阐述的内容。

---

① 参见马克斯·韦伯《经济与历史——支配的类型》，余英时、苏国勋等译，广西师范大学出版社，2004，第271页。

# 第五章 "庭院美化"的过程

研究者要透过行动的表面秩序，探索其背后蕴含的理性与利益之间的冲突对抗、竞争与联合。而隐藏于不在场的正式结构背后的秩序要素和无序背后的秩序要素，正是相关行动者的策略。① ——埃哈尔·费埃德伯格

本章将在前述时代背景和理论背景、基层组织建设的基础上，详细阐述农居庭院空间属性变迁的具体过程。这一过程包括准备阶段、实施阶段和监督阶段。在每一个阶段中，都有行政权力的介入。经过这三个阶段，最终实现了梧村农居庭院从工具性空间向价值性空间的转型。这一过程还伴随着农户审美意识的转变和内化。在详述这三个阶段之前，本章还将介绍权力对个体行为的影响。

## 一 权力对个体行为的影响

从社会学视角研究权力对个体行为影响的研究成果颇多，有的学者从权力类型出发，探讨不同类型的权力对个体的影响作用以及不同权力之间的耦合作用。也有学者从资源配置、权力与利益之间的关系网的视角考察基层权力体系。对于非正式权力的相关研究则大多从制度、经济的角度探讨非正式权力在治理中的具体实施以及影响因素。

---

① 埃哈尔·费埃德伯格：《权力与规则——组织行动的动力》，张月等译，上海人民出版社，2005，第6页。

福柯的现代权力理论详述了传统权力向现代权力转变的过程及机制，并且解释了现代权力如何逐渐规训个体的行为。福柯认为传统社会向现代社会转型时，权力形式也在发生变化，由"传统权力"向"现代权力"转型。"传统权力"是指以国家机器来行使的权力，而"现代权力"实际上是一种"弥散的权力"，它不是通过暴力手段，而是通过层级监视、规范裁决、检查制度等手段行使权力的惩罚，也就是"规训"。① 福柯的现代权力理论认为权力机制的具体实施并非只是通过对意识形态的操控，还可以通过更直接的对时空的划分、对行动的安排进行权力运作。行政权力主体利用资源配置的不对称性进行权力运作，更能在各种权力主体的互动中占据主动，也更有可能将其权力意志有效地表达出来。② 现代权力以知识、教育、各种形式的纪律等潜移默化的方式侵入人的个体性行为之中，人们从而逐渐习惯了不自由的状态，现代社会所建构的"标准人"的各种标准行为规范也由此内化到每一个个体的自我意识之中，这样就消弭了个体被改造的痕迹，让"个体变成主体"这一过程转换成一种自愿的行为，个体自身却并没有感知到现代权力对其的干预与掌控。③

郭星华、刘朔从城乡收入差距变化的角度，指出新中国成立以来，国家权力对乡村基层生活的介入经历了权力下沉、权力回缩和权力再进入三个阶段。④

耿敬、姚华以上海市 J 居委会直选过程为个案分析权力主体是如何通过资源具体运作的，认为正是由于居民区党支部书记所能掌握与整合的资源最多，包括政策资源、信息资源、行政资

---

① 参见方刚《传统权力向现代权力的转型：私人性行为视角的观察——福柯权力理论的应用与扩展》，《学习与探索》2003 年第 6 期。

② 参见耿敬、姚华《行政权力的生产与再生产——以上海市 J 居委会直选过程为个案》，《社会学研究》2011 年第 3 期。

③ 参见马密、师索《福柯的现代权力理论研究》，《前沿》2012 年第 21 期。

④ 参见郭星华、刘朔《中国城乡关系七十年回望：国家权力的下沉、回缩与再进入——有关城乡关系变迁的社会学思考》，《社会科学》2019 年第 4 期。

源、"党性"资源和"情感型"社会资本，形成了资源配置的不对称性，行政权力主体才能在各种权力主体的互动中占据主动权，从而使其运作更加有效。① 他们还对福柯的权力生产理论表达了不同观点，认为福柯在对权力的微观分析中将行政权力排除在社会生活之外，看到的更多是社会权力对行政权力的消解，而他们认为事实上行政权力和社会权力是交织在一起的，社会权力在一定程度上消解着行政权力的权威性，同时行政权力也可以依赖社会权力实现自己的目标。②

吴毅从"权力-利益的结构之网"的视角来解释当下农民维权行为及其维权机制不能健康发育的原因。他认为当下中国的权力机器运作出现了世俗化和常规化的趋势，在县乡基层社会，以政府为载体的权力体系是可以触碰和博弈的。而与此同时，其日益呈现出以官权力为轴心来编织地方社会的经济、利益与人际互动关系的结构之网的趋势，农民对这一结构网的触碰可能会损害其在此场景中的生存和资源分享能力，因此农民在这一结构网中的行动会受到权力体系的一定制约。③

陈锋从微观的视角对权力运作背后深刻的社会基础和价值基础进行了研究，他发现在乡村治理中，"村组干部将各种正式与非正式的资源统筹配置、捆绑连带，通过利益、情感等连带方式规制村民，以完成其治理目标，而村民同样也将其需要履行的各种义务与应该享受的各项权利捆绑连带，主要以责任连带的方式对村组干部实行反制"，他将这种基层组织权力的运作机制归结为"连带式制衡"。④ 这种双向的连带关系维持了村"两委"与

---

① 参见耿敬、姚华《行政权力的生产与再生产——以上海市 J 居委会直选过程为个案》，《社会学研究》2011 年第 3 期。
② 参见耿敬、姚华《行政权力的生产与再生产——以上海市 J 居委会直选过程为个案》，《社会学研究》2011 年第 3 期。
③ 参见吴毅《"权力-利益的结构之网"与农民群体性利益的表达困境——对一起石场纠纷案例的分析》，《社会学研究》2007 年第 5 期。
④ 参见陈锋《连带式制衡：基层组织权力的运作机制》，《社会》2012 年第 1 期。

村民之间的整体平衡，这种平衡是乡村社会秩序形成的基础。

也有学者从基层的非正式权力结构入手，探讨其权力运作及影响因素。袁泉认为在依法治国的治理方针下，法制是政府权力运作的合法性依据和基础，但改革前总体性支配治理模式下庇护性质的合法性并未完全消退，因此当前基层社会存在"二重合法性"造成的正式权力运作的困境，政府进而选择"软硬兼施"等非正式权力技术达成目的。① 刘明兴等则从中国地方政治的非正式权力结构入手，对浙江解放后各县市的经济政策以及地区经济发展的差异进行了理论解释。他们发现，中国革命的历史发展路径影响了解放后地方政权中的非正式权力结构，且在不同的权力结构中，地方干部的行为倾向和经济政策选择存在显著差异。②

周飞舟主要分析了税费改革对国家与农民之间关系的影响。他指出，在"以农立国"的传统社会，国家和农民的关系主要表现为"汲取型关系"，即国家主要依靠从农民身上收取的田赋和其他杂征、徭役维持政权的运转。但是由于税费制度的改革，乡镇基层政府的行为逐渐"迷失"，国家政权呈现一种"悬浮"于乡村社会之上的状态，逐渐变为"悬浮型"政权。税费改革在实践中的意外后果是在中国"单一式"财政体制下，既容易产生上级政府对下级政府的不信任，又容易产生农民对基层政府的不满。这两种看法和情绪的焦点就是以乡镇政府为中心的基层政府。改革的结果是乡镇基层政府处于"半瘫痪"状态，夹在国家和农民中间造成了一种"真空"状态。③

在以往相对稳定的行政权力结构中，权力主要依赖于强大的行政资源，其运作多属于重复性的简单再生产。但随着社会的不

---

① 参见袁泉《基层治理中的二重合法性——"非正式权力运作"的一种解释》，《浙江社会科学》2013 年第 2 期。

② 参见刘明兴、张冬、钱滔、章奇《地方政府的非正式权力结构及其经济影响》，《社会学研究》2013 年第 5 期。

③ 参见周飞舟《从汲取型政权到"悬浮型"政权——税费改革对国家与农民关系之影响》，《社会学研究》2006 年第 3 期。

断变化，一些由政府掌控的权力开始被"剥离"出来，脱离原有的科层化的行政权力结构，并试图扩增其自主性，形成了一种不确定的权力关系①。

上述研究有助于我们分析"庭院美化"过程中权力的影响。确实，在这一过程的三个环节中，处处都显现着权力的影响，如来自上层（国家、省市县各级）权力的影响。更直接的影响则来自村"两委"——虽然村委会是村民自治组织，但它同时也是国家行政权力在基层的代理人。权力有时以"在场"的方式出现，有时以"不在场"的方式存在。

## 二 准备阶段：资金支持+审美教育

### （一）资金支持

庭院空间属于私人空间，私人空间在法律上的定义是处理与个人有关的事务的空间，所有权属于个人。但是在中国乡村，各类空间公与私的界线并不分明，庭院空间虽然在名义上属于农户的私人空间，但是公共权力也在无形中渗入了庭院空间中，并且改变了农户的审美意识。以梧村为例，村"两委"通过资金支持和审美教育等措施逐步影响农户的行为习惯和审美意识，公共权力就利用知识优势逐步重塑了农户的心理结构和行为规则。

梧村在美丽庭院建设试点自然村的选择上最终敲定了荷村，村妇女主任王美兰提到了选择荷村作为梧村最先开始进行美丽庭院建设试点村的三个原因：

> 第一个是创建美丽乡村对吧？然后在当时做 2015 年创

---

① 参见李友梅《城市基层社会的深层权力秩序》，《江苏社会科学》2003 年第 6 期；耿敬、姚华《行政权力的生产与再生产——以上海市 J 居委会直选过程为个案》，《社会学研究》2011 年第 3 期。

建美丽乡村示范村（这个项目），其实荷村是作为一个点的，但是整个荷村相对于我们另外的自然村来说，他们的绿化意识其实是比较差的，多是水泥地。像我们外面这一行，你如果以后走出去看的话，门前的道路全部是硬化的这一种（情况）其实不多的，就是有的人很注重庭院的绿化美观，但是荷村大部分的人都是没有这种绿化的意识的，（他们是）不把前面的（水泥）地全部换掉的这一种。

那么后来我们村"两委"也确实考虑到一个（因素），本来就是创美丽乡村示范村，也要求要美化庭院对吧？绿化美化。第二个其实也是一个（因素），考虑到长效的长期的美化绿化。再第三个还有一个（因素），因为要做民宿，这些主要也是引导老百姓致富了对吧？那么其实一个长效的（关于）庭院的规划还是蛮重要的。（2019 年 8 月 15 日，梧村"两委"办公楼，王美兰）

梧村进行美丽庭院建设的一个契机是当时浙江省正在创建美丽乡村示范村，荷村相较于其他几个中心村来说绿化意识相对不足，村里庭院内部大多是水泥地，村"两委"认为荷村的庭院现状影响了整个村的美丽乡村创建，同时考虑到需要培养荷村村民的审美意识与绿化意识，而且村"两委"又正在荷村做民宿的规划，因此最终将梧村美丽庭院试点村建设落脚在荷村。

梧村进行美丽庭院建设的另一个契机是农户日常生活习惯的改变和农户对庭院功能需求的变化。梧村农户的生产方式在近年来发生了剧变，逐渐从第一产业向第二、三产业转变，这种转变直接影响了农户对自家庭院的功能需求。南方农村种稻子比较常见，因此晾晒稻谷是农民农忙时的一项工作。南方庭院的空地主要就是方便晾晒稻谷，所以大多都是硬化地。

以前是这样的，类似于什么，因为以前农村里面都是种点地，种地就是有稻子什么的，要晒的，以前那种老百姓的习惯，它就是浇（修）一大块水泥地，就是晒稻谷用的，所以说一般的农户都没什么绿化，就是不喜欢把（庭院）绿化，（搞）花坛这种东西，因为习惯有点难的，都是习惯（将庭院）硬化的多，绿化的少。那么后来因为庭院在各方面要美化，你这个（庭院）都是硬化，你再怎么看也是不舒服嘛。（2019年8月12日，梧村"两委"办公楼，张东明，现任梧村村委会主任）

由于近年来梧村的生产方式发生了改变，晾晒稻谷不再是大部分农户的重要工作，因此庭院的硬化地就开始显得多余，不仅失去了实用价值，同时也不利于美观。但是大部分农户已经形成了在庭院内部修建硬化地的习惯，想要改变农户的这一行为习惯、推进梧村美丽乡村示范村的创建，需要村委长期的引导与监督。

张亮（卢健的前任）告诉笔者，梧村在创建美丽乡村示范村期间，因为要规划公共环境的建设，占用了农户的一些炒茶的空间，引起了农户的不便和不满，但是梧村"两委"也想到了一些应对之策。张亮介绍说：

> 其实包括我们一些进口（指进村的村口）的地方，本来（村口）两边，其实，包括花，木棉花那边，花前面有很长一段都是我的，有三十几间房都拆掉了，本来是炒白茶用的，拆了以后就是说村里统一造了这么一条街，类似于商业街，就是给村民炒茶用的。那么整个村庄进去至少就是说看上去不是那么拥堵了，本来就是说房子这个东西，说实话谁都知道越多越好，但是当时我们还是都拆掉了，包括那些搭的木棚子。（2019年8月12日，梧村"两委"办公楼，张亮，2015年之前任梧村党支部书记）

梧村"两委"为了荷村公共环境的建设，整治了散落在村庄各处的农户自行搭建的棚子及木屋，统一批了一块地给农户炒茶用，并改成商业街的形式，既完善了荷村的公共环境，同时也考虑到了农户日常炒茶、晒茶的需求。

在对农户的庭院审美教育环节，梧村"两委"首先采取的措施是资金支持，由村"两委"出钱展开前期的庭院建设，每个家庭有1000元的补贴，农户可以自行决定庭院内部绿化设施的花销，多出1000元的部分自己出钱。具体做法，王美兰做了详细的说明：

> 那么后来我们村班子开会，（决定）每户人家给他们做一个花坛，钱是1000块，1000块是这样的：如果我是荷村的，那么给我1000块钱，那么我没空做的，我在外面上班的，那么村里会帮我做的；但是如果我想做个好一点的，就是本来我的美化意识其实还是比较好的，那么我想做一个3000块或4000块的，那么村里补助我1000块钱，那么另外的钱要我自己出，是这样的。（2019年8月15日，梧村"两委"办公楼，王美兰）

现任梧村村委会主任的张东明也介绍了同样的情况：

> 反正至少你要做到1000块，如果说做500块我给你钱那也不行，所以说这其实最起码你要（做）1000块以上，如果你自己不做也行，村里面去给你做……除了花坛以外呢？每户又做了什么呢？木箱，每户发了两个木箱（用于种植花草）。（2019年8月12日，梧村"两委"办公楼，张东明）

王美兰讲述了庭院美化一开始的做法：

那么有些老百姓觉得天天浇水很麻烦的，太阳晒起来很厉害，你没时间浇的，它就是可能一下子要晒死了，那么我们就有几种花籽让老百姓选择，也经常送给他们一些花籽，那么也是为了引导老百姓美化、绿化的意思，当时还送了每家老百姓四盆鲜花。（2019年8月15日，梧村"两委"办公楼，王美兰）

梧村"两委"为了满足荷村农户对庭院的不同需求，提供了多种美化庭院的方案供农户选择。例如，农户可按照需求选取铁艺花坛或木箱花坛来装饰庭院，花种也是由村委免费赠送，农户可选择耐旱品种或是根据各自的审美挑选不同的花种。一些细节反映出村"两委"的考虑是周全的：

铁艺是我负责的，那么我比较清楚。我是这样的，每个人家我都去问的，你要铁艺还是木箱。因为有的人不要铁艺要木箱这样的，那么让他们自己选择这样的。不过也是有一点点后遗症的，他们用了一段时间后，然后就说我不想要铁艺了，那么后来有几户这样的，因为也是刚刚装起来还没用过，还是新的，我就叫人去给他拆掉，再给他换，这些主要还是以老百姓的意愿为主。（2019年8月15日，梧村"两委"办公楼，王美兰）

在美丽庭院建设项目中，各个村干部之间分工是非常明确的：卢健作为总策划，负责制定政策和制度；赵国强（时任村委会主任，现任梧村党支部书记）是该项目的总负责人，负责统筹规划项目执行；村委其余干部再进行具体分工，每个人负责一个部分。王美兰负责分发木箱或铁艺花坛，以及发放各类花种，在发放花坛前，她会去各农户家了解他们的意见与需求，并尽量去满足。例如，有的农户想把铁艺花坛换成木箱花坛，村委也会想办法换掉。

虽然美丽庭院建设是荷村农户被动地接受梧村"两委"的规划，但是在具体建设过程中，农户的各种需求基本上都得到了满足，这也是项目受到的农户阻力较小的其中一个原因。

概言之，荷村 80 户农户每户都得到了村委的 1000 元补助，用于在自家庭院建花坛，农户凭个人意愿可选择规格更高的花坛，超过 1000 元的部分自行承担。另外，梧村"两委"还给每户发了两个木箱及免费花种用来装饰庭院。梧村"两委"采用资金支持的方法加强农户对于自家庭院的绿化和美化意识，并促进农户行为习惯的转变。梧村妇女主任王美兰提到了在梧村"两委"进行一系列资金支持等措施之后村民的庭院美化观念发生的改变。搞"庭院美化"其实还挺复杂的，对此，王美兰介绍道：

> 那么现在其实大部分的老百姓，其实你看他（家庭院）走进去不只是土花了，到处想办法自己找或者是网上买花籽的也有，或者是到街上买花来种的，或者互相看见哪里有花，他们讨点来种的，这种还蛮多的。那么当时不是还有很多环保的那种小超市，或者谈谈报告这些（指互换信息）。后来很多老百姓把家里这些用不上的轮胎，或者另外什么锅子、陶瓷的东西拿出来，这个可能其实就是一个，也就是说抛砖引玉、引导的作用，主要是激发老百姓这种美化、绿化的意识，那么我觉得这个措施其实还是比较好的。（2019 年 8 月 15 日，梧村"两委"办公楼，王美兰）

在梧村"两委"的引导下，农户的庭院美化观念及行为发生了变化，且农户之间自发交流庭院美化的话题，或是互换花种等行为也有利于内化农户的庭院美化意识。梧村"两委"从资金支持这个方向切入，并展开多重辅助支持，例如"环保小超市""开报告"等措施进一步激发了农户对环境的感知以及对庭院美化、绿化家园观念的意识。王美兰认为梧村"两委"能提供给农户的只有前期的引导，内化过程还是需要农户自己摸索，或是依靠农户与农户之间的交流、互动来逐步完成。

米德（George H. Mead）曾提出"泛化的他人"的概念①，在社会过程中个体在连续不断的角色扮演中达成了群体的协调一致，最终形成了一种抽象的共同体的概念，因此个体在扮演泛化的他人时的态度也就是社会的态度，个体内化了在这一共同体下的基本准则，此时个人的自我具有了某种统一性、连贯性和稳定性，真正成了社会中的成员。② 梧村"两委"试图通过各种手段与规则让村民达成群体的协调一致，逐渐成为"泛化的他人"，形成一种相同的基本准则，即美化庭院。

### （二）审美教育

荷村农户在梧村"两委"的资金支持下接受了美丽庭院建设项目，项目推进阻力并不大，但是要进一步形成农户的庭院美化意识，除了资金支持，还需要开展审美教育。

具体的审美技艺培训由梧村妇女主任王美兰分管，进行统一协调和安排。在与笔者的交谈中，王美兰提到了培训教育是转变农户思想观念最有效的方式。先培育审美意识，再开始行动，会收到很好的实效。当然，让人抽时间参加培训也不是一件容易的事情，王美兰介绍了他们的做法：

> 那么做培训其实基本上是我自己分管，然后一直都是我们妇联在做的。那么我们一直以来是这样的，培训的时候我们不发工资的，以前是这样的，那么怎么样让他们来（参加）培训？培训是学习对吧？那么只有通过培训才能把我们

---

① 乔治·赫伯特·米德：《心灵，自我与社会》，华夏出版社，1999，第168~171页。
② 参见石新国《社会互动的理论与实证研究评析》，博士学位论文，山东大学，2013。

的上级的领导的这些意思，这些思想观念灌输给他们，那么要有人来听，但是没工资他们怎么会来？那么不可能（来的），那么我们一直来说以前是这样的，发一点肥皂、牙膏或者毛巾这些东西的。（2019 年 8 月 15 日，梧村"两委"办公楼，王美兰）

实践经验告诉王美兰，培训教育是很难在农户之中展开的，培训主讲人不难请，但是没有多少农户愿意来听讲座、接受培训，只有当有"利"可图时农户才会愿意来。由于梧村"两委"预算经费有限，靠每次培训都给农户发工资来调动农户参与的积极性是不现实的。怎么办呢？王美兰告诉笔者，为了调动农户参加培训的积极性，在以往的培训中，梧村妇联组织会准备一些肥皂、牙膏或毛巾等日常生活用品作为福利奖品分发给农户，以此来激发农户参加培训的热情。但是在美丽庭院建设开展以后，参加培训分发的福利奖品种类发生了变化，王美兰将福利奖品种类从以前的日常生活必需品改为美化庭院会用到的实用工具或是花草树木。光培训还远远不够，接下来的工作也很细致，王美兰进一步介绍说：

> 后来因为我们也有了庭院美化、绿化这些观念，后来呢我给它改过来了，我不发这些实用品了，我们就是发洒水壶，你们家种花了是要洒水壶的对吧？给你一个实用的东西，那么（就）或者（是）花籽这些，或者（是）一盆花，这些关于庭院绿化（的）有用的东西。那么然后我们每年其实都要开运动会的，那么我们开运动会的时候发奖品也是这样的，那么（得）一等奖的（村民）发大一点的花，那么（得）二等奖的（村民）就发小一点的花。（2019 年 8 月 15 日，梧村"两委"办公楼，王美兰）

为了深化农户的庭院美化观念，王美兰将各种活动分发的奖品和礼品都换成了与庭院美化相关的实用物品，试图将庭院美化融入农户的日常生活，将洒水壶、盆栽这些庭院美化的"必需品"当成奖品分发给村民，在这些奖品和礼品的使用过程中，农户就会在行为中深化他们的庭院美化观念认知。当农户的行为发生一定转变时，审美意识也就逐渐形成了。

王美兰并不认为美丽庭院建设项目是梧村"两委"强行向农户灌输庭院美化观念，而是梧村的生产方式发生转变后大家产生了一种共同的认知与心理，村委在美丽庭院建设的过程中只是起到了引导的作用，推进该项目的出发点也是因为农户有这方面的诉求。事实上，梧村"两委"在改变农户行为的过程中并不是借助基层组织来行使一种传统权力，而是通过一种"弥散的权力"，通过直接的对时空的划分、对行动的安排进行权力运作，即行政权力主体利用资源配置的不对称性进行权力运作，使其在各种权力主体的互动中占据主动，如此也更有可能将其权力意志有效表达出来。[1] 不论是通过发放福利来引导农户参加教育培训，或是将福利奖品由以前的日常生活用品替换为庭院美化的必需品，都是村委在利用资源配置的优越性以及知识的优越性来潜移默化地展示权力，并浸润到村民的个体行为之中。

以前也是因为老百姓都要晒稻谷，对吧？那也是水泥地比较好，对吧？那么觉得不要拔草，那么现在一个是因为我们土地都征用掉了，再一个我们都是做第三产业的，我们也不用水泥地了，对吧？那么你用水泥地还比较热，然后别人家都是这么漂亮的花，那么我家要再是水泥地，那么其实肯定也不符合（指不协调）对吧？那么这也是一个大家的共同的心理。

---

[1] 参见耿敬、姚华《行政权力的生产与再生产——以上海市 J 居委会直选过程为个案》，《社会学研究》2011 年第 3 期。

## 梧村庭院：美丽乡村建设的路径选择

（2019 年 8 月 15 日，梧村"两委"办公楼，王美兰）

当梧村的生产方式从第一产业向第三产业转型时，农居庭院内的水泥地便不再是必需的，庭院美化的需求也就随之而来。再加上农户与农户之间会有互动和攀比心理，自发产生庭院美化需求的农户会影响和带动其他农户一同行动，所以美丽庭院建设是一个"水到渠成"的项目，与农户的需求不谋而合。

但是梧村"两委"美丽庭院建设这个项目的实施，对农户来说只是一个被动接受的过程，如何将被动接受变为主动去美化庭院呢？这就需要培养农户的审美意识和观念。具体来讲，梧村"两委"通过各种培训教育来转变农户的思维方式，树立审美观念。审美意识的建立不是光靠讲课说说了事，还要示范，涉及审美的事情都要尽可能多地灌输。

就是呢，我们村里来培训的时候，那么我们现在经常就是，一个是垃圾分类，还有一个呢就是庭院的美化、绿化。我们有一期的培训是这样，就是美好生活。……具体有三大块，一块是庭院的美化绿化，第二个就是居室的布置与优雅，第三块呢是这样的，美丽乡村的可持续发展与自我维护。

……我们当时是请了一个设计师来讲，就是给我们画 3D 画的设计师，还有什么园艺师来讲，因为庭院的绿化这一块还是挺专业的。……那么还有礼仪培训这些，那么因为我们现在家里条件都比较好了，很多人家里都涉及买花、插花这种（行为），我就有举办一个插花培训，插花培训这个面还是挺广的，刚开始的时候我们就是针对妇联干部，先给她们培训，然后再让她们给老百姓培训。（2019 年 8 月 15 日，梧村"两委"办公楼，王美兰）

梧村"两委"曾举办过一期有关"美好生活"的主题培训，分为庭院的美化绿化、居室的布置与优雅以及美丽乡村的可持续发展与自我维护三个部分，请到的主讲人都是设计师、园艺师等专业人士，通过知识与技艺的传授将这些现代观念一点一滴地渗入农户的日常生活中去。插花培训其实并不是与庭院美化直接相关的技能，但是在学习技艺的过程中，农户会提升赏鉴花草的能力，进一步产生对庭院绿化和美化的审美需求，激发他们对"庭院的绿化和美化是一种美"的认同心理。培训是要花钱的，怎么才能尽可能地节省培训费呢？王美兰的做法很聪明，那就是共享。

> 那么今年培训还是蛮多的，一个是应急救护，以前的思想是我有病了再去看，现在整个国家层面是要预防疾病，对吧？（为了贯彻）这个思想，我们也专门做了一个应急救护的培训，培训完，万一碰到什么事情，我们每个村民都掌握了（这项技能），对吧？然后呢，因为我们民宿开得还是比较多了，那么我们针对民宿做了一个为期7天的创业型的培训……还包括一些糕点、面点的制作这些……我们的培训也是跟"成校"（指成人学校）对接的，跟"成校"对接有一个好处就是我们不用管资金，本来我们要买点什么礼品的，对吧？但是"成校"会出的，然后老师他们也会请的，他们也有资源，学员我们帮他们组织，这其实就是一个资源共享。（2019年8月15日，梧村"两委"办公楼，王美兰）

梧村"两委"的培训也不仅仅局限于培育农户审美层面的观念，而是培养全方位的现代技能和现代观念，例如有关健康、养生、急救方面的培训，就是为了全面提升农户的健康知识储备；有关民宿方面的培训，是为了提升农户的自主创业能力。并且，梧村"两委"已经和"成校"（即成人学校）形成了长期的合作关系，村委并不需要出额外的资金，只需要组织农户参加即可，培训主讲人、资金方面由"成校"方来出，用王美兰的话说，这其实就是一个"资源共享"——"成校"需要学员，而农户则需要通过教育拓展自己的知识和技能。在大部分农户的观念中，他们并不认为自己会随着接受教育、参加培训而改变，但这是一种潜移默化的作用，他们所吸收的知识与理念会深刻影响着他们，并促使他们的观念逐渐向现代化的观念贴近。现代权力以知识、教育、各种形式的纪律等潜移默化地侵入人的个体性行为之中，人们从而逐渐习惯了不自由的状态，现代社会所建构的"标准人"的各种标准行为规范内化到每一个个体的自我意识之中，这消弭了个体被改造的痕迹，让"个体变成主体"这一过程转换成一种自愿的行为，而个体自身却并没有感知到现代权力对自己的干预与掌控。[①] 梧村"两委"所制定的一系列规范政策及行为准则就是试图将"庭院美化行为"固定为一种标准行为规范，并让这种规范内化到每一个个体的自我意识之中，在不知不觉中，让这些个体自认为这是一种自觉自愿的行为。

> 街道那边也会阶段性地专门组织各种培训，上一次我们就接到"一级救护"的（培训），街道组织的相对来说日子要多一些，一般就是两个长天（指两整天）……如果有需要的呢，街道那边再叫老师来培训，每个村都过来，都是要求去培训。……这个可以说大家的意识都到了，也是得有一定的经济（基础），如果说家里条件比较差的，（是）没空想这些的。……接下来如果还有培训的话，我要针对村民（的需求），慢慢地普及，这其实是提高（村民的）素质。（2019年8月15日，梧村"两委"办公楼，王美兰）

除了"成校"可以成规模地组织培训，梧村的上级街道也会

---

① 参见马密、师索《福柯的现代权力理论研究》，《前沿》2012年第21期。

定期组织农户进行培训。王美兰还提到各行政村都会很积极地申请培训机会，这也从一个侧面反映了只有当村子的集体经济水平提高之后，村民不再只考虑温饱问题时，各项教育培训才能顺利地在村民之间展开并取得成效。教育培训不仅是向村民输送知识和技能那么简单，同时也是在全面地提高村民的素质。

福柯在《权力与知识》（*Power/Knowledge*）一书中曾这样形容空间、权力和知识之间存在的关系："一旦可以从区域、领域、植入、位移、转移等方面分析知识，就能够捕捉到知识作为一种权力形式发挥作用并传播权力效果的过程。这是一种知识的管理，知识的政治，通过知识传递的权力关系。"① 梧村"两委"在普及"庭院美化"相关知识的同时，事实上传递的不仅仅是知识，也是一种权力关系。这种权力最终显示为梧村农居庭院空间的嬗递，从农居庭院空间的布局到装饰农用工具的摆放，无一不是梧村"两委"权力渗透的外显。

王美兰还向笔者讲述了如何让荷村的农户接受"垃圾无桶化"的过程。一开始老百姓是有怨言的，但是慢慢地就不那么抵触了，其中的原因是什么呢？

> ……再有一个，荷村，其实他们接受垃圾分类也是有一个过程的。那么当时垃圾分类，大概三四户人家两个桶这样，这个当时不难的，因为每户人家分开，当时老百姓还没有怨言。过了两年，后来是开始引导垃圾无桶化，就是要把桶拿掉了，没垃圾桶了。当时老百姓都不理解，因为当时是我在分管，我就去跟几户比较会说的，在当地也比较有影响力的（农户），我去他们家里聊天。那么我一进去他们就说垃圾桶拿掉了……不方便啊……

---

① Michel Foucault, *Power/Knowledge*. Colin Gordon eds., New York：Pantheon Books, 1980, p.69.

那么我就跟他们聊，一个呢，现在一个也有经济条件了，还有一个也有点时间了，我说那么我们反正现在大部分人都还是在家的人，清洁车来了拿到车上就好，万一（家里）没人就放在台子上也是可以的。我说不然夏天的话有垃圾桶多臭，也是二次污染，现在我说我们有钱了，最重要的是什么？……身体最重要，健康（是）最重要的，那么这样跟他们慢慢聊天，他们还是会慢慢地（接受）……至少他不会抵触了。（2019 年 8 月 15 日，梧村"两委"办公楼，王美兰）

通过王美兰的描述，"垃圾无桶化"能够在荷村施行下去的原因主要有两个：一是王美兰做了十分细致的群众工作，在讲述"垃圾无桶化"带来的好处的同时，将"垃圾无桶化"与健康挂钩来进行教育，找到了农户最能接受的说法；二是王美兰选择了荷村的重点农户挨家挨户地做工作，她说都是村里一些"比较有影响力"的农户，荷村的农户之间关系较紧密，因此把在当地威信较高的农户的工作做通后，整体上反对的声音也就基本上消失了。

## 三　实施阶段：制度化措施

### （一）美丽庭院评比标准

安吉县 2018 年 8 月出台了一份《乡村治理工作规范》，内容共分为八个方面，分别是支部带村、发展强村、民主管村、依法治村、道德润村、生态美村、平安护村和清廉正村。[①] 可以发现，"生态美村"已经成为各行政村乡村治理工作的一个非常重要的部分。《乡村治理工作规范》中是这样写的：

---

[①] 安吉县市场监督管理局：《乡村治理工作规范》，2018 年 8 月。

9 生态美村

9.1 基本要求

9.1.1 正确处理经济发展、村庄建设同生态环境保护的关系,坚持生态优先,让生态环境成为村民生产水平和生活质量的增长点。

9.1.2 村"两委"领导村级组织、社会组织、群众队伍、村民等开展村庄建设和生态环境保护活动。

9.1.3 通过"两山议事会"对村庄建设、生态环境等问题进行事前研究和全程把控。

9.1.4 组建以党员、村民代表、老同志、老干部、优秀青年等为主体的环保义务宣传队、生态巡逻队、巾帼保洁队、工程监管队、秸秆禁烧巡查劝导队等群众队伍,监督村庄建设、生态环境保护建设管理事务,引导村民参与建设,督促村民履行职责。

9.2 村庄建设

9.2.1 完善驻村规划员制度,坚持无规划、不设计,无设计、不建设。执行土地利用总体规划,强化农村土地用途管制。

9.2.2 村民通过"两山议事会"等方式参与村庄规划、项目设计、工程建设。

9.2.3 引导控制村庄整体风貌,融入文化元素、突出乡土特色、体现乡土风情。开展村庄景观设计,实现一村一品、一村一景、一村一韵。

9.2.4 加强铁路边、公路边、河边、山边区域的洁化、绿化、美化,树种丰富、搭配合理、彩化适宜、特色突出。

9.2.5 按照《美丽乡村精品示范村考核验收规范》(DB330523/T 003)的要求建设基础设施,并加强运行管理和维护。合理布局停车场地,加强村内车辆停放管理。在村庄主干道和公共场所安装路灯,并建立亮化长效管理机制。

9.2.6 新建、改建、扩建建筑可参照乡村民居设计通用图集，屋顶和墙面应整洁干净、色彩协调，无赤膊房。开展立面综合整治，宣传栏、广告牌等应设置规范、整洁有序，墙面无乱贴、乱画、乱刻现象。

9.3 生态环境

9.3.1 执行生态红线管控制度，杜绝不合理开发，保护水资源、公益林，开展矿山整治，提升环境总体质量。大气、土壤的环境质量应分别符合《环境空气质量标准》（GB 3095—2012）、《土壤环境质量农用地土壤污染风险管控标准（试行）》（GB 15618—2018）的要求，地表水水质符合《地表水环境质量标准》（GB 3838—2002）中Ⅲ类以上要求。

9.3.2 建立村干部生态资源离任审计制度，对村干部任职期间履行自然资源资产管理和生态环境保护责任情况进行审计评价。

9.3.3 推广使用可再生能源、清洁能源。

9.3.4 新建、改建、扩建项目应通过村民代表表决，并按要求通过环保、安全等相关政府审批后方可实施。

9.3.5 建立村级"河长制"管理制度，完善"智慧河道"信息化管理，提升河道基础设施，河道长效保洁实现全覆盖。加强水土保持，对河道、山塘、水库等堤岸、边坡开展生态化治理。

9.3.6 建立村级"林长制"管理制度，加强林区巡查，宣传教育森林资源保护，及时制止林区野外用火、毁林开垦行为。

9.4 生活环境

9.4.1 建立环境卫生长效管理机制，完善环卫设施、健全管理制度、加大宣传教育、落实包干到人。

9.4.2 完善农村生活垃圾分类实施与管理机制，生活垃圾分类定点投放、分类定时收集、分类定车运输、分类定位处理应符合《农村生活垃圾分类处理规范》（DB33/T 2091）的要求。餐厨垃圾应纳入农村生活垃圾分类处理系统，或由第三方有资质的企业进行餐厨垃圾专项收运、处置。

9.4.3　探索第三方托管有效模式，加强和规范农村生活污水处理设施的运行、管理和维护。农村生活污水排放应符合《农村生活污水集中处理设施水污染物排放标准》（DB33/973）的要求。

9.4.4　清除农村露天粪缸（池）和简易厕所，优化农村公厕布局，建设生态公厕，按照《农村厕所建设和服务规范 第3部分：农村公共厕所服务管理规范》（DB33/T 3004.3）的要求加强农村公共厕所管理与维护。农村户厕应符合《农村厕所建设和服务规范 第2部分：农村三格式卫生户厕所技术规范》（DB33/T 3004.2）的要求。

9.4.5　建立村级"路长制"管理制度，沿线行政村干部担任"村级路长"，承担日常应急突发事件处置工作，确保道路无明显垃圾、无乱采乱挖、无乱搭乱建、无乱堆乱放、无黑臭河垃圾河、无违法广告、无绿化缺失现象。

9.4.6　开展"美丽庭院"创建，完善"门前'三包'承诺"，房前屋后整洁，建材、柴火等生产生活用品集中有序存放。

9.5　生产环境

9.5.1　加强农家乐、民宿等经营主体的污水治理，并纳入农村生活污水处理体系。

9.5.2　执行畜禽养殖场环境准入与退出制度，实施养殖废弃物、病死动物综合利用和无害化处理。推广统防统治、有机肥替代等减药减肥技术。开展水产养殖场尾水生态化治理和水质监测，实现达标排放。

9.5.3　开展农药废弃包装物回收、追溯与集中处置，完善露天焚烧秸秆网格化巡查机制，加强农作物秸秆资源化利用。

9.5.4 优化农作物空间布局，推进田园景观化建设。

规定中提到了村庄建设、生态环境、生活环境和生产环境，第9.4.6条提到了开展"美丽庭院"创建，但是后面的规定仅限于"完善'门前"三包"承诺'，房前屋后整洁，建材、柴火等生产生活用品集中有序存放"。这项标准仅以干净整洁来要求农居庭院，但是梧村"两委"实际推行的庭院美化的做法，其标准远远高于安吉县当时的规定。

随着农户的环保意识和庭院审美意识逐渐提升，梧村的美丽庭院建设进入了第二个阶段，即实施阶段，梧村制定了相关的制度化措施，以达到美丽庭院建设的可持续性发展，并进一步提升农户的审美意识。

2016年，梧村"两委"制定的与荷村美丽庭院建设相关的管理制度共有三项，分别是环境卫生管理制度、绿化养护管理制度和公共设施管理制度。为进一步落实这三项制度，荷村还成立了两个专项小组，负责统筹管理自然村整体的环境治理。

为更好地落实本管理制度，自然村特成立业主管理委员会和绿化卫生评定小组。

业主管理委员会：委员会成员5人，由自然村住户选举产生，业主管理委员会日常经费由村统一拨付，在村委会领导下开展工作。

绿化卫生评定小组：由自然村内党员、生产队长、妇女队长、业主管理委员会成员组成。

业主管理委员会将组织绿化卫生评定小组对自然村内住户进行检查（每一个月或每一个季度进行一次），现场打分，并根据得分情况评出一、二、三等；村及业主管理委员会按评出来的一、二、三等给予奖励，奖金从村拨付的自然村管理经费中支出；村及业主管理委员会组织约谈得分最低的住户,查找原因并帮助整改。望全体住户积极配合,共建和谐幸福家园!

(《荷村管理制度》)

在《荷村管理制度》中可以发现,荷村成立了业主管理委员会和绿化卫生评定小组来共同落实美丽庭院建设,并定期入户检查、打分,最终评出一、二、三等并给予奖励,得分最低的农户将会被约谈。

同时,该制度中还包括环境卫生管理制度和绿化养护管理制度,禁止农户占用公共区域,强调对公共环境的爱护,在增强"公共空间"与"私人空间"界限意识的同时提高村民的环境保护意识,具体规定如下:

(三)环境卫生管理制度

(1)不得在自然村内有影响环境的乱搭、乱建、乱贴、乱挂、乱画等行为;搭建钢棚、透明棚等附属设施,须由住户本人书面申请(写明具体材料、面积、结构等),经村及业主管理委员会书面答复后方可搭建,否则按违章建筑拆除,拆除费用从年终分红中扣除。

(2)自觉遵守自然村环境卫生保洁制度,自觉做好垃圾分类,各类生产生活垃圾按规定投放到指定的地点;有出租房的住户要负责好、教育好、安排好暂住人员的垃圾分类及投放工作,且出租房的保洁费用(如垃圾袋等)由出租户自行承担。

(3)房屋四周的卫生由住户自己保洁,具体范围由村及业主管理委员会确定。

(4)自然村如果发展旅游业,不得饲养家禽家畜。

(四)绿化养护管理制度

(1)自然村内所种植的花草树木及公共绿化部分个人不得占为己有或擅自加以改造,全体住户都有责任和义务维护;

147

不得损害公共绿化带及设施，包括公共绿地、花草树木、建筑小品、健身设施、娱乐设施、体育设施等，一旦发现照价赔偿，故意损坏的，除照价赔偿外处罚金 1000 元；自然村主要节点前的绿化和高大树木等由村派专人负责；土地租用绿化部分如遇国家征用，所种苗木归原土地所有者所有，土地租金 5 年一付，租期内不得改变土地地面用途。

（2）自然村绿化设施分段分块，住户房屋周围落实责任制后必须认真管理养护，不得以任何借口将绿化设施如树木、草地等挖掉种菜或改为他用。一旦发现，①责令其恢复原样或业主管理委员会代为恢复，费用从年终分红中扣除；②赔偿经济损失，即处罚金 1000 元。

（3）村统一购买绿化所需器材，并交由业主管理委员会代为保管；住户如需绿化器材，可向业主管理委员会借用，同时必须做好出借登记并及时归还，遗失的照价赔偿。

（《荷村管理制度》）

梧村在管理制度中最常采用的惩罚手段就是"扣除分红""罚钱"等，以此来规制农户对公共环境的占用与破坏。随着乡村社会的变迁，公共空间与私人空间的界线越来越明晰，传统乡村社会中"公私不分"的现象逐渐消失，政府层面愈来愈强调"公"与"私"的区分。曹海林认为村落公共空间在乡村社会变迁的大环境中发生着演变，依靠外部行政力量生成的行政嵌入型空间逐渐演变成村庄内部力量自生的内生型公共空间，前者的型构动力主要来源于村庄外部的行政力量，后者的型构动力主要来源于村庄内部的传统、习惯与现实需求，村落公共空间形态的演变影射出村庄社会秩序基础发生变更的大致轨迹与社会关联解体和重构的历程。① 从梧

---

① 参见曹海林《乡村社会变迁中的村落公共空间——以苏北窑村为例考察村庄秩序重构的一项经验研究》，《中国农村观察》2005 年第 6 期。

村出台的相关管理制度中，也可发现梧村"两委"试图将依靠外部行政力量生成的行政嵌入型空间转变成村庄内部力量自生的内生型公共空间，通过规定与监督的方式来促进农户的意识转变与行为习惯改变。

笔者查阅了临风家园（另一个庭院美化试点自然村）的管理制度，与荷村的管理制度进行对比后发现内容完全一致，规定出台时间也相同。也就是说，梧村"两委"对荷村与临风家园的要求是一致的，专项小组的成员构成也相同。后经了解发现，荷村与临风家园在庭院检查与评比时采用的是交叉检查的方式，规避了同自然村内的人情与舆论压力，更显公正。但是荷村与临风家园的村庄性质还是有所不同的，主管"美丽家庭"评比的梧村妇女主任王美兰告诉笔者，荷村属于"老区"，临风家园属于"新区"，整体制定的评比规则虽是一样的，但是具体规定上略有出入。梧村庭院美化项目的总负责人赵国强也有类似的说法：

> 临风家园和荷村是有点区别的。临风家园那边是统一的小区，有统一的绿化，那么我们（在）小区的管理制度里面，有（要求）不能（种）有藤的菜，就是不能（种）搭架子的这种菜。那么荷村因为是老区，它也有一个统一的绿化，（但）就是这个种菜标准（是）没有的，另外（的）都是一样的。那么我们（是）按照每个乡村长效管理评比表格来打分的。那么我们当时是这样的，交叉评比，这样来评比的。（2019年8月12日，梧村"两委"办公楼，赵国强）

由于临风家园属于农村新型社区，而荷村是自然村，两者的乡村形态不同，因此在"种菜"的具体规定上有所出入。临风家园规定了"种菜"标准，要求居民不能种有藤的菜，原因是有藤的菜势必要搭架子，搭架子就会影响整体环境的美观，但是相比临风家园，荷村就没有此项规定。同时，王美兰还告诉笔者，"美丽家庭"

评比是荷村与临风家园交叉评比，即荷村的业主管理委员会和绿化卫生评定小组到临风家园进行检查、评分，反之亦然。

> 那么我们为了小区的一个长效的管理，那么首先我们是召开了户主会议，以自然村为单位，每一户人家必须来一个人，来参加这个户主会议，那么通过这个户主会议选出业主（管理）委员会，每个小区（或自然村）选出五到七个人，（成立）这样一个业主（管理）委员会。第二个就是（表决）通过小区管理制度，因为一个小区需要有制度来管理的嘛。你一个小区没有管理制度，那么然后我要考核管理，（就）没有一个说法对吧。那么每个人来开会的时候，（表示）通过就举手，最后肯定都通过了，然后再签订协议，每个人要把自己的名字写上去，那么这也签好了，签好以后就开始评比这样的。
> （2019 年 8 月 16 日，梧村"两委"办公楼，王美兰）

王美兰向笔者详细描述了选出业主管理委员会成员的完整过程：首先是每一户派出一个代表参加户主会议，之后每个户主民主投票选出业主管理委员会成员，最后需要每户的代表在小区管理制度上签字，代表认可并承诺遵守该制度。梧村"两委"通过选举业主管理委员会成员和签字承诺遵守小区管理制度的双重方式，确保梧村农户的行为在其监管之下。

> 那我们评比是三个月评比一次，那么还有一个交叉评比，临风家园的到荷村来评比，荷村的到临风家园去评比，那么省的（有人）说我们都自己人，有的一个小区里面都是自己的人。我就举个例子说，张村长，那儿（荷村）姓郑的人占了一大半，那么其实张村长能够评上（奖）的，但是平常的老百姓就会说你是村长呀才评上的，因为是有自己人才评上的……然后还有一个去掉最高分和去掉最低分，那么相

对来说（才）公平。（2019 年 8 月 16 日，梧村"两委"办公楼，王美兰）

"美丽家庭"评比的周期是三个月，王美兰再次向笔者提到了交叉评比的原因。这是因为农村还处于熟人社会的状态，各家各户之间太过熟悉，所以在本村内评比就会失去公平公正的原则，容易产生讲情面、怕得罪人的倾向。王美兰考虑到这点后，采用两个自然村之间互相评比的办法，同时模仿各大比赛中去掉最高分和最低分的规则来进行"美丽家庭"评比，她认为这样更加公平。她介绍说：

> 除了业主（管理）委员会，还有一个党员志愿者、妇女队长，以前叫妇女队长，现在叫妇联主任，还有妇女队长，这些人也都是一起的。当时其实在第一次评比的时候，我把（灵峰）街道的分管卫生的（干部）也请（来）了两个，我们街道的妇联主席当时也来了，那么我们第一次评比的时候，我们也相对来说经验也没有一点，然后我们也觉得街道的人共同参与了（的话）一个（是）老百姓好像觉得也正式，我觉得大家公正一点也有点收获，然后那么我们大家一起也有个商量，那么第一次（就）给他们（都叫来）、都让他们来了……我就觉得人稍微多一点，相对来说打的分会公正公平一些。（2019 年 8 月 16 日，梧村"两委"办公楼，王美兰）

除了业主管理委员会成员，还有党员志愿者、妇联主任一同参与"美丽家庭"评比。在 2015 年进行第一次评比时，还请到了上级街道的相关领导一同参与评比，其一是为了彰显重视，其二是为今后的评比定下基调，以后的工作开展将会更加顺利。因为最后要出一个平均分，所以王美兰也告诉笔者，她请这么多人来打分的原因是她认为打分的人越多，最后出来的分数才越公平公正。荷村的农居庭院大大小小的都有，风格各异，差别较大，相对较容易评分，但临风家园是梧村整体规划的新型社区，住进来的都是从梧村其他地方拆迁过来的农户，他们的庭院大小基本是固定的，同质性很高，所以在庭院评比时其实差距很小，只有参加评比的评委越多，真实性才会越高。

王美兰也告诉了笔者检查之后的庭院评比的具体机制，包括各奖项所占比例、奖金数额和公示方式也是梧村"两委"权衡再三之后决定的，考虑了多重因素。王美兰详细介绍了评奖方式和这样做的原因：

> 我们评比的结果是这样的，一等奖占 30%，二等奖占 40%，接下去就是三等奖（占 30%）。说起来三等奖呢其实不算奖，因为一等奖和二等奖我们会公示的，但是三等奖（是）不公示的……我们一等奖是奖励 200 块，二等奖是奖励 160（块），三等奖奖励 120（块），那么我们都是经过村班子商量过的，我们就觉得一个（是）差距不要太大，差距太大了，会有（不好的）反应的，因为每户人家都在扫地。

> 那么如果（奖励）相差太大，那么有的人会觉得，我们（卫生）其实只相差一点点，如果你家一等奖我家三等奖，如果相差一两百块钱的话，那么又看不出（卫生相差）多少，那么（对）有的人会起副作用的，特别是有的人可能素质不太好的，（想着）我钱这么少，你钱这么多，那么（他）可能会把扫出来的垃圾扫到大路上，这种情况都会有。

> 那么当时我们提出来就是说差距小一点，每户人家（平均）多一点，你弄得好的稍微多几块，弄得不好的你稍微少几块，但是你都在扫地的，这个钱要给你的对吧？那么这样相对来说副作用少一点。（2019 年 8 月 16 日，梧村"两委"办公楼，王美兰）

赵锋认为，在以羞耻机制为主导的社会中，社会权威结构以权威本身的抽象性和权威对象的个体化、平等化为特征；在以面子机制为主导的社会中，社会权威结构以威势构型为特征。[1] 威势构型指人们凭借着他们自身或他们所属群体同官僚体系的关系，以及他们利用官僚体系内政治资源的能力，在现实的社会生活中，以"支配—规范—恭顺"为主轴，通过斗争与合作、分化与整合而形成的社会关系形式。[2] 在中国社会的现实生活中，面子机制是日常交往的主导控制机制。[3] 处在农村熟人社会的大背景下，农户最在意"面子"，因此在评比结果公示时，只公示获得一等奖和二等奖的农户，而获得三等奖的农户不予公示，这个决定是村委保护农户"面子"的一种方式，农户由于羞耻心而引起过激行为的可能性就会降低。此外，王美兰告诉笔者，一等奖与三等奖之间的奖金金额差很小，每户获得的奖金都相对平均，因为每户确实也都做卫生了，这也算是一种认可和鼓励，同时也可规避获得三等奖的农户因心理不平衡而做出极端行为，如故意将自家垃圾扫到马路上等报复性行为。由此可见，基层工作不易，推进任何一项工作都要考虑各种细节，包括农民的心理反应和风俗习惯。

同时，梧村的所有村干部为了避嫌，都不参与庭院评比打分工作，这样可以避免农户认为村干部利用职务便利谋私利，从而使农户对评比结果更加信服，对管理规定更加服从。

> 当时我每一次评比的时候，我都是一起去的，但是我不打分，我们村干部都不打分的，省的说老百姓说我们村干部能帮你包庇，因为（作为）村干部我们（对）每户人家都是比较

---

[1]　参见赵锋《面子、羞耻与权威的运作》，《社会学研究》2016年第1期。
[2]　参见马克斯·韦伯《支配社会学》，康乐、简惠美译，广西师范大学出版社，2004，第90~93页。
[3]　参见赵锋《面子、羞耻与权威的运作》，《社会学研究》2016年第1期。

熟悉的，都比较要好的，那么肯定有自己的亲戚，也有自己的朋友对吧？那么如果我也参与打分的话，他们会觉得我不公正，因为像我是比较熟悉的，每户人家都很熟悉的，那么这样的话我自己跟着相对来说我也能监督他（评委），万一他们有的人唱反调，这种也有人（管）对吧？不走道了，站在路旁边这样滑滑（指唱反调），对吧？这种有失公正的，对吧？（2019 年 8 月 16 日，梧村"两委"办公楼，王美兰）

村干部在"美丽家庭"评比中主要起监督作用，监督分为两方面，一方面是带领评委进村，引导他们入户检查；另一方面是监督评委的打分过程，确保他们的打分态度是严肃公平的，从而进一步确保评比过程及结果的客观公正，因为只有评比过程严谨且认真，评比结果对于农户来说才更有说服力，进而使他们服从村委制定的规则并认真对待下一次检查。

王美兰告诉笔者，在庭院评比的过程中，其实也有很多农户对评比结果感到不满，会找她申诉，但这不仅没有让王美兰感到气馁，反而感到欣慰。她认为：其一，这显示出农户对庭院评比的重视；其二，这是一种农户在付出努力后想得到回报的情绪表现形式。王美兰向笔者讲述了农户蔡淑芬不满评比结果的故事。农户蔡淑芬在一次评比中得了二等奖，但是她认为自家的地扫得很干净，自认为应该得一等奖，于是她给王美兰打电话询问原因。王美兰详细讲述了事情的经过：

当时第一次评比完了，有一个阿姨（蔡淑芬）给我打电话，她说为什么她的分数那么低，她其实是二等奖。那我说（我）以前经常去临风家园的了，我说我每次去的时候你是蛮勤劳的，我说我经常看见你在扫地，我说我去看看到底是怎么回事，对吧？那我就把评比表拿出来，评比表不是有扣分项么，我们是基本分 100 分，加分项是 10 分……

加分项是庭院美化和绿化，比如说你家种了一些新品种，特别赏心悦目的，加分项是 10 分。后来我一看，然后是有几个扣分的地方，然后我又打电话给（荷村）业主（管理）委员会的主任……他说一个是她家有晾衣服的架子，其实它不在前面，旁边大路上也看不见，但是他们每个人家都一样的，他们都是前前后后都去看过。那么说架子上面是竹子的肯定不会生锈，但是她（家）下面是铁的，他（指业委会主任）说生锈的（地方）很多，所以说别人家没有生锈，他们家有的，那么这里头就每个人都给她扣了一点分……第二个（是）因为她家种的菜，它上面的薄膜风吹得这样哗啦哗啦响，就我们去的时候风就在吹，这不整洁了。第三个破坏绿地了，就是她把公共的绿地破坏掉了，她种的南瓜，破坏绿地扣的分就很多了。

她（家）扫得很干净，但是她没有加分项呀，她家的绿化都是公家做的，别人都是一模一样的，所以说她的分数不会高，但是她也不会太低，因为她也没有说多不整洁，她（家）不是说很糟很糟的，那么因为每家每户都差不多的，你像她这个三点（问题），你说那是不是分数就扣掉了。（2019 年 8 月 16 日，梧村"两委"办公楼，王美兰）

接到农户蔡淑芬的电话后，王美兰当即拿出了她的评比表一一对照，查看扣分的原因，并给当时参与打分的荷村业主管理委员会主任张东明打电话询问原因，最终总结了三点：一是因为蔡淑芬家有生锈的铁衣架，影响美观；二是因为她菜地里的塑料薄膜被风吹得很响，同样影响美观；三是因为她在公共区域种南瓜，属于破坏绿地。但是因为蔡淑芬家的庭院地面打扫得非常干净，所以她也没有因为上述扣分原因而只得三等奖。王美兰还提到了她不能获得高分的原因是她没有加分项，也就是除村委集体给每家每户做的庭院美化项目外，她自己没有额外对庭院再做绿

155

化与美化，所以附加分她是没有拿到的。为了更加清晰地了解梧村"美丽家庭"评比的各项标准与分值，笔者借阅了《梧村"美丽家庭"长效管理评比表》（参见表5-1）。

在表5-1中，庭院绿化的分值（55分）是略高于庭院卫生的分值（45分）的。换言之，在梧村的"美丽家庭"评比中，只有干净整洁是不够的，梧村"两委"更认可的是庭院的绿化与美化。庭院的绿化与美化是比庭院干净整洁更高层级的追求，梧村"两委"在前期已经为农户提供了大量的资金支持与教育培训，在此基础上，梧村"两委"更深层的考核目标是考察梧村农户是否已经具备了庭院审美意识，是否能够主动地去美化庭院，这一点比考核庭院的基本卫生情况更加重要，也是庭院绿化分值大于庭院卫生分值的深层原因。蔡淑芬家被扣分的根本原因还是在于绿化方面，例如"损害公共绿地""庭院绿化整体美观"等评分项都是她家的扣分项，另外附加分中的"庭院绿化采用新品种且整体效果好"这项也没有得到加分，因此总分并不高。这说明农户只注重庭院卫生而不在意庭院内部的绿化和美化是无法获得一等奖的，这是业主管理委员会在评比时的一项默认的标准。在王美兰找出蔡淑芬没有获得一等奖的原因后，王美兰是这样做的：

那么后来我就打电话，我说了这三点，她说是这样的是吧……后来她也没说什么，因为这是事实。那么我后来也跟那个阿姨说，我说这个菜你就这次给它收掉，下一次你不要做了，对吧？

我们村里这个是公共绿地，下一次（还这样）分数又要扣掉对吧？那么我说反正这种还是蛮简单的整治，老百姓很重视的……面子很重要的，我们现在小区里的（住户）都是很有钱的，我们村里的人其实都很有钱，我估计还是面子的（原因）比较多。（2019年8月16日，梧村"两委"办公楼，王美兰）

表5-1 梧村"美丽家庭"长效管理评比表

| 户号 | 总分 | 排名 | 庭院卫生（45分） | | | | 庭院绿化（55分） | | | | | 加分项（10分） |
|---|---|---|---|---|---|---|---|---|---|---|---|---|
| | | | 无乱搭乱建乱贴乱挂乱画等，透明钢棚等附属设施建报村委批准。发现一处，扣5分，扣完为止。（10分） | 生活垃圾分类装入垃圾袋，按规定投放到指定的地点。门前道路无垃圾。发现一处乱倒垃圾、乱堆杂物、乱抛行为，发现一处扣2分，扣完为止。（10分） | 屋内干净整洁，庭院及责任区块物品摆放整齐、无垃圾、柴草杂物堆放。发现一处扣3分，扣完为止。（15分） | 不搭棚种蔬菜或使用泡沫箱种植蔬菜，不同养家禽家畜。发现一处扣5分，扣完为止。（10分） | 庭院绿化整体美观，整体美观根据情况的情况给分。（15分） | 不将公共绿化占为己有或擅自加以改造。发现一处，扣5分为止。（10分） | 不损害公共绿地、花草树木、建筑小品、健身设施、小区娱乐设施、体育设施等。发现一处，扣5分，扣完为止。（10分） | 责任区内绿化设施、绿化效果整体较好。发现一次杂草未清理扣2分，扣完为止。（10分） | 做好公共绿化器材的出借登记并及时归还。发现未做好出借登记的或故意损坏的扣5分，扣完为止。（10分） | 庭院绿化采用新品种且整体效果好 监督举报不文明行为 |

王美兰向蔡淑芬说明了扣分的三个原因，并且让她不要再在公共区域种菜，蔡淑芬接受了王美兰的说法。王美兰认为解决这类问题比较顺利的原因是，农户并不是真的对村里有意见，而是想知道自己的问题究竟出在什么地方，这更加体现了农户对"美丽家庭"评比的重视。王美兰也告诉笔者，梧村整体经济条件较好，每家每户的生活条件都在小康水平及以上，因此"美丽家庭"评比的奖金他们并不是很在乎，更重要的是熟人社会中不可忽视的"面子"问题。大部分农户都很看重"面子"，觉得得了三等奖很丢人，但是村里同样也有不在乎"面子"的农户。

> 但是也有几个不要面子的，（想着）我反正是第三名（指只获得三等奖），有这样的人家，有连续的 4 户人家，就是弄不干净，就住在临风家园靠西边上面的 4 户人家，他们确实是最不整洁的。然后我们的业主委员、妇联组委员经常去说，那么我们业主（管理）委员会是包干的，那一个人负责一个片区，片区业主委员经常去说，然后说不动的，去说一次，稍微整改一点……
>
> 他们一开始经济条件相对来说还比一些人稍微要差一点，其实是这样的，我觉得经济条件越好，其实越重视精神的层面的意思，就美化的那种意识更高一点。（2019 年 8 月 15 日，梧村"两委"办公楼，王美兰）

王美兰认为不重视"美丽家庭"评比的农户也有，他们连基本的庭院整洁都不能保证，何谈庭院美化，而且大部分都扎堆，基本都是邻居，农户之间的互动会影响他们的想法与意识。村干部去劝说的情况下也只是说一次整改一次，并没有真正将"要我做"内化成"我要做"的意识。究其原因，王美兰认为与经济条件有很大关系，很难养成环境保护和庭院美化意识的农户大部分都是经济条件较差的农户，随着经济条件的提升，庭院审美意识更易形成。这与马斯洛需要层次理论的观点不谋而合，按照马斯洛的理论，需求分为生理需求、安全需求、社会需求、尊重需求和自我实现五类，依次由较低层次到较高层次，低层次的需求被满足之后才会产生高层次的需求，审美需求是马斯洛在后期将之放在尊重需求和自我实现之间的中间需求，属于高层次需求。[①]因此，王美兰所说的"经济条件"是指生理需求、安全需求和社会需求这类低层次需求，而只有在这些低层次需求得到满足之后才有可能产生高层次的审美需求。

### (二) 农户眼中的"美丽家庭"评比制度

王美兰从梧村"两委"的角度给笔者详细描述了他们建立"美丽家庭"评比制度的前因后果，以及为保证评比结果的公平公正所采取的具体的细节措施。那么从农户的角度又是如何评价"美丽家庭"评比制度的呢？根据笔者所了解到的一些情况，荷村与临风家园的大部分农户对"美丽家庭"评比制度是非常认可的。农户陈静说：

> 其实我觉得还好，反正自己搞干净，他们来评呗……但是排到后面几个（名次），"为什么给我三等奖？"，有这种心理（的话），心里就会感觉有点对比了。"这个事情他家不太搞的，为什么给他评二等奖？我家经常搞，为什么评成三等奖？"大家还是挺在意排名的……他们每次什么时候来也不知道的。各个队的队长或者是妇女队什么的，一大半都来的，随机抽查。（2019年8月14日，荷村陈静家，陈静）

经了解，陈静家是"省级美丽庭院"，平时庭院卫生的整洁与庭院的绿化、美化都已经处于梧村各庭院中的"排头兵"位

---

① 参见彭聃龄《普通心理学》，北京师范大学出版社，2003，第329~330页。

置，因此在和她的交谈中笔者明显感受到她对"美丽家庭"评比的不在意。这是因为陈静一家的行为习惯与审美意识不再需要村委的制度化措施介入并受之约束之后再进行提升，所以对何时何人来评比并不上心。但是她通过与其他农户的交谈，也深知其他农户对于"美丽家庭"评比的重视，尤其是在评比中排名靠后的农户会更加在意排名，他们会因为自己的付出没有得到肯定而产生不满的心理。家住临风家园的卫秋英说：

> 评比也蛮好的，一个季度一次，他们现在也不差钱，因为出去打工的人多。200 是第一名（一等奖），什么第二名（二等奖）是 160，然后（三等奖）是什么 120。现在他们房子反正是租给人家，自己也没有的。这种概念已经没有了好像。以前是在评比的，好像今年也评的，他们（荷村）到我们（临风家园）这里来，我们去那边这样，评比主要是看你的卫生和绿化，然后看你有没有乱搭乱建这种……特别是看这种绿化，会加点分……还是蛮公正的。（2019 年 8 月 19日，梧村临风家园卫秋英家，卫秋英）

图 5-1　卫秋英家的庭院

临风家园的卫秋英对"美丽家庭"评比制度的评价也很高，并且她清楚地意识到了在评比过程中，庭院的绿化与美化比庭院的卫生情况更加重要，她高度赞扬了这种交叉评比的形式，认为非常公正。卫秋英向笔者表达了虽然荷村与临风家园共同参加评比，但是荷村的庭院要比临风家园的整治得更成功，她认为这与临风家园的庭院面积普遍小于荷村有关，还有就是与临风家园的租户较多有关系，很多户主都在外面打工，自然就没有太多时间整治庭院。

### （三）"美丽家庭"评比制度的困境

与临风家园的卫秋英一样，王美兰也认为梧村的外地租户影响了"美丽家庭"评比制度的推进，虽然"美丽家庭"评比得到了上级街道和农户的多方肯定，并且成效卓著，但是仍存在一些问题。

> 那么我现在觉得还是有问题，一个是我们自己住的，老百姓住的，没有流动人口的（评比）放松一点，有流动人口的地方呢，因为有些房子就是整体出租，大部分的老板都不在家里，在外面做生意或者打工，那么相对来说管理不太到（位）。真的我们也还是觉得其实还是有难点。我们现在觉得荷村还是做得比较好的，比较成功的，那么另外有几个区块，还有另外几个区块，后来没有蛮严重（重点）地去督查，现在还没做得很到位。（2019 年 8 月 16 日，梧村"两委"办公楼，王美兰）

流动人口成为梧村"两委"进行"美丽家庭"评比的阻碍，有些自然村和小区的户主常年不在家，他们将房子整租给外地流动人口，给梧村"两委"的管理带来了困难。王美兰认为开展"美丽家庭"评比以来，效果最好的就是荷村，归根结底还是因为荷村流动人口较少，本地农户较为服从管理，并且由于是自家房屋与庭院，因此会更加在意。但是除荷村外，其他自然村和小区在环境管理和庭院整治方面就做得不是很到位了，存在很大的提升空间。

## 四　监督阶段：公权力影响下的内化过程

2019 年起，梧村推行了四年的"美丽家庭"评比正式落下帷幕，梧村"两委"认为农户已基本上完成了环保意识和庭院绿化美化意识的内化过程，制度化措施不再是约束农户意识的刚性规制，农户已经不再因为刚性制度的约束而被动地服从，而是自主地形成了环保意识与庭院审美意识。虽然公权力不再通过制度化措施直接介入农户的日常行为习惯，但是公权力的影响始终是"在场"的。王美兰分析了权力"不在场"时，对不同的社区的影响是不同的：

> 那么他们后来也慢慢地给它减少，减少了评比的次数，那么我们也觉得如果村民形成习惯了，减少次数也没关系的，对吧？其实因为我们评比这个不是一种措施，那么我们村长当时也提出来了，慢慢地减少可能也没关系的。那么现在看来荷村减少了没关系，临风家园不能减少。因为临风家园的人多了，也有点外来人口住着，那么现在天天没人管，然后乱搭乱建也（又）做起来了。（2019 年 8 月 16 日，梧村"两委"办公楼，王美兰）

王美兰告诉笔者，当荷村与临风家园同时减少"美丽家庭"评比次数以后，荷村的农居庭院保持得非常好，与评比时期的状态基本相同，而临风家园却又开始乱象丛生、故态复萌了。王美兰认为出现这种差异的原因是临风家园作为新小区，自 2015 年开始"美丽家庭"评比至今，不断有新的拆迁户搬进来，他们没有经历过梧村美丽庭院建设从准备阶段到实施阶段的全过程，因此他们的环境保护意识与庭院审美意识还没有完全建立起来。"美丽家庭"评比时期因为有公权力的介入与制约，所以农户会跟随管理制度的要求做出相应行为，而事实上，其行为与意识之间还没有达成完全一致，所以当制度化措施停止以后，他们日常的行为又会跟着自身的潜意识行动，于是乱搭乱建、乱堆垃圾的现象就又出现了。从另一方面说，荷村的农居庭院在"美丽家庭"评比停止后依然可以保持原样，说明荷村的农户基本达到了行为与意识的统一，他们的环保意识与庭院美化意识已经形成，不再需要公权力的约束也能自主做出与意识相统一的行为。

> 前天晚上班子会上不是也提出了，如果这一次长效管理，又要整顿好的话，我们是说长效管理，我们还是要怎么样跟进，我就觉得现在还是（有）两种措施。一个再继续考核和评比对吧？再重新管理。要么就是承包给物业，我们公共区域反正都承包给物业，现在（院子）没有承包给物业，然后现在也没有进行评比，那么所以说老百姓乱搭乱建这些东西（又出现了），因为没有人督促了。
>
> 当时荷村虽然没有评比，但其实一直有人在督促，因为经常有人去参观，就相当于一个督促。因为经常有人去参观，然后我们这些村干部肯定就经常在督查，对吧？虽然没有评比，他们也没有钱（拿），但是他们容易上（指继续保持），对吧？有督查的，那么就是说一点也没松懈，他们那个卫生还是搞得比较好的，保持得比较好。（2019年8月16日，梧村"两委"办公楼，王美兰）

梧村"两委"在村班子会上再次将临风家园的环境管理提上了日程，有两种备选方案，一是再次进行"美丽家庭"评比考核，二是将临风家园的公共环境卫生承包给物业公司。王美兰提到了荷村停止"美丽家庭"评比考核后能继续保持庭院美化的原因，她认为是由于荷村作为自然村的特殊性，荷村本身有 3D 画景点，又有几家民宿开在荷村，因此来往的游客较多，村干部也会经常到荷村进行督查。虽然没有了考评机制和奖惩制度，但是参观的游客与督查的村干部给荷村的农户带来了无形的舆论压力，这也是促使他们的行为向意识靠拢的一个推力。

> 荷村现在不评比了，但是其实我们村干部经常在那边督查，你经常是要去（看看），看到不好的地方，肯定要（让）他们也知道，老百姓其实蛮反对（我们去）的，那么老百姓自觉，这根弦还是绷紧的对吧？如果真的没有那个（督查）的时候，那么我们估计他们也要有一种惰性的想法。（2019年 8 月 16 日，梧村"两委"办公楼，王美兰）

荷村的农户对经常来督查的村干部其实也是较为反感的，但是因为有监管压力，所以王美兰形容荷村农户的"弦还是绷紧的"。也就是说，正是因为有公权力的监管，所以农户的行为事实上依然处于被约束的状态。王美兰对临风家园的情况表达了自己的不满：

> 临风家园也不是一个参观点，我们也没人去督查……还有种菜是这样的，一开始本来划好了的就是（在）这一块（种），然后慢慢地没人来督查了，扣分也没人扣了，就把另一块（自行）给它用掉了，这种现象也是越来越多的。其实是这样，文明程度还没到，一些习惯还没有养成，全民的氛围还没养成，如果我们整个村、整个安吉都已经形成了这种氛围，我觉得若干年以后我们评比主要也是老百姓、村民自治的，那么我就觉得整个安吉县的氛围做出来了，我们以后肯定不用评比的。
>
> ……评比其实这种方法是很好的，养成了一种这个地方

是公共区，大路前退出来的（指马路两旁的空地）是我的地方（的习惯），对吧？这个习惯其实是蛮好的，但是你现在真的督查不到位，现在还没形成一个我们整个大区域的大氛围，应该这几年我估计这个评比，一点点的奖励措施或者荣誉措施可能还是应该有，一下子还不能放掉，等到大众都养成了（习惯），那么我们可以渐渐地或者（一年内）4次减少到3次，然后再过若干年，3次减少到2次，到最后不评比了，因为全民都（形成了）这样的氛围，对不对？（2019年8月16日，梧村"两委"办公楼，王美兰）

王美兰在谈到临风家园的环境治理问题时，提到了农户占用公共空间种菜的问题。事实上梧村"两委"已经按照农户的意见将部分公共区域划分好并分配给各农户，以满足他们种菜的需求，但是以前因为没有美丽庭院评比制度的制约，所以农户开始私自将分配好的土地扩大使用，占用了公共区域。王美兰认为达到行为与意识的统一还需要长时间的习惯养成和意识培养，尤其还要培养农户对于"公共区域"与"私人区域"的边界感，当梧村或者安吉县整体形成一种风气时，才是农户能真正转变意识的时候，在这之前，公权力的介入与约束是十分必要的，有利于规范农户的行为习惯以及培养环保意识和庭院审美意识。朱光磊从不同的行事原则角度区分了中国的公共空间与私人空间，他认为前者是以社会生活为主体，行事原则是以义统情，后者则是以家庭生活为主体，行事原则是以情统义。同时，他认为中国现代社会日益趋向原子化的个体社会，导致原子化的个体表现出更多的利欲心，公共权力制定了更为详尽的公共规范，且公共空间以社会稳定的名义来压缩私人空间。① 梧村"两委"采用制定详尽的

---

① 参见朱光磊《中国公私空间的中西源流比较与未来可能走向》，《马克思主义与现实》2016年第1期。

公共规范制约村民的行为的方式，来培养村民区分"公""私"空间的边界感，在一定程度上压缩了村民的私人空间。王美兰隐隐地表达了对长效治理的忧虑：

> 我们开班子会的时候，我提出这两个措施，我觉得长效的措施，你现在看，我们现在不是因为全国文明城市创建嘛，这是一个需要，然后我们现在也就是在加紧地给他们加强整治，整治好了以后，怎么样更近一步（维持住），不然的话慢慢地又开始（乱象丛生），你评比也好，或者委托公司也好，那么都是可以的。那么后来我们书记说觉得还是以评比为好，因为这个方法是好的类别（指效果好），其实评比比（委）托我们交给物业要累得多，每个人都来，每个人家都要去走，对吧？然后就要给他弄出来，然后又要去张贴（公示评比结果）。
>
> 这些东西很累的，要花很多的工夫，但是就是为了村民的一个意识的培养。我们都是在摸索阶段，其实也是这样的，一边做一边也在摸索，怎么样做得更好。（2019 年 8 月 16 日，梧村"两委"办公楼，王美兰）

在笔者调研期间，梧村正在集全村之力为湖州创建全国文明城市尽一份力，王美兰认为现在为湖州创建全国文明城市所做的环境整治工作只是应急需要，后期还是要继续推行"美丽家庭"评比考核。虽然推行"美丽家庭"评比考核比将环境治理交给物业公司要多做很多工作，但是农户亲身参与对他们的意识培养更有帮助，所以在未来的村庄规划中（除荷村外），"美丽家庭"评比将会被继续纳入环境治理体系中。也就是说，现代权力通过知识、教育等各种形式，让"个体变成主体"这一过程转换成一种自愿的行为，但是村民在形成"庭院美化"意识的过程中却并没有感受到外部权力对自身的干预与掌控。①

梧村村主任张东明将荷村后期停止"美丽家庭"评比之后的监管机制称为"村民自治",他认为"村民自治"能够在荷村推行并运作下去的原因是农户都爱"面子"。

> 还有一点也是个管理方法,也就是村民自治,其实我觉得这也是比较典型的村民自治了,就是说由村民自己管理,自己想办法互相监督、互相督促,如果全部交给物业的话,可能老百姓他提升(素质)的速度也会慢,他有依赖性,而且他也就是说什么事都通过一个物业,我觉得这个效果(村民自治)还是很好。
>
> ……荷村呢,本地人员比较多,所以老百姓怎么说的,其实还都是"面子"这个事情还是很重要的。因为穿过了很多人(指行人路过庭院)过来,外面人进来看看他这里不好,人家的庭院如果不好看,也会觉得不好意思,所以说,就是说(面子)很重要。(2019年8月12日,梧村"两委"办公楼,张东明)

张东明认为荷村的环境治理方式是典型的"村民自治",由农户自己管理,如自行分配公共区域打扫的片区。"村民自治"与包干给物业公司相比,优势在于有利于农户环保意识与庭院审美意识的培养,包干给物业公司容易造成农户行为习惯上的依赖性与惰性。同时,农户能够互相监督的根本原因是爱"面子",荷村的大多数住户都是本地人,荷村这个环境属于熟人社会,舆论的制约力很大。无需外力,借助农户"爱面子"的心理就能够让"村民自治"在荷村推行。

---

① 参见马密、师索《福柯的现代权力理论研究》,《前沿》2012年第21期。

## 五 本章小结

本章具体分析了梧村庭院空间属性发生变迁的过程，这个过程包括三个阶段：准备阶段、实施阶段和监督阶段。在这一过程中，到处都有权力的影子，权力有时以"在场"的形式存在，有时以"不在场"的形式存在。梧村"两委"正是利用这样一种现代权力将"庭院美化"行为融入农户的日常生活中。

1. 福柯的现代权力理论详述了传统权力向现代权力转变的过程及机制，并且解释了现代权力如何逐渐规训个体的行为。福柯认为在传统社会向现代社会转型时，权力形式也在发生变化，由"传统权力"向"现代权力"转型。"传统权力"是指以国家机器来行使的权力，而"现代权力"实际上是一种"弥散的权力"，它不是通过暴力手段，而是通过层级监视、规范裁决、检查制度等手段行使权力的惩罚，也就是"规训"。

国家权力对乡村基层生活的介入，经历了下沉、回缩和再进入三个阶段，在回缩期农村基层出现了种种问题，学者对此的研究成果颇多。国家权力再进入之后，虽然解决了一些问题，但又出现了一些新的问题。梧村的"庭院美化"源于村级组织的倡导，也是因为村级权力组织的深度介入才得以成功。对梧村"庭院美化"现象展开研究，其实也是乡村治理研究的一个切入点，对分析基层权力对个人行动的影响以及影响过程具有重要的现实意义。

2. "庭院美化"过程的三个阶段：准备阶段、实施阶段与监督阶段。

准备阶段：梧村"两委"通过资金支持、审美教育等手段，通过知识优势逐步重塑农户的心理结构和行为准则，为正式开展"庭院美化"建设做好了前期工作。这一阶段最重要的一点就是培育村民的审美意识，请人讲课、示范。审美意识的培育过程是艰难且复杂的，梧村"两委"为此没少花心思。

实施阶段：梧村"两委"根据县里的"美丽庭院"建设要求，具体设立了相关的奖惩机制、评分标准，出台了相关规范守则，实施了一系列制度化措施，与准备阶段相比，公权力在这一阶段的介入是更加清晰且直接的。这一阶段能够取得成功，最重要的原因是梧村"两委"充分运用了"面子"机制，并制定了完善的管理制度、奖惩制度、评分制度等。

监督阶段：在这一阶段，虽然公权力不再像前两个阶段那样，通过制度化措施直接介入农户的日常行为习惯中，但是公权力的影响始终没有消退，而是继续"在场"。公权力的继续"在场"，能形成一种无形的监督模式，从而推动农户的"庭院美化"行为完成内化过程。这一阶段的重点是使审美意识能够内化于心，使村民自觉自愿爱护环境、整治庭院。监督阶段的完成需要经历很长时间，目前梧村正处在这一阶段中，并且在内化动力不足时或许还需要重启第二阶段来进行巩固。

# 第六章 "梧村现象"中的村民

社会关注的不是一个预先给定的（pre-given）客体世界，而是一个由主体的积极行为所构造或创造的世界。[①] ——吉登斯

在第四章和第五章中，我们主要讨论了基层组织在"梧村现象"产生过程中所发挥的主导和引领作用。产生"梧村现象"，光有村"两委"的倡导和推动是不够的，他们只是这一过程的主体之一。还有一个重要的主体，即村民，他们才是自家庭院美化的实施主体。村"两委"和村民之间是"主体间性"的关系。本章着重从村民这一主体的视角出发，在深入访谈的资料中，撷取梧村庭院美化过程中的几个典型案例，来探讨"梧村现象"产生的内在过程。在前文中，笔者介绍过高红阳和蔡淑芬的故事，因为她们的故事具有一定的典型意义，作者在随后的调研中，对她们本人进行了深入的访谈。本章将她们和其他人的深度访谈，一并进行描述与分析，以便从村民这一主体的视角出发，再次考察和审视"梧村现象"。

## 一 考察村民行动的主体间性视角

主体间性（intersubjectivity）这一概念是现象学家胡塞尔（A. Husserl）首先提出并使用的，也可称为"交互主体性""主体际性""主体通性"等。莱西（A. Lacey）在《哲学词典》中把主

---

① 安东尼·吉登斯：《社会学方法的新规则》，田佑中、刘江涛译，社会科学文献出版社，2003，第277页。

体间性定义为:"一个事物是主体间的,如果对于它有达于一致的途径,纵使这途径不可能独立于人类意识。……主体间性通常是与主观性而不是与客观性相对比,它可以包括在客观性范围中。"①

换言之,主体间性指的是人与人之间是一种主体与主体之间的关系,而非主体与客体之间的关系。美国社会学家阿尔弗雷德·舒茨(Alfred Schutz)在区分行动的主观意义与客观意义、观察式理解与动机性理解时引入了胡塞尔现象学的主体间性概念。他认为,每个人行动的主观意义,在本质上是他人无法进入的,因为要理解这种意义就必须与他人一样处于他生活的意义流中,去对他的经验赋予意义,但这是不可能的。

因此,只是简单地观察是不能真正洞悉他人的行为逻辑的。如果将自己的身体从"此在"变为"彼在",或许就可以换个角度理解一些行为的意义。这样,人类经验的各种客体和事件就是共通的,对于所有正常的观察者来说都是相同的。因此,在日常生活中,从主体间性的角度,我们就可能理解他人行动的意义。②

概言之,主体间性是一种超越了传统主客体关系的全新视角,舒茨否定了主体性,同时也否定了客体性,他认为人与人之间应当在主体间性的视角下交流与生活。③ 总之,我们只有通过主体间性这样一种视角,才能真正理解他人的行为逻辑与意义。

梧村"两委"在推动农居庭院美化项目的过程中,与梧村村民之间就是"主体间性"的关系。梧村"两委"作为主体的一方,需要完成上级布置的建设美丽乡村的工作任务,将公共环境建设与农居庭院美化统一起来,为此向村民提供了资金支持、开展审美教育,并制定了相关的奖惩制度;作为主体的另一方,梧村村民并不

---

① A. 莱西:《哲学辞典》,伦敦:麦克米兰出版社,1986,第113页。
② 参见刘少杰《国外社会学理论》,高等教育出版社,2006,第235页。
③ 参见阿尔弗雷德·舒茨《社会实在问题》,霍桂桓译,华夏出版社,2001,第10页。

是简单地接受、照办的客体，而是有主观能动性的主体，他们在自家庭院的美化过程中，或敷衍了事，或更上层楼，或对评比奖惩结果提出质疑，这是一个充满服从与质疑的复杂过程。下面就是笔者从对村民的深度访谈资料中撷取的几个典型个案。

## 二 "你把我抓去就抓去"："直肠子"的高红阳

在荷村选举业主管理委员会成员的村民会议上，须每户派一个代表，选举五个本村村民成为业主管理委员会的成员，协助村"两委"共同完成卫生包干制、"美丽庭院"评比等相关工作。最终由得票数最高的五个村民当选荷村业主管理委员会成员。

高红阳的当选让所有人大吃一惊。她 50 岁出头，留着一头利落的短发，说话声音比较大，做起事来也是风风火火的。高红阳有个儿子，已经结婚生子，她没有工作，每天在家没事就带带孙子。但因长期在家无所事事，她逐渐染上了赌博的恶习，据说把家里的钱都输完了，在家里卫生也不打扫了，孙子也不带了。高红阳家的家庭氛围也并不和睦，她老公经常打她，闹得家里鸡犬不宁。高红阳的性格比较直爽，属于有话直说的"直肠子"性格，因此得罪了不少街坊邻居，就连村"两委"的人也是提起"高红阳"三个字就头疼，因为她只要有一点对村里不满意的地方就冲到村"两委"大楼找人去理论。荷村的村民和村"两委"对高红阳都有些敬而远之，关于她有赌博的恶习和家庭不睦的传言传得沸沸扬扬，大家认为她并不是那么好相处的人，因此也不怎么与她来往。

高红阳的当选出乎所有人的意料，其实村民也是抱着一种"看热闹"的心态，就想看看把这样一个人选上来她究竟会怎么做。卢健却有不同的想法，他将这种不配合村里工作、性格尖锐的人称为"刺儿头"，他认为"刺儿头"当选业主管理委员会成员并不是一件坏事，这种想法与他在学校工作多年的经历和经验密不可分。学校里有所谓的"优等生"和"差生",村民中也有"难搞的"和"朴实的",分类管理学生的那套思维和手段用在管理村民上也同样适合。换言之,老百姓推选"刺儿头"当业主管理委员会成员与小学老师让调皮的学生当班干部的做法如出一辙。

笔者记得在上《社会学概论》课程时,讲课的是一位资深教授。他在讲到"社会角色"一章时,讲了一个"聪明的小学老师"的寓言式故事。他说,在小学班级中总是会有一两个调皮捣蛋的学生,不服从老师管教,常常与老师对着干,影响班级秩序。小学班主任会怎么做?他们往往会挑选调皮的学生当班干部!班主任为什么这么做?他就是要用角色规范约束他们的行为。班干部有班干部的角色规范,不能像普通学生那样自由散漫,要起模范带头作用。果然,当上班干部之后,那些调皮捣蛋的学生变得乖巧、驯服,能以身作则,遵守班干部的角色规范,班级秩序也开始好转。显然,当过多年小学教师的卢健,自然深谙其中的奥妙。

高红阳在得知自己当选业主管理委员会成员时也大吃一惊,万万没想到街坊邻居会把她选上来,事实上,一开始她对村里搞的工作和业主管理委员会的职责是一点也不清楚的:

> 其实我也没想到自己会选上(业主管理委员会成员),但既然选上我了,我做肯定是要做的,我还是很有责任心的,而且搞卫生也不是什么坏事。(2021年1月5日,荷村高红阳家,高红阳)

果然,她在当选业主管理委员会成员之后,一心将注意力扑在了自己的"事业"上。高红阳在心里是认可村里建设"美丽庭院"的工作的,她认为村民卫生意识增强了、庭院美化意识增强了能够带动村子的发展,进而村民自己的生活水平也会随之提高。因此,高红阳积极地参与到业主管理委员会的工作中去,与其他成员一同商议卫生包干制到底要如何进行，她秉承的原则就是"愿意吃亏"。

> 我在和他们（指业主管理委员会成员）开会的时候，我们就商量好了每家每户怎么分配打扫卫生的区块，有的人想法就是有些分配的打扫的地方他反正不走这条路，就不想扫。后来我下去跟村民也说，为了大家好，干净一点整洁一点，那么你吃亏点就吃亏点。不要怕吃亏，不要想谁家多扫一点少扫一点，都差不多的，重要的是把卫生搞好。（2021年1月5日，荷村高红阳家，高红阳）

高红阳全身心都投入到了业主管理委员会的工作中。她自己以身作则，她家包干的区域是最大的，她也不怕吃亏，觉得自己多干一点没关系。她每天奔波于各个农户家中，遇到不同意卫生包干制的村民她就挨个劝说。"美丽庭院"建设工作填满了她的闲暇生活，赌博的恶习自然而然地也就戒掉了。

赌博的恶习改掉了，但是高红阳"直肠子"的性格仍然改不掉。她认为自己只要做一天荷村业主管理委员会成员，就要对荷村村民的生活环境负责任。荷村有一条路非常脏，原因是这条路周边的几家农户对卫生包干制的分配有些异议，这几户对打扫卫生这件事都比较懒怠，这条路就明显没有其他的地方干净。高红阳就向村里提出了让村里的洒水车来把这条路清理一下的要求，她认为包干这条路的几家农户可以后期再协调，但路是一定要先打扫干净的。但是赵国强却拒绝了高红阳的要求，他认为这条路已经包干给农户就应该由农户自行打扫，并明确表示村里不会派洒水车过来清理。

高红阳的性子也确实比较泼辣，一听赵书记是这个反应，立马就急了，认为村里不应该推卸责任。于是她跑到荷村的主路上泼了一盆黄泥表达自己的不满，希望通过这个行为得到村里的重视。赵书记这边听到这个消息后很愤怒，以高红阳不服输的性子她当然不会低头，一来二去，赵书记与高红阳就吵得不可开交，两人谁也不肯低头。

于是高红阳给卢健打了个电话，把大概情况和他说了一下，想让卢健出面帮忙解决。卢健分别向高红阳和赵国强了解了一下情况，最终帮助高红阳解决了她的诉求。

> 当时赵书记就讲了，他说这个人（指高红阳）到底不上路（指陋习难改），竟然就把黄泥泼到了路上。我说你们肯定有地方没做好，她讲的东西是合理的，你们没做好，她采用这种手段来刺激你们。后来我去解决，我和她说，和赵书记说得不清楚的地方你跟我说，她一共说了5条（意见），5条里面有3条是对的，两条是不对的，那两条可能是资金的客观原因，暂时无法实现，那么这3条我们可以马上弄。她后来（听完卢健的解决办法）自己把它（路面）擦好，弄掉（干净）了。（2019年8月21日，梧村"两委"办公楼，卢健）

卢健帮助高红阳解决了她的诉求后，高红阳自己也有所反思，她认为自己的行为有些过激，于是自行将泼了一地的黄泥清理干净。她自己也承认，过激的行为确实有些不理智，但她认为她的诉求并不是为了谋私利，她是为了大家的利益在发声。

> 我做了过激的行为（指在道路上泼黄泥），但我不是为了自己，（这条路）又不是就我们一家，有十几、二十户人家，我也是为了大家（的利益）。后来卢健来找我后我就自己去打扫干净了。（2019年8月23日，荷村高红阳家，高红阳）

对于卢健，高红阳十分认可他的工作能力和解决问题的方式。她认为卢健总是能把老百姓的诉求放在第一位，尽力满足他们的需求。她还提到卢健是一位"实干家"，能够起到很好的带头和示范作用。

> 卢健很好，我跟你说我们这里做柏油马路，他的这个积极性比我们自己家造房子还积极哩。我们一起床，六点钟不到，（他）已经到这个大路上（指高红阳家门前的路上），冷得哆哆嗦嗦，盯着工地，他是真的有这样的积极性。（2021年1月5日，荷村高红阳家，高红阳）

高红阳也肯定了卢健任梧村第一书记时扎根基层的做法，虽然高红阳与卢健发生过争执，但是高红阳还是对卢健的做法表示了认可，认为梧村的美丽乡村精品示范村的建设是因为有卢健这样一位优秀的引领者，才能取得现在的成绩。

> 他（指卢健）这个人很聪明的，辛苦也是真的辛苦，当时他下来（指担任梧村第一书记一职）时这里（指荷村）柏油路还没建好，自来水管都是他亲自去买的，他这个人是有功劳的。（2021年1月5日，荷村高红阳家，高红阳）

高红阳虽然会与村干部发生口角争执，但她也是在给村里的"美丽家庭"建设工作提出建设性的意见，并且全力配合村里的工作，偶有意见不统一的时候她会坚持自己的观点。她在描述做业主管理委员会成员时的工作时，提到最多的词就是"公平"，尤其是2016年荷村与临风家园在进行"美丽家庭"长效管理评比时，她作为业主管理委员会成员与村内的生产队长、妇女队长、党员志愿者一同到临风家园挨家挨户进行评比，高红阳对此有不少感慨：

> 业主委员会就是要公平公正，是多少分就是多少分，

（评比）主要看庭院是不是整洁。其实大家在乎排名也不是看重金钱奖励，而是大家都要面子哩。当然也有一些人刚开始不在意搞卫生，但是评选出来发现自己排名靠后脸面挂不住，所以也会好好搞卫生了。（2019年8月23日，荷村高红阳家，高红阳）

"美丽家庭"评比的规则是获得一等奖的农户发200元以作奖励，二等奖160元，三等奖120元。高红阳提到，现在梧村的村民经济条件都不错，都不太在意奖励的金额，但是排名靠后会被村干部和业主管理委员会上门约谈、提出整改意见，村"两委"设立这种奖惩制度正是依托于村庄内部这个熟人社会的舆论压力，以此促进农户的卫生意识以及庭院美化意识的形成。高红阳自己也非常支持村"两委"设立的"美丽家庭"评比制度，认为这种评比制度约束了农户的行为，从"要我做"转化为"我要做"。她个人也身体力行参与其中。她向笔者介绍了她家庭院的情况：

> 当时村里就每家发了两个木箱子，还有一个铁艺的架子，规定必须要放在院子里，还发了不少花草种子让我们种上。后来村里还发了红叶石楠，就那种小的灌木，不过那种是自愿领取的，谁家愿意要就拿走。我就拿了很多种在院子里了。（2021年1月5日，荷村高红阳家，高红阳）

村里免费给农户发放了花草种子之后，高红阳自己也开始慢慢学着打理庭院，她告诉笔者，她现在大概每周要去一次花木市场，买一些花花草草种在庭院里，就是为了点缀庭院，让自家庭院更美观。高红阳在庭院内种了红枫，她认为红色可以为她家带来好运。平时闲来无事，她也会与老公一同商量如何修剪树木，做出好看的造型，因此家庭关系也和睦了许多。高红阳会在周末与儿媳妇一同去花木市场购买一些花花草草，高红阳喜爱绿萝，她儿媳妇则偏爱蔷薇，她们每次都会从市场带回来不少花草，家里的庭院也因此增添了许多生机。

图 6-1　高红阳家村里统一发的木箱（摄于 2021 年 1 月）

图 6-2　高红阳家村里发的铁艺架子与红叶石楠（摄于 2021 年 1 月）

图 6-3　高红阳与丈夫一起修剪的树木（摄于 2021 年 1 月）

现在高红阳已经不再赌博了，她每天接送孙子上下幼儿园，没事的时候就侍弄花草，和邻居聊聊天，并且由于每月有失地保险金可以领取，日子过得也还算富足。

> 我老公在"熊出没"（梧村的一个生态乐园）旁边的沙发厂上班，每个月有5000块，我们两人还每个月有差不多2000块的保险金拿，每年都在涨的。我儿子（儿）媳妇都在云塘那边上班，也不用我们管的，我和我老公大概一年有10万块可以拿吧。（2021年1月5日，荷村高红阳家，高红阳）

可以看出，高红阳一家的生活水平还是不错的，有时间打理庭院且有一定的闲钱用在购买花草上，慢慢地养成了庭院美化的意识。其实高红阳的性格还是老样子，说话直接，容易得罪人，有一点不满意的地方就会去村里闹一闹，发发牢骚。

> 现在没有评比了，也不发钱了，但我觉得就应该给每户发两个扫把，这样也能提高大家的积极性，不发钱了发个扫把还是可以的吧！但是我去和他们说了，我的想法也没人听，就说村里经济压力大。（2021年1月5日，荷村高红阳家，高红阳）

村里似乎也习惯了高红阳直来直去的性格，虽然她偶尔会到村"两委"大楼里发几句牢骚，但是村干部也都了解高红阳的性格，其实她也都是为了村里的发展和村民的利益着想，并没有什么私心。村干部们与"直肠子"的高红阳似乎也在偶尔的吵嚷中达成了和解。

## 三 "爱面子"："对评比结果不服"的蔡淑芬

我们曾在第五章讲述过在"美丽家庭"长效管理评比的过程中，临风家园住户蔡淑芬不满评比结果的故事。笔者对当事人进行了深入访谈，详细了解了事情的来龙去脉。蔡淑芬在一次"美丽家庭"评比中得了二等奖，但是她认为自家的地扫得很干净，自认为应该得一等奖，于是她给王美兰打电话询问原因。王美兰首先肯定了蔡淑芬的勤劳，同时向她解释了评比表的规定：

> 我说（我）以前经常去临风家园的了，我说我每次去的时候你（指蔡淑芬）是蛮勤劳的，我说我经常看见你在扫地，我说我去看看到底是怎么回事，对吧？那我就把评比表拿出来，评比表不是有扣分项么，我们是基本分100分，加分项是10分……加分项是庭院美化和绿化，比如说你家种了一些新品种，特别赏心悦目的，加分项是10分。（2019年8月16日，梧村"两委"办公楼，王美兰）

接到蔡淑芬的电话后，王美兰当即拿出了她家的评比表一一对照，查看扣分的原因，并给当时参与打分的荷村业主管理委员会主任张东明打电话询问原因，最终总结了三点：一是因为蔡淑芬家有生锈的铁衣架，影响美观；二是因为她菜地里的塑料薄膜被风吹得很响，同样影响美观；三是因为她在公共区域种南瓜，属于破坏绿地。但是，蔡淑芬家的庭院地面打扫得确实非常干净，所以她也没有因为上述扣分原因而只能得三等奖。王美兰还提到了她不能获得高分的原因是她没有加分项，也就是除了村委集体给每家每户做的庭院美化项目，她自己没有额外对庭院再做绿化与美化，所以附加分她是没有拿到的。

荷村业主管理委员会主任张东明告诉笔者，他去检查的时候，大部分农户都能够做到包干的公共区域和自家庭院干净整洁，这并不是难事。基本分大部分农户都不会扣很多，但是附加分的分数就很难得到了。

为了更加清晰地了解梧村"美丽家庭"评比的各项标准与分值，笔者借阅了《梧村"美丽家庭"长效管理评比表》。在表中可以发现，庭院绿化的分值（55分）是略高于庭院卫生的分值（45分）的。换言之，在梧村的"美丽家庭"评比中，只有干净整洁是不够的，梧村"两委"更认可的是庭院的绿化与美化。庭院的绿化与美化是比庭院干净整洁更高层级的追求，梧村"两委"在前期已经为农户提供了大量的资金支持与教育培训，在此基础上，梧村"两委"更深层的考核目标是考察梧村农户是否已经具备了庭院审美意识，是否能够主动地去美化庭院，这一点比考核庭院的基本卫生情况更加重要，也是庭院绿化分值大于庭院卫生分值的深层原因。蔡淑芬家被扣分的根本原因还是在于绿化方面，例如"损害公共绿地""庭院绿化整体美观"等评分项都是她家的扣分项，另外附加分中的"庭院绿化采用新品种且整体效果好"这项也没有得到加分，因此总分并不高。这说明农户只注重庭院卫生而不在意庭院内部的绿化和美化是无法获得一等奖的，这是业主管理委员会在评比时的一项默认的标准。在王美兰找出蔡淑芬没有获得一等奖的原因后，王美兰是这样解决争议的：

> 那么后来我就打电话，我说了这三点，她说是这样的是吧……后来她也没说什么，因为这是事实。那么我后来也跟那个阿姨（指蔡淑芬）说，我说这个菜你就这次给它收掉，下一次你不要做了，对吧？
>
> 我们村里这个是公共绿地，下一次（还这样）分数又要扣掉了对吧？那么我说反正这种还是蛮简单的整治，老百姓很重视的……面子很重要的，我们现在小区里的（住户）都是很有钱的，我们村里的人其实都很有钱，我估计还是面子的（原因）比较多。（2019年8月16日，梧村"两委"办公楼，王美兰）

王美兰向蔡淑芬说明了扣分的三个原因，并且让她不要再在公共区域种菜，蔡淑芬接受了王美兰的说法。王美兰认为解决这类问题比较顺利的原因是，农户并不是真的对村里有意见，而是想知道自己的问题究竟出在什么地方，这更加体现了农户对"美丽家庭"评比的重视。其实王美兰认为参加"美丽家庭"评比的荷村和临风家园的农户家里卫生都打扫得比较干净，只能从一些小细节入手拉开各农户的分数，各农户家之间的分差也十分接近，说明农户对于该项评比的积极性还是很高的。

> 他们每天都扫得很干净的，蔡淑芬家评比的时候菜地里有一张尼龙膜用来盖菜，被风吹得呼呼直响，因为影响了美观就扣了一些分，还有生锈的晾衣杆也是扣分的一个点。因为他们每家每户都太好了，找不着毛病了，就找了一些小毛病。（2021年1月8日，王美兰家，王美兰）

王美兰也告诉笔者，梧村整体经济条件较好，每家每户的生活条件都在小康水平及以上，因此"美丽家庭"评比的奖金他们并不是很在乎，更重要的是熟人社会中不可忽视的"面子"问题。大部分农户都很看重"面子"，觉得得了三等奖很丢人，但是村里同样也有不在乎"面子"的农户。

> 但是也有几个不要面子的，（想着）我反正是第三名（指只获得三等奖），有这样的人家，有连续的4户人家，就是弄不干净，就住在临风家园靠西边上面的4户人家，他们确实是最不整洁的。然后我们的业主委员、妇联组委员经常去说，那么我们业主（管理）委员会是包干的，那一个人负责一个片区，片区业主委员经常去说，然后说不动的，去说一次，稍微整改一点……
> 他们一开始经济条件相对来说还比一些人稍微要差一点，其实是这样的，我觉得经济条件越好，其实越重视精神的层面的意思，就美化的那种意识更高一点。（2019年8月

15 日,梧村"两委"办公楼,王美兰)

王美兰认为不重视"美丽家庭"评比的农户也有,他们连基本的庭院整洁都不能保证,何谈庭院美化,而且大部分都扎堆,基本都是邻居,农户之间的互动会影响他们的想法与意识。村干部去劝说的情况下也只是说一次整改一次,并没有真正将"要我做"内化成"我要做"的意识。究其原因,王美兰认为与经济条件有很大关系,很难养成环境保护和庭院美化意识的农户大部分都是经济条件较差的农户,随着经济条件的提升,庭院审美意识更易形成。

如此看来,"面子"机制的作用也是有限的。一是只有在熟人社会中,"面子"机制才能发挥更好的效用,二是经济条件是"面子"机制对人们的社会行为产生约束作用的基础。经济条件越好,"面子"机制的约束作用越强,反之越弱。

## 四 "一定要有水":陈静家的"美丽庭院"

走进一家农户的庭院,像是来到了一个小型公园,修剪整齐的树木、万紫千红的鲜花、清澈见底的池塘以及颇为雅致的小桥流水,这些景观令人眼前一亮。庭院门口挂着一块小牌子,上面写着"省级美丽庭院"(参见图 6-4、图 6-5)。

这家庭院的女主人名叫陈静。她大约 40 岁,留着一头短发,显得利索、干练,面容姣好,谈话间语速较快,性格爽快。陈静与丈夫苏杰有两个女儿,大女儿已经上高中,小女儿刚刚上小学一年级,都在县城上学。陈静娘家是邻村的,婚后她与丈夫、女儿们还有公公婆婆一家六口共同住在荷村。陈静平时不上班,家里的收入主要来源于陈静丈夫开的工厂,工厂主要是做缝纫线的相关生意,陈静偶尔会去厂里帮帮忙,多数时候她只需要负责接送孩子上下学。不论从庭院的建设还是从房子内部的装修,都可以看出来陈静一家的生活是十分富裕的。

图 6-4　梧村农居外景（摄于 2017 年 8 月）

图 6-5　梧村农居庭院（摄于 2019 年 8 月）

　　笔者在荷村和临风家园所做的调查问卷共回收了 31 份有效问卷，其中第 5 个问题问到了被访者的家庭年收入。统计后发现，被访者家庭年收入在 10 万元以下的共有 10 人，占比 32.2%；

在 10 万~20 万元之间的共有 19 人，占比 61.3%；在 20 万元以上的共有 2 人，占比 6.5%。这 31 位被访者的平均家庭年收入为 17.6 万元。由此可以看出，梧村家庭经济水平平均较高（参见表 6-1）。

表 6-1　开展了"庭院美化"项目的梧村农户家庭年收入问卷调查结果

|  | 10 万元以下 | 10 万~20 万元 | 20 万元以上 |
|---|---|---|---|
| 人数（人） | 10 | 19 | 2 |
| 占比（%） | 32.2 | 61.3 | 6.5 |

值得注意的是，陈静所填写的家庭年收入为 60 万元，是所有被访者中家庭年收入最高的一位。陈静告诉笔者，她丈夫的工厂生意不错，现在已经开到县城里去了。谈到为什么要做这样一个漂亮的庭院，陈静告诉笔者，这个庭院与 2015 年荷村创建美丽乡村精品示范村渊源很深。

> 之前一开始我家前面这个就是地方很小的，就是那条路这（么）点宽，因为之前我们有仓库，自己家开厂子嘛，窗户照着的房子不怎么看得出，其实都没有这块院子的……后来因为美丽乡村建设，要修路，拆掉我们的仓库……后来就考虑做个庭院，为了美观嘛。（2019 年 8 月 14 日，荷村陈静家，陈静）

陈静告诉笔者，2015 年以前荷村的路还没有现在这么宽，也不是现在的柏油马路，小汽车基本是开不进来的。陈静也向笔者描述了她家之前老房子及庭院的样貌。

> 以前都是种稻子的嘛，所以就都是水泥地。以前庭院很小的，因为有个厂房在这里嘛，院子里就摆放一些杂物。院子里有个小小的花坛，种了几棵八角刺。门前的路也很窄，

而且坡度很陡，摩托车和电动车可以开，汽车是开不进来的。（2021年1月5日，荷村陈静家，陈静）

2015年，由于美丽乡村精品示范村的创建需要重新规划荷村的整体建设，修路就意味着陈静家房前的厂房需要拆掉，拆掉之后房前空出了一大片空地。陈静与丈夫商量后，做了一个决定：

> 厂房拆掉后房子前面就空了一块地出来嘛，我就和老公商量，决定建个庭院吧，当时想的就是做得好一点，一定要有水，夏天可以坐在水边，也蛮舒服的嘛。（2021年1月5日，荷村陈静家，陈静）

陈静与丈夫设想了一番，庭院中要种几棵香榧树，要种一片郁郁葱葱的竹林，院子中间还要造一个有设计感的池塘。总之，他们想建造一个特别美的庭院，因此还花钱特意请了设计师进行设计。

笔者发放的调查问卷中的第4个问题是"您家的庭院设计是否花钱？"，在回收的31份问卷中，只有3人选择了"花钱"，28人选择了"没花钱"。由此可以看出，大部分农户还是会选择自主改造庭院，进行庭院美化，或者找关系亲密的亲戚、朋友帮忙免费设计。陈静就属于花钱找设计师设计庭院的3户人家中的一家。

> 当时我们找设计师来的，设计费大概三四千吧。当时他（指设计师）过来后我就和他说了一下我们大体想要什么样子的庭院，比如有小桥啊什么的，然后他就给了我图纸……图纸我基本没有修改，主要是有水还有小桥，有花有草有水，最重要的是有个花园，这样就好看了。（2021年1月5日，荷村陈静家，陈静）

陈静一家与设计师的沟通还是很顺畅的，她大概和设计师沟通了一下，主要诉求就是有"花""草""水""桥"四种元素，看过设计师的图纸之后她还是十分满意的，很快就开始动工。陈静告诉笔者，像在庭院中铺鹅卵石的路以及造一个池塘都要花费不少钱，建设庭院的整体费用在 20 万元左右，这还只是庭院主体的建设费用，不包括庭院内部种植花草树木的开销。提到花草树木的种植，陈静也十分有心得，她向笔者介绍了她家的花草种类，有红枫、香榧树、红花檵木、茶花、蔷薇等。陈静特别提到了她最喜爱的红花檵木，她认为这种花木开花时的颜色特别漂亮，所以买了好几株种在庭院中。红枫、香榧树都是很名贵的树种，陈静买来大一点的树苗都要几千元一棵，香榧树结的果——香榧子是一种对人身体很有益的坚果，有的人甚至会用它来入药，因此香榧树苗的价格也异常昂贵。根据笔者的观察，荷村与临风家园有不少农户的庭院中都种植了香榧树，一棵有 3~5 年树龄的香榧树价格在 8 万元左右，在庭院内种植香榧树被当地人当作"有钱人"的象征，因此庭院内种了两棵香榧树的陈静家成了当地农户的羡慕对象。

建成一个如此优美的庭院后，陈静还需要一笔支出来维持庭院的美观以及日常使用，她时不时地要去花木市场购买不同的花草树木。陈静告诉笔者，她家花费在庭院上的支出一年是 1 万元左右。

> 我一般每个月都会到省城那边的花木市场去购买一些花花草草，因为那边种类比较多嘛。像我家的水（池塘）做了排水系统嘛，现在每年买过滤棉、净化器这些杂七杂八的也要两三千块钱，加起来零零总总一万块钱是要的咯。（2019年 8 月 14 日，荷村陈静家，陈静）

陈静也提到了她对村"两委"在 2016 年开始进行的"美丽家庭"长效管理评比的看法，整体上她还是比较满意的，在这个过程中，农户亲身参与了村"两委"的每一项改革和规划，由此他们的环境意识也发生了潜移默化的变化，他们的村庄发展理念也逐步与村"两委"趋同。

> 大家的卫生意识也加强了……改变挺大的，起码看上去都干干净净了，以前的话每家每户旁边肯定有卫生死角什么的，农村里嘛，旁边有菜地什么的，肯定有什么乱七八糟的堆在那里，什么都有的……改变原因嘛，有可能大家素质提高了，参观的人也多了，前几年真的是很忙很忙，每天来（参观）的人有时候真是有100多人。（2019年8月14日，荷村陈静家，陈静）

陈静认为，在梧村"两委"建设美丽乡村的过程中，农户的卫生意识也随之加强了，最直观的感受就是以前乱堆杂物的现象没有了，由于部分公共环境由各农户包干负责，因此每家每户周边的公共环境也打扫得很干净，荷村整体的环境卫生情况有了大幅改变，这背后意味着农户的环境意识发生了转变。洪大用曾分析中国环境问题的几点新趋向，其中提到了公共环境意识的进一步觉醒，在环境信息日益公开并且传播更加便捷的条件下，在日益严峻的环境形势的激发下，随着生活水平的日益提升，公众越来越关注生活质量，原来迫于生计被忽视的或者勉强承受的一些环境问题，现在已经不能容忍；原来没有关心的环境问题，现在也越来越关心。①

陈静对梧村"两委"设立的卫生包干制也十分满意，她认为这样更能激发农户打扫卫生的积极性，同时农户在每天打扫卫生的过程中会养成保护环境的行为习惯，有助于环境意识的提升。

---

① 参见洪大用《关于中国环境问题和生态文明建设的新思考》，《探索与争鸣》2013年第10期。

我们这条路不是都有责任制的嘛，这一段是谁家门口（就归谁管），我们家是（负责）这个门口这边下去到那边上头，都是我公公在扫的，有脏的就扫……像我们看见路边有垃圾什么的，都会随手捡一下这样子。（2019年8月14日，荷村陈静家，陈静）

说起"美丽家庭"评比制度，陈静也感叹梧村的村干部们是真的在做实事。

他们不是走形式哩，真的拿着表格在一家一户打分的，是真的在评比。评出来几等奖也都会贴出来让大家看的。（2021年1月5日，荷村陈静家，陈静）

对于"美丽家庭"评比的结果，陈静坦言一点都不担心，因为不论是否有村"两委"的评比和监督机制，陈静家自身已经做到了庭院美化意识与行为的内化。

其实我觉得还好，反正自己搞干净，他们来评呗……但是排到后面几个（名次），"为什么给我三等奖？"有这种心理（的话），心里就会感觉有点对比了。"这个事情他家不太搞的，为什么给他评二等奖？我家经常搞，为什么评成三等奖？"大家还是挺在意排名的……他们每次什么时候来也不知道的。各个队的队长或者是妇女队什么的，一大半都来的，随机抽查。（2019年8月14日，荷村陈静家，陈静）

经了解，由于陈静家是"省级美丽庭院"，平时在庭院卫生的整治与庭院绿化美化方面都已经处于梧村的"排头兵"位置，因此在和她的交谈中笔者明显感受到了她对"美丽家庭"评比的不在意。这是因为陈静一家的行为习惯与审美意识不再需要制度

189

化措施介入并受之约束之后再进行提升，所以她对何时何人来评比并不上心。但是她通过与其他农户的交谈，也深知其他农户对于"美丽家庭"评比的重视，尤其是在评比中排名靠后的农户会更加在意排名，他们会因为自己的付出没有得到肯定而产生不满。

弗洛伊德在分析认同时，把认同"看作一个心理过程，是个人向另一个人或团体的机制、规范与面貌去模仿、内化并形成自己的行为模式的过程，认同是个体与他人有情感联系的原初形式"，他认为个体的认同常常与强大权力或权威的依恋和维护分不开。① 庭院美化是梧村倡导并推行的一种审美观，而村民在项目实施过程中也逐渐认同了这种审美观。这是一种认同过程，也是一种价值观的内化过程。

从与陈静的交谈中可以感受到，她对于村里开展的庭院美化项目是高度认同的，而且她把这种认同内化了，形成了自己的行为模式。她为此不惜花费大笔的资金来设计、营造和维护自家庭院。在访谈过程中，我们可以看出陈静一家始终以"美观"作为庭院最主要的功能。不论是她支出的庭院建设费用还是设计费用，一切的出发点都是为了"美"，为了让家人获得一种看到美景后愉悦和享受的感觉，这种高额支出与"实用"的目的无关。由此可见，陈静家的庭院从以前的"晒稻谷""水泥地""厂房"等实用性用途，转变为现在的"鲜艳的花草""池塘""小桥流水"等审美性用途。外在的审美意识转化成了自己内在的意识。换言之，她家的庭院空间已经完成了从工具性空间到价值性空间的嬗递。当然，在梧村，像陈静家这样的情形还不普遍，属于个别现象。

提到"美丽家庭"评比活动对自家庭院美化的促进作用，陈静坦言，梧村"两委"赠送的花草、木箱、铁艺架子等她一直在用，并且村里组织的各种"庭院美化"的培训也让陈静多接触了

---

① 参见李素华《对认同概念的理论评述》，《兰州学刊》2005 年第 4 期。

不少花木品种，获得了很多养护花木的知识。

> 村里送的木箱和花篮我们也一直在用，之前每家发了两个木箱嘛，里面种满了鲜花，蛮好看的。但是木箱不禁用啊，后来就烂掉了，塑料的那种还蛮好用，现在还在用。一到节假日呢，比如国庆、五一的时候，村里有时候还会送一些花篮过来，挂在院子里，都是蛮好的……村里还会组织我们上上课，告诉我们怎么种花种树。（2021 年 1 月 5 日，荷村陈静家，陈静）

**图 6-6　梧村"两委"发给陈静家的塑料花坛和铁艺架子**
**（摄于 2019 年 8 月）**

虽然陈静家在梧村"两委"正式设立"美丽家庭"评比制度和开展"庭院美化"教育培训之前就已经有了庭院美化的意识，但是梧村"两委"的行为进一步强化了她的意识和审美。打理庭院和养护花木成了陈静一家日常生活的一部分。陈静坦言自己并不爱去打理这些花花草草，但是她会经常去省城的花木市场购买一些鲜艳的花草来点缀庭院，至于庭院的打理与花草的养护一般就交给她的丈夫和公公完成。

> 我是不爱做这些的，我老公最喜欢修剪这些树木，没事在家就会修个造型出来。我公公每天就负责打扫院子里和外面（指她家须负责的公共区域）的马路，早晨和傍晚各扫一次，特别勤快。（2021年1月5日，荷村陈静家，陈静）

陈静还向笔者抱怨起2021年的寒冬，因为2021年南方的冬天气温非常低，所以往年到冬天都依然盛开的花草都凋谢了，甚至有些盆栽放到室内也依然活不成，陈静言语中透露出一丝惋惜：

> 今年太冷了，好多花都冻死了，像往年这些鸡冠花、映山红都开着的，还有红花檵木都会开着花的，现在全都死了。明年暖和了我还要再去买一些种上。（2021年1月5日，荷村陈静家，陈静）

对于一些比较难种的花木品种陈静也非常头疼，不知道到底如何才能打理好。陈静提到了她家一棵刚死的香榧树，她说香榧树本身就是一个比较娇气的品种，非常难养，不像那些石榴树和茶花一样非常好养。最令陈静头疼的当数一种叫小麦冬的灌木类植物：

> 去年的小麦冬长得挺好的，我们是自己去买的苗，今年就很不好，都死掉了。你看这都不长，很秃的。所以我和我老公就商量，今年把这些（指小麦冬）都搞掉，种草皮算了。我去问别人家，他们的小麦冬今年也都死掉了，不知道怎么回事。（2021年1月5日，荷村陈静家，陈静）

小麦冬是一种草本植物，陈静去花木市场买来小麦冬的草籽种在地里，想营造出一种草坪的效果。但是今年的小麦冬特别难种，地里就显得很空，陈静认为实在是不美观，打算年后将这些小麦冬全部拔掉，改种成草皮。美观、漂亮是陈静家布置、规划自家庭院的出发点。

## 五 "现在值多少钱真的不好说"：没有围墙的乔祖辉家庭院

走在荷村的主干道上，白墙灰瓦的徽派围墙以及围墙上别致的窗户造型让整个村庄都显得既古雅又静谧。然而，乔祖辉的家却显得有些特殊，他家没有村里统一修建的白墙灰瓦的徽派围墙，庭院呈半开放状态，来往的邻居与游客一眼就能望到他家的庭院，无遮无拦。别的农户家都是整齐的徽派围墙，为何唯独乔祖辉家的庭院没有围墙呢？

走进乔祖辉家，他家的庭院面积比较小，只有五十平方米左右，与别的农户家相比，多少显得有些逼仄。干净的水泥地是乔祖辉一家平时户外活动的地方，周围种了一些花花草草，这些并不足为奇，惹人注目的是庭院内有一处非常亮眼的景观，是一棵修剪得十分别致的枸骨树和一棵水蜡树，造型奇特，来来往往的人路过他家往里一瞧就会被这两棵树吸引，驻足观赏（参见图6-7）。初见乔祖辉，他大约40岁的样子，皮肤黝黑，脸上挂着和蔼的笑容。他与妻子、女儿一起住在荷村，组成三口之家。乔祖辉的女儿在北京上大学，平时只有乔祖辉和妻子两人在家。乔祖辉告诉笔者，这两棵树他已经种了十四五年了，花费在这两棵树上的心血非常多。说起这两棵树，乔祖辉脸上满是骄傲的神色：

这两棵树年头长哩，少说已经有十四五年了。当年买来的时候就是小树苗，一棵也就一二百块钱吧。但现在这价值就不好估算了，我花在这上面的时间多啊！每棵树我一年至少要修剪 15~20 次，一次要两个小时以上，所以这两棵树现在值多少钱真的不好说。（2021 年 1 月 7 日，荷村乔祖辉家，乔祖辉）

**图 6-7　乔祖辉家造型别致的水蜡树（摄于 2021 年 1 月）**

因为这两棵树的造型实在过于别致，所以乔祖辉每次修剪起来都需要很长的时间，而且只要过段时间不修剪，原有的造型就不复存在，会走形变样，因此乔祖辉修剪的频率也十分高。但是为何乔祖辉会有这种修剪树木的爱好呢？这就与他的职业有关了。

乔祖辉自己是种茶叶的，1996 年就开始承包茶山，目前他的茶山面积在 100 亩左右，一年的收入约 30 万元，在当地还算是比较富裕的家庭。走进他家的庭院也能看到门口立了一块牌子，上面写着各种茶叶的价格。当地种植白茶，也有季节之分，不种茶叶的时候乔祖辉就赋闲在家，并没有什么其他的事情可忙。于是他就开始修剪树木，初时只是为了消磨时光，渐渐就养成了这个爱好。乔祖辉自己也没有料到，就因为这个爱好，有了这么两棵造型漂亮的树，导致他家的庭院竟然没有了围墙。

2015年下半年，荷村正如火如荼地建设美丽乡村精品示范村，此时荷村各农户家的庭院还是比较老旧的样子，大部分人家的围墙也只是简单地用黄泥巴糊一下。于是村"两委"出台政策，要把每一户的围墙推倒重建或加盖，建成统一的徽派风格。村民的反响也十分积极，十分赞成徽派围墙的修建，毕竟是村集体出钱给村民修围墙，村民一分钱不用花就可以拥有崭新又别致的围墙，何乐而不为呢？此时，梧村的后备干部李志强（现任梧村党支部委员）找到了乔祖辉。

> 他（指乔祖辉）家本身是有围墙的，但是我们都知道他家有两棵特别好看的树，所以我们就想着能不能跟他说说他家不建围墙了，这样半开放的样子来往的人都能看到，也算是一种景观。（2021年1月4日，荷村李志强家，李志强）。

乔祖辉一听，村里给别人家都修建崭新的围墙，就不给他家修，他心里是一万个不愿意，当即拒绝了李志强的提议。李志强家也住荷村，与乔祖辉家算是邻居，走路几分钟的工夫就到了，平时关系也比较好。因此，李志强又来找过几次乔祖辉，想劝说他答应村里的提议，但是乔祖辉态度强硬，始终秉持别人家有围墙我家也要有围墙的态度。此时，梧村"美丽乡村"项目的建设正在最后冲刺期，修建围墙已经是迫在眉睫的事情了，实在是耽搁不得，但是乔祖辉又不肯松口，万般无奈之下，李志强向当时的第一书记卢健汇报了这个情况。后来卢健亲自找到了乔祖辉，答应他给他家修建围墙的成本费用归他所有，并且告诉他："以后来往的游客多，别人一眼就能看到你家这两棵树，不光有面子，你不搞围墙对你做茶叶生意也有好处啊！"一听这话在理，最终，乔祖辉还是想通了，同意了村里不给他家修建围墙的提议。于是，放眼整个梧村，便只有他家没有围墙了。

> 后来我也想通了，我们院子本来就小，修起来围墙呢也感觉封闭。像现在这样，到六月了大家会到我家门前坐一排，一起乘乘凉、聊聊天也蛮好。（2021 年 1 月 7 日，荷村乔祖辉家，乔祖辉）

农居庭院自古以来就是私人空间，但是乔祖辉家半开放的庭院，包括供往来邻居和游客欣赏的树木景观似乎又属于公共空间的范畴。周安平曾经探讨过公共空间与私人空间之间的联系与差别，他认为人类对私人空间和公共空间的区分经历了从物理区分到性质区分的过程。最初人类以房屋、篱笆、围墙等物理标志区分私人空间与公共空间，后来逐渐发展到根据事物的性质来作区分，与个人有关的事务空间为私人空间，与他人有关的事务空间则为公共空间。[1] 林辉煌从围墙功能变迁的角度详述了私人空间和公共空间的变迁，他认为 20 世纪 90 年代围墙的隐性功能逐渐凸显，"围墙不仅是私人财产的界线，而且是公共空间的尽头"，围墙重塑了村民的心理结构和行为规则，私人空间与公共空间的变迁也反映了村庄社会的性质与生态。[2]

一般来说，在乡村，私人空间是指围墙（包括篱笆、栅栏）以内农户的住宅和自留地，其中住宅包括房屋、庭院。从理论上来说，农户对属于自家的私人空间拥有自由处置权。但是乔祖辉家的庭院就有些特殊了，庭院的私人属性和公共属性并不能被清晰地区分开了。

在提到 2016 年初梧村"两委"进行的与庭院美化相关的资

---

[1] 参见周安平《私人空间与公共空间漫谈》，《浙江社会科学》2017 年第 5 期。
[2] 参见林辉煌《变迁社会中的公共空间与私人空间——基于浙江 J 村的调查》，《长春市委党校学报》2010 年第 6 期。

金支持活动以及"美丽家庭"长效管理评比时，乔祖辉表达了肯定的态度。他认为老百姓意识的转变确实需要村集体的引领，并且需要长期坚持下去。

> 其实所有的地方去做"美丽乡村"，它不是一次可以成形的，而是（要）无限制地（做）下去，（是）需要老百姓自己去维护的，国家投一次可以保持（到）永远吗？不可能的。就是靠老百姓自觉地去维护这个东西的。老百姓必须要把自己的意识提高一点，老百姓的意识没有（培养起来的话），比如说今天你（检查的）人走了，明天你这里还是状态差的，你怎么去搞？（2021年1月7日，荷村乔祖辉家，乔祖辉）

乔祖辉提到"老百姓的自觉"，事实上就是说需要村"两委"的长期引导，慢慢激发村民庭院美化观念的觉醒，并将其转化为行动。说到村"两委"在2015年给荷村的每一户人家都发放木箱和花籽的行为，乔祖辉认为这种引领是十分有必要的，只是木箱容易发霉，南方的梅雨季节又比较长，因此没过几年木箱就腐烂了，现在他家的木箱就已经没法再使用了，提到这点时乔祖辉显得比较遗憾。

关于2016年开展的"美丽家庭"长效管理评比活动，乔祖辉认为这是改变老百姓的意识的最关键一环，这种长期的制度化措施能够有效约束老百姓的行为，进而让老百姓养成自主美化庭院的意识。但是乔祖辉也提到，长期的评比活动带给村"两委"的压力也比较大。

> 村里负担也挺大的，虽说（每）一家（参与）评比只给几百块钱，但每个季度都评，我们这边是以自然村在评，老百姓就很有竞争意识的，（村"两委"）人力物力都吃不消的。（2021年1月7日，荷村乔祖辉家，乔祖辉）

然而，乔祖辉对于 2018 年村"两委"决定停止"美丽家庭"长效管理评比活动也是不满的，他认为村民最在乎的就是"实际利益"，现在不评比，也没有钱拿了，自然积极性就不高了。对此，乔祖辉还提到了 2015 年从街道下派来的梧村第一书记卢健，他十分认可卢健当年对梧村整体发展所做的规划。

> 卢健在的时候，一是干实事，二是真的有在帮村子里面发展，老百姓可能也能切身感受到的。他那时候在的时候有整洁美丽的环境，因为所有的东西，老百姓都看到这个东西都有变化的，他目光很长远。（2021 年 1 月 7 日，荷村乔祖辉家，乔祖辉）

对于卢健回到街道后梧村这几年的发展，乔祖辉显得有些失落。他认为梧村近年来远没有卢健任第一书记时发展得好，他对梧村未来的出路和前景显得有些担忧。

一般来说，农居私人空间包括住宅和庭院，与房屋建筑相比，庭院的私密性更强一些。因为房屋建筑的外形外貌，外人看一眼即可窥见全貌，而外人不进农居主人家的大门，则难以知晓庭院空间的布局与现状。乔祖辉家的住宅连同房屋外形与庭院布局一起，都让外人一览无余，成了游览一景，也成了公共空间的一部分。他家的情况虽然特殊，但从窥见到的部分，可以看出基层权力在具体运作时确实像福柯所说的那样，不是"利维坦"式的粗暴简单，而是和风细雨式的情理交互。中国农村地区基层组织运用权力时的具体做法确实很有特点，与西方社会有很大不同。"情理法"之间要平衡，推行政府决策时要讲究方式方法，严格执法的同时也要讲人性化执法，这是中国社会的特点，也是中国基层权力运作的特点。[①]

---

① 参见郭星华、隋嘉滨《徘徊在情理与法理之间——试论中国法律现代化所面临的困境》，《中南民族大学学报（人文社会科学版）》2010 年第 2 期。

在一项具体政策的实施过程中，难免会涉及当事人的一些利益。政策要认真执行，当事人的利益也要适当考虑。取得对方的理解合作，减少矛盾纠纷，这是至关重要的。梧村在推行庭院美化过程中的一些做法就很有借鉴意义，笔者认为概括起来主要有两点。

1. 做到让村民既有"面子"，又不伤"面子"。在第五章中，笔者曾介绍过的梧村制定的美丽庭院评比制度就是这样做的。定期检查、评比，分一、二、三等奖，这是激励村民搞好庭院美化。但是，奖金金额的级差不大，分别是 200 元、160 元、120 元，这是给村民"面子"。同时，公布得奖名单，这是给暂时得三等奖的农户施加压力，为了争"面子"，他们一定会按村里要求努力搞好自家庭院美化，下次争取更高奖励。这种做法很聪明。

2. 动之以情、晓之以理，做耐心细致的思想工作。例如说服乔祖辉开放自家庭院的故事，一方面向他陈述开放庭院对经营茶叶生意的好处，另一方面在经济上给予适当补偿，两全其美。这实际上就是建立一种合作机制，村委与村民之间需要合作，需要双方的谅解，有时候需要妥协、让步。当然，大多数时候是村民让步多一些。

权力的运作不能蛮干、粗暴、简单，要讲究双方合作，平衡双方的利益，注意方式方法，建立一种"合作机制"，以解决权力运作中产生的纠纷矛盾，减少工作阻力。[①] 这也是作者在梧村调查的过程中深刻领悟到的。

## 六 梧村的隐忧

### （一）梧村发展的困境

在梧村村民心中，目前村庄的发展出现了停滞，与几年前相

---

① 参见吴锦良《"枫桥经验"演进与基层治理创新》，《浙江社会科学》2010 年第 7 期。

比，梧村并没有进一步发展，还是维持在当年建设美丽乡村时的水平，但是其他乡村已经学习到了梧村环境建设的模式，它们的发展纷纷赶超梧村，梧村的发展模式不再具有独特性，农户对村庄发展的心理预期出现了落差，目前梧村发展正处在"瓶颈期"。发展乡村旅游事业需要从三方面加强建设：一是保存农村风貌和乡土风情，建设美丽的青山绿水是发展乡村旅游的基础条件；二是强化乡村的文化记忆和历史内涵，以文化创意和景观塑造的方式展现乡村旅游的震撼；三是突出乡村体验，根据游客需求建设多元的活动项目。①

就梧村的旅游事业来讲，第一、三方面发展优于且早于同类旅游乡村，但是梧村文化历史底蕴不足，造成了第二方面发展的欠缺，使梧村的乡村旅游发展陷入了"瓶颈期"。陈静不无忧虑地对笔者说：

> （荷村）前几年是比较红的，参观的人很多，但是后来也就没什么发展了，底下的3D画之前是很好看，看的人也很多，不管是外地的还是当地的，来得都挺多的，现在你看画的颜色都已经褪掉了，对吧？你看看那些草什么的，荒草也长满了，也没人管了，就是说后续的发展没跟上去，而且你要有新的东西出来，要吸引人家过来，那么才能带动（发展），因为你如果人来得多了，你就可以带动经济的，对吧？老百姓也可以搞点什么，你可以开农家乐，什么都可以的，现在暂时还没有。（2019年8月15日，梧村陈静家，陈静）

陈静认为梧村5年前的发展与其他村庄横向相比是走在前面的，但是近几年没有"新"发展，所以吸引力没有以前大，村庄

---

① 参见白如钰、黄江、杨育民《乡村振兴与新时代全面建成小康社会的战略选择》，《农业经济》2020年第3期。

发展也就陷入了停滞。村庄发展的缓慢影响了集体经济，进而减少了农户的创业机会。

> 其他地方也都在效仿（我们），赫鲁西（村）他们也在画（3D画），画得还比我们好看，还新，我们花好看，那他们下面花种得更多。因为之前一开始我们这边这个是特色，所以来参观的人很多，来我家里的人（多得）不得了，有些外地人一进来，家里就已经站满了（人）。当时美丽乡村刚搞起来，（还得了）省级精品村和国家级的美丽宜居示范村和中国休闲乡村，两个国家级的（称号）。一开始是搞得挺好的，后来就没新的东西了，一定要有新的项目发展起来……因为画什么的都褪色了，已经快四年了。（2019年8月15日，荷村陈静家，陈静）

梧村在获得两个国家级的称号（美丽宜居示范村和中国休闲乡村）之后发展就有些停滞不前，陈静回忆起梧村刚获得这两个国家级荣誉时，每天有络绎不绝的参观者到她家参观，那时她的脸上挂着自豪的微笑。但是梧村的发展模式被越来越多的村庄效仿之后，梧村的特殊性不再，陈静提到这些时显得有些沮丧，也为梧村的发展前景感到担忧。

> 他们（现任村干部）基本就维持在这一个层面上（指保持现状）还可以，至于这种长远的定位，比如说梧村在云塘街道的定位他们都没有想过。原来卢健过来的时候就说要把梧村做成一个环境标杆。（2021年1月7日，荷村乔祖辉家，乔祖辉）

家住荷村的乔祖辉也有同样的感受，他认为近年来梧村的发展有些停滞不前，他分析最重要的原因可能在于卢健。卢健回到街道任职后，现任的村书记并不像卢健一样有长远的发展战略，村干部们也不再像以前一样深入基层，聆听村民的想法，乔祖辉认为这可能是阻碍梧村进一步发展的最大原因。

高红阳也曾提到现任村干部的行事风格与卢健任第一书记时有差异，他认为卢健是做实事的人，并且深入村民群体，以前的村干部是不允许在办公室里坐着的。但是卢健回到街道后，高红阳再也没在家门口碰到过村干部来询问村民的意见。村干部李志强（现任梧村党支部委员）也肯定了卢健的实干精神以及他长远的发展眼光，他认为目前梧村的发展停滞不前的原因主要在于：

> 现在梧村就是生态如何转化（成）资源这一部分做得不好，2015 年荷村刚建好的时候真的非常火，很多游客来。但是后续的引进我们没有跟上，导致现在有些尴尬。我们现在环境是搞好了，但是没有给老百姓转化成实质性的东西。（2021 年 1 月 4 日，荷村李志强家，李志强）

李志强认为梧村发展最大的问题就是 2015 年底建设好美丽乡村后，没有将梧村的环境特色转化成收益，没有与市场充分地融合，导致现在梧村的发展总是不温不火。环境特色在现在看来也并不是什么独有的特点，梧村可以做，别的村庄同样可以做，但是其他村庄充分利用了这部分生态资源进行有效转化，因此梧村的发展势头就没有前些年那么迅猛了。

卢健自己也向笔者提起过为何在他离任后梧村"两委"没有将这些行事风格延续下去。卢健认为并不是继任的村支书与村主任不想发展建设梧村，归根结底是因为意识上的差异，这是关键：

> 你可能也能感觉到赵书记（现任村书记）和张村长（现任村主任）他们的意识（观念）还是有点区别，他们的精细化管理是那种应激性的，就是出了问题我再去弄一下，他们

这种长效（长远规划的意识），怎么动脑筋把它（庭院美化）管好这种意识和能力是没有的。（2019 年 8 月 21 日，梧村"两委"办公楼，卢健）

在卢健看来，继任的赵书记的管理方式是应激性的、临时性的，是发现了问题再去解决，是一种"平时不烧香，临时抱佛脚"的做法，与卢健主动将乡村建设置于发现问题之前的管理方式是有差异的，他认为产生这种管理方式差异最本质的原因是个人经历的不同造成的思维与意识的差异。这里讲的个人经历不同所产生的意识差异，卢健明确指出了是受教育程度不同。

由于梧村所在的安吉县近年来第二、三产业发展迅猛，各种转椅厂和竹制品厂纷纷驻扎在安吉县，外地来安吉县打工的人也逐渐多了起来，梧村也有很多农户将自己的房屋改造成了出租屋，但是梧村本地人与外地打工者之间总会生出一些小摩擦，梧村本地农户对外地打工者也有一些看法。

> 荷村现在也有外地人了，现在也有好几家在出租给外地人，外地人多了，毕竟事情就多一点，然后以前这边种菜什么的都不要紧的，现在这边种的菜都被他们偷走了。之前隔壁有一家种南瓜，他还跟（他）隔壁的（外地人）说，他说你来吃，上次（他）隔壁的（外地人）买了一个，他说不要买的，下次我家有，我家送了有十多个，下次给你摘一个来，搞半年十多个被他们全都摘光了……玉米、蔬菜，连种菜的肥料他们都要，还有梨树……外地人的卫生状况也差一些，他们没有卫生意识的，反正住的地方，他们认为住的地方反正是租来的，又不是我自己的，对，没这个（卫生）意识，有可能他们平时在家里的生活习惯也是这样的。（2019年 8 月 14 日，荷村陈静家，陈静）

陈静告诉笔者，一些外地人有偷菜的行为，喜欢占小便宜，没有本地人那么淳朴。外地来安吉打工的人群生活水平普遍要低于本地人，因此就像陈静所说的，卫生意识也差一些，并且不像本地农户那样接受了美丽乡村建设的发展理念与环保理念。此外，外地人在梧村只是租房暂住，并不像本地人一样对梧村有"家"的归属感。因此，本地人对外地打工者有一定的排斥心理，认为外地人在一定程度上影响了他们的日常生活和村庄发展。

家住临风家园的卫秋英在提到为何临风家园和荷村的"美丽家庭"评比制度是一样的，但是临风家园的维持效果却不够好时，她给出了自己的原因。她认为荷村是一个自然村，村子内本地村民较多，便于管理；但是临风家园却属于安置区，小区内的流动人口非常多，因此不便于管理。

　　像我对面这一家，一家里面隔出了 18 个房间出租，里面住满了外地人。所以搞这些评比他们怎么做？不是自己的家谁会在意呢？所以他们对这些评比都不积极的，我们这边的环境怎么搞得起来？（2021 年 1 月 9 日，临风家园卫秋英家，卫秋英）

因为临风家园内的租户较多，所以"美丽家庭"评比开展的难度相比荷村也更大一些。卫秋英认为正是这些租户的存在，阻碍了临风家园开展"庭院美化"的脚步，而且这些租户平时也不与本地人来往，有一定的隔阂。

王春光曾提出，农村流动人口在外打工的生活状况可具体表现为非正常化、隔离化和村落化三个方面。① 虽然梧村只是城郊村，不属于城市，但是大量的外来打工者也呈现与当地村民的

_____

① 参见王春光《农村流动人口的"半城市化"问题研究》，《社会学研究》2006年第 5 期。

图 6-8 笔者与卫秋英在访谈中（摄于 2021 年 1 月）

"隔离化"，即流动人口只生活在他们自己的圈子和有限的空间中。与当地社会不同的生活方式、行为方式和文化氛围导致当地居民对他们有些排挤，他们在生活和社会交往上与本地居民和当地社会基本没有联系。

## （二）"美丽家庭"评比的暂停

在笔者发放的调查问卷中，提出了关于梧村 2016~2018 年开展的"美丽家庭"长效管理评比的问题，大部分农户都表达了对该评比活动的认可，但是也有不少农户向笔者抱怨该项评比的暂停。他们大多数都认为这是一项高效且有必要的事情，因此对 2018 年梧村决定暂停"美丽家庭"评比表达了不满。

> 我觉得这个活动（"美丽家庭"评比）不该停，本来就是把请人打扫卫生的钱省下来发给我们，包干给我们嘛，现在也不评比了，钱也没有了，但是卫生我们还是每天做的，其实钱应该发给我们的。（2021 年 1 月 6 日，荷村沈明芳家，沈明芳）

家住荷村的沈明芳认为评比活动暂停以后村民就没有钱拿了，但其实他们还是会去自觉地打扫卫生、布置庭院，和之前评比的时候一样，因为已经养成了习惯。沈明芳认为可以不排名，但是奖金应该照常发给他们，这是他们应得的。

王美兰也曾提到过停止"美丽家庭"评比后梧村的现状，最让她焦急的是，荷村农居庭院的状况保持得非常好，与评比时期的状态基本相同，而临风家园却又开始乱象丛生、故态萌发了。王美兰认为出现这种差异的原因主要有两个，其中之一是临风家园作为新小区，自2016年开始"美丽家庭"评比至今，不断有新的拆迁户搬进来，他们没有经历梧村"美丽家庭"建设从准备阶段到实施阶段的全过程，所以他们的环境保护意识与庭院美化意识还没有完全转变过来。"美丽家庭"评比时期因为有公权力的介入与制约，所以临风家园的住户才会跟随管理制度的要求做出相应行为，事实上，他们的行为与意识还没有达成完全一致，因此当制度化措施停止以后，他们又会跟着自身的潜意识行动，于是私搭乱建、乱堆垃圾的现象就又出现了。从另一方面说，荷村的农居庭院在"美丽家庭"评比停止后依然可以保持原样，说明荷村的农户基本达成了行为与意识的统一，他们的环境保护意识与庭院美化意识已经形成，即使没有公权力的约束也能自主做出与意识相统一的行为。

鉴于这种情况，梧村"两委"在村班子会上再次将临风家园的环境管理提上了日程，有两种备选方案，一是再次进行"美丽家庭"评比，二是将临风家园的公共环境卫生承包给物业公司。王美兰提到了荷村停止"美丽家庭"评比后能继续保持庭院美化的原因，她认为是由于荷村自然村的特殊性：荷村本身有3D画景点，又有几家民宿，因此往来的游客较多，村干部也会经常到荷村进行督查。虽然没有了考评机制和奖惩制度，但是参观的游客与督查的村干部给荷村的农户带来了无形的舆论压力，这也是促使他们的行为向意识靠拢的一个推力。

　　荷村现在不评比了，但是其实我们村干部经常在那边督查，你经常是要去（看看），看到不好的地方，肯定要（让）他们也知道，老百姓其实蛮反对（我们去）的，那么老百姓自觉，这根弦还是绷紧的对吧？如果真的没有那个（督查）的时候，那么我们估计他们也要有一种惰性的想法。（2019年8月16日，梧村"两委"办公楼，王美兰）

　　因为有监管压力，所以王美兰形容荷村农户的"弦还是绷紧的"。也就是说，正是因为有公权力的监管，所以农户的行为事实上依然处于被约束的状态。但是临风家园却不同，王美兰对临风家园的情况表达了自己的不满：

　　临风家园也不是一个参观点，我们也没人去督查……还有种菜是这样的，一开始本来划好了的就是（在）这一块（种），然后慢慢地没人来督查了，扣分也没人扣了，就把另一块（自行）给它用掉了，这种现象也是越来越多的。其实是这样，文明程度还没到，一些习惯还没有养成，全民的氛围还没养成，如果我们整个村、整个安吉都已经形成了这种氛围，我觉得若干年以后我们评比主要也是老百姓、村民自治的，那么我就觉得整个安吉县的氛围做出来了，我们以后肯定不用评比的……现在还没形成一个我们整个大区域的大氛围，应该这几年我估计这个评比一点点的奖励措施或者荣誉措施可能还是应该有，一下子还不能放掉。（2019年8月16日，梧村"两委"办公楼，王美兰）

　　王美兰在谈到临风家园的环境治理问题时，提到了农户占用公共空间种菜的问题，事实上梧村"两委"已经按照农户的意见将部分公共区域划分好并分配给各农户，以满足他们种菜的需求，但是以前因为没有"美丽家庭"评比制度的制约，所以农户开始私自将分配好的土地扩大使用，占用了公共区域。王美兰认为达到行为与意识的统一还需要长时间的习惯养成和意识培养，尤其要培养农户对于"公共区域"与"私人区域"的边界感，当梧村或者安吉县整体形成一种风气时，才是农户能真正转变意识的时候，在这之前，公权力的介入与约束是十分必要的，有利于规范农户的行为习惯以及培养他们的环保意识和庭院审美意识。

2019 年下半年正值梧村集全村之力为全国文明城市创建而努力的时候，王美兰认为现在为全国文明城市创建所做的环境整治工作只是应急需要，后期还是要继续推行"美丽家庭"评比考核。虽然推行"美丽家庭"评比考核比将环境治理交给物业公司要多做很多工作，但是农户的亲身参与对他们的意识培养更有帮助，所以在未来的村庄规划中（除荷村外），"美丽家庭"评比将会被继续纳入环境治理体系中。也就是说，现代权力通过知识、教育等各种形式消弭了个体被改造的痕迹，让"个体变成主体"这一过程转换成一种自愿的行为，但是村民在形成"庭院美化"意识的过程中却并没有感受到外部权力对其自身的干预与掌控。[①]

> 这些东西（评比）很累的，要花很多的工夫，但是就是为了村民的一个意识的培养。我们都是在摸索阶段，其实也是这样的，一边做一边也在摸索，怎么样做得更好。（2019年 8 月 16 日，梧村"两委"办公楼，王美兰）

虽然王美兰提到了进行评比的种种困难，需要耗费大量的人力、物力和财力，但是在 2018 年暂停"美丽家庭"评比后的乱象丛生，让王美兰心中惴惴不安，她并不想让两年的努力就此白费，也不想让村民好不容易形成的庭院美化意识就此弥散，因为这与梧村的未来发展也是息息相关的。因此，不论花费多少精

---

① 参见马密、师索《福柯的现代权力理论研究》，《前沿》2012 年第 21 期。

力，王美兰还是决定继续强化农户的"庭院美化"行为，只是也许不再仅仅是以评比的形式。总之，为了梧村的发展和村民"庭院美化"意识的维系，梧村"两委"正在前进的道路上一边摸索一边发展。

## 七 本章小结

1. 梧村的庭院美化项目有两个参与主体。梧村"两委"作为主体的一方，需要完成上级布置的建设美丽乡村的工作任务，将公共环境建设与农居庭院美化统一起来，为此向村民提供资金支持、开展审美教育，并制定了相关的奖惩制度；作为主体的另一方，梧村村民并不是简单地接受、照办的客体，而是有主观能动性的主体，他们在自家庭院的美化过程中，或敷衍了事，或更上层楼，或对评比奖惩制度提出质疑，是一个充满服从与抗争的复杂过程。

2. 庭院美化项目的顺利实施有两个重要的机制在起作用。一个是"面子"机制。梧村村民的经济收入水平比较高，奖金的额度又不大，级差也不大，因此最重要的是"面子"机制在起作用。"面子"机制起作用的社会基础是"熟人社会"，在陌生人社会里，人们彼此不熟悉，"面子"的约束作用不大。荷村的村民基本上都是老邻居，是典型的"熟人社会"，因此评比制度暂停以后，依靠项目推进时形成的行为惯性，荷村农户仍然能够自觉保持公共环境的整洁和自家庭院的美化。但临风家园的情况不一样，临风家园近年来出租率比较高，陌生的人住在一起，只是成为地理意义上的邻居，并没有形成稳定的社会关系，"面子"机制所起的作用不大。评比制度暂停实施后，临风家园就故态复萌，无论是公共环境还是农居庭院的整洁、美化情况，都远不及荷村。另一个就是"合作"机制。行使权力的时候，有时候取得对方的合作态度是很重要的，这就要动之以情、晓之以理，做耐心细致的思想工作。例如说服乔祖辉开放自家庭院的故事。一方面向他陈述开放庭院对经营茶叶生意的好处，另一方面在经济上给予适当补偿，两全其美。梧村的这些具体做法值得借鉴。

3. 在庭院美化项目的实施过程中，公权力深深地介入到了农居庭院这个私人空间的改造之中。这种介入不是生硬的强迫命令式的介入，而是以一种现代权力，即"弥散的权力"的方式介入，让人在不知不觉中接受了公权力的意志。这就是福柯所说的"规训"。当然，在规训过程中，也有不满、质疑，但都能得到妥善的解决，一般情况下是双方各让一步。当然，多数情况下，是村民一方让步较多。

4. 在梧村村民心中，目前村庄的发展出现了停滞，与几年前相比，梧村并没有进一步发展，还是维持在当年建设美丽乡村时的水平，但是其他乡村已经学习到了梧村环境建设的模式，它们的发展纷纷赶超梧村，梧村的发展模式不再具有独特性，当地农户对村庄发展的心理预期出现了落差。可以说，目前梧村的发展正处在"瓶颈期"。

# 第七章　考察"梧村现象"的
# 三个维度

　　空间里弥漫着社会关系；它不仅被社会关系支持，也生产社
会关系和被社会关系所生产。[①] ——列斐伏尔

　　"梧村现象"涉及私人空间的转型。本章将提出考察私人空
间转型的三个维度，并从这三个维度出发，衡量梧村庭院美化现
状，审视其是否符合私人空间转型的标准。

## 一　意识、经济与时间：考察私人空间转型的三个维度

　　根据田野调查，笔者认为，经过庭院美化，农居庭院空间发
生了从工具性到价值性的变迁，空间的属性发生了转型，即在原
有的工具性空间中增添了部分美学元素、融入了审美意识，完成
了"私人空间转型"。那么这种变迁是否真实地发生了呢？也就
是说，美学元素、审美意识是否真的融入梧村农居庭院这一私人
空间了呢？我们需要建立某种衡量标准进行考察。

　　庭院美化，就是将杂乱无章的农居庭院进行整治，按照一种
审美意识重新装点、修饰，达到美观、整洁、卫生、舒适的目
的。通过"庭院美化"行动，村民是否建立了某种审美意识，或
者说是否将审美意识内化了，是衡量农居庭院是否完成了空间转

---

　　① 列斐伏尔：《空间：社会产物与使用价值》，载包亚明主编《现代性与空间的
　　　 生产》，上海教育出版社，2003，第48页。

型最重要的一个维度。没有建立审美意识，即使庭院美化搞得再好，一旦外力消除，收拾、整治过的庭院就会被打回杂乱无章的原形。有了审美意识，即使遇到自然灾害，或者由于其他因素破坏了已经美化的庭院，村民仍会自觉自愿地花钱费力去修复。因此，在本研究中，"意识"，即农户是否具有庭院审美意识就是衡量农居庭院是否完成"私人空间转型"的第一个维度，而且是最重要的一个维度。

阎云翔在《私人生活的变革：一个中国村庄里的爱情、家庭与亲密关系（1949-1999）》中谈到了私人空间和隐私权的变迁。20世纪80年代农村经济改革的成功刺激了农民的消费需求，并进一步掀起了房屋装修的热潮，改变了私人空间的格局及功能，他强调"改革后农村经济的繁荣发展是兴起农村'建房热'的主要动力之一"[①]。

由此可见，农村经济的发展极大地影响了农民对私人空间的安排与调度。经济发展了，农民有钱了，这是"庭院美化"的经济基础。但是，有钱并不必然导向庭院美化，钱可能用在其他方面，不一定会花在环境整治上，尤其是庭院美化。因此，在本研究中，将"经济"作为衡量农居庭院是否完成"私人空间转型"的第二个维度。这里的"经济维度"，是指农户为美化庭院所投入的资金。简单地说，就是农户为美化自家庭院花费了多少钱。

仅考察经济维度还是不够的。有些农户为了举办庆典、仪式，如婚丧嫁娶、庆寿等，或者欢度节假日，临时性地出资整治、美化自家庭院，事情过后就恢复本来面貌。这一类的庭院美化，也不存在审美观念的建立和转变，所以不能算是"私人空间转型"。还有一种情况，就是上级政府为某一目的要来检查验收，这时村里面也会要求各家各户打扫卫生、整理庭院，检查过后，

---

① 参见阎云翔《私人生活的变革：一个中国村庄里的爱情、家庭与亲密关系（1949-1999）》，龚小夏译，上海人民出版社，2006，第134~139页。

一切恢复常态。这样临时性的"美化"庭院，当然不能算是"私人空间转型"。因此，时间也是很重要的一个维度，只有持续地保持庭院的美观整洁、不断地为此投入人力物力，才真正算是完成了"私人空间转型"。

阎云翔描述了 20 世纪 90 年代，农村开始兴起"建房热"，大家开始给房子造围墙、安上木门或铁门……并且由于强烈的攀比心理，村民都想在建房时压人一头，一旦某人尝试了新的住宅设计，后来者便争相模仿，唯恐落后于新潮。[1]

值得注意的是，这种新式住宅的格局正是私人空间转型的一种表现形式，这种私人空间的转型是彻底的、可持续的，不是村民一时兴起的转变。在衡量私人空间转型是否完成时，考察庭院空间的某种功能属性是否可持续地、长久地存在同样是一个重要维度。因此，在本研究中，将"时间"作为衡量农居庭院是否完成"私人空间转型"第三个维度。这里所说的"时间维度"，是指村民为美化庭院所做出的持续的、长时间的努力。

有不少学者将时间与空间联系起来阐释空间的概念并建构相关理论。布迪厄以场域空间论的基本立场，从时间的角度出发考察时间与空间之间的关系与矛盾，他的空间论述都是以"社会空间"这一概念来支撑其理论体系的。吉登斯在提出结构化概念的时候，也曾将时间和空间放在同样重要的分析维度上，他认为研究时空向度的各类社会实践是社会科学的主要研究领域。[2] 简言之，对吉登斯而言，社会理论要关注的基本问题不仅仅停留在社会秩序的内在逻辑上，而是如何将时空向度连接起来的问题。

宇宙的本质就是时间与空间，这两种力量的交错形成了时空。时间是什么？它是一切活动所经历过程的指标，其反映的本

---

[1]　参见阎云翔《私人生活的变革：一个中国村庄里的爱情、家庭与亲密关系（1949-1999）》，龚小夏译，上海人民出版社，2006，第 139 页。
[2]　参见安东尼·吉登斯《社会的构成：结构化理论大纲》，李康、李猛译，生活·读书·新知三联书店，1998，第 61 页。

质是变化。① 村民的时间是一定的，除了花费在劳动生产和生活上的必要的时间，剩下的就是闲暇时间。闲暇时间的分配最能体现一个人生活的品质与格调。正如有学者指出的那样，社会学意义上的时间具有集体性起源，是社会活动的一种表达。时间是社会的，社会也是时间的。作为一个"社会人"，如何分配、使用时间，与社会发展的程度息息相关。② 梧村的村民是否愿意为了"审美"而挤出一部分闲暇时间，用来打理、修整自家庭院，就是衡量村民们是否接受了"庭院美化也是美好生活的一部分"这样一个美丽乡村建设理念的重要维度。

综上所述，在本研究中，笔者认为考察农居庭院这个私人空间是否完成了转型过程，可以从三个维度进行衡量，分别是意识维度、经济维度和时间维度。下面，我们将从这三个维度出发，全面考察"梧村现象"。

## 二　意识维度

改革开放以来，梧村的经济收入水平大幅提高。2018 年，村集体经济经营性收入达 679 万元，农民人均纯收入 40698 元。在经济发展之后，梧村开始重视改变乡村面貌。就目前的情况来说，梧村的乡村特点可以用"三美"进行概括，分别是"科学布局追求自然美"、"乡村经营追求产业美"和"幸福生活追求人文美"。

梧村"两委"先是对梧村的公共环境进行了整治和改造，在公共环境基本建设完成后，梧村"两委"认为村民的私人居住环境建设同样重要。但是私人空间的环境建设并不容易，意味着村民需要转变思想观念，然而当时村民对环境保护、环境美化的意识十分不足，与"美丽乡村"建设出现了断层。换言之，村民既

---

① 参见孙凯《宇宙的本质》，《大科技·科学之谜》2013 年第 5 期。
② 参见高雅、郭星华《平衡劳动时间与闲暇时间》，《中国社会科学报》2022 年 4 月 1 日，第 5 版。

有的环保意识还不足以支撑他们持续维护改造后的乡村环境，因此改善村民的私人居住环境与提高村民的环保意识也是"美丽乡村"建设的重要一环。荷村在改造村公共环境时请来了上海的艺术设计团队，在农户住宅的围墙外立面上画 3D 画以美化村貌，但是刚画好就出现了一些问题。

> 当时墙上我们画了一些牛啊这种图案，画好以后半个月，墙上就有什么小孩子的脚印，小孩子在那玩，一脚蹬上去，一个黄脚印，黄泥巴的（脚印），白墙上印上黄脚印很刺眼。
>
> 荷村原来也是一塌糊涂的。我举个例子——抽烟，抽烟的人烟头都扔地上，地上都是烟屁股，都是烂了的。（2019 年 8 月 21 日，梧村"两委"办公楼，卢健）

**图 7-1 荷村的 3D 画（摄于 2019 年 8 月）**

从村民日常生活中的行为习惯上可以看出来，他们对公共空间的环境保护意识是十分欠缺的。"习惯在日常生活中具有惰性与无意识性"①，中国自古以来的农村生活方式始终没有在意过"环境保护"问题。

毛主席曾经说过"严重的问题在于教育农民"②，就是这个道理。孩子们无意识地破坏刚刚画好的 3D 画、荷村地面上随处可见的烟头都是生活习惯带来的结果。正因为村民还没有形成良好的环境保护意识，所以美丽乡村的建设成果要想"可持续"留存，就必须要改变村民的思想观念。村民关于公共环境保护的意识尚未形成，遑论农居庭院的"美化"意识了。

梧村"两委"在完成公共环境建设之后又逐步规划了农居的庭院建设，在这个过程中，农户亲身参与了村"两委"的每一项规划和改革，由此他们的环境意识也发生了潜移默化的变化，他们的村庄发展理念也逐步与村"两委"趋同。家住荷村的陈静在诉说当时的情景时，很是感慨：

> 大家的卫生意识也加强了……改变挺大的，起码看上去都干干净净了，以前的话每家每户旁边肯定有卫生死角什么的，农村里嘛，旁边有菜地什么的，肯定有什么乱七八糟的堆在那里，什么都有的……改变原因嘛，有可能大家素质提高了，参观的人也多了，前几年真的是很忙很忙，每天来（参观）的人有时候真是有 100 多人。（2019 年 8 月 14 日，荷村陈静家，陈静）

陈静认为，在梧村"两委"建设美丽乡村的过程中，农户的卫生意识也随之加强了，最直观的感受就是以前乱堆杂物的现象没有了。由于部分公共区域由各农户包干负责，因此每家每户周边的公共环境也打扫得很干净，荷村整体的环境卫生情况有了大

---

① 参见高宣扬《流行文化社会学》，中国人民大学出版社，2015，第 94 页。
② 毛泽东：《论人民民主专政》，新华书店，1949，第 11 页。

幅改变，这背后意味着农户的环境意识发生了转变。洪大用曾提到，生活水平的逐步提高影响了公众的环境意识，在生活水平提升后，会越来越关心以前不曾注意到的环境问题。①

另外，荷村作为旅游精品示范村，近年来游客和来自其他乡镇的参观者非常多，这在无形之中给农户维护公共环境和庭院环境带来了隐形的压力，形成一种变相的监督机制，在众多参观者的"围观"下，农户会更加约束自己的行为以达到参观者的心理期许。

梧村"两委"在整治荷村的公共环境时曾做过一个非常有意思的决定，即原本有一笔资金是专门用来协助荷村公共环境的卫生整治的，用于雇专人打扫荷村的公共环境卫生，但是村"两委"最终决定采取责任制的办法，每家包干一块公共区域并负责打扫卫生，节省下来的资金用于每次评比时所发放的奖金。这样更能激发农户打扫卫生的积极性，同时农户在每天打扫卫生的过程中会养成保护环境的行为习惯，有助于其环境意识的提升。

> 我们这条路不是都有责任制的嘛，这一段是谁家门口（就归谁管），我们家是（负责）这个门口这边下去到那边上头，都是我公公在扫的，有脏的就扫……像我们看见路边有垃圾什么的，都会随手捡一下这样子。（2019 年 8 月 14 日，荷村陈静家，陈静）

笔者走在荷村的道路上，街道整洁、林木参天、花香四溢、赏心悦目。这不仅仅是梧村"两委"规划和治理得好，更与每家每户的付出密不可分。当农户为村庄发展付出自己的心血时，村庄的干净与整洁更易维持，更有助于环境的可持续发展。荷村的

---

① 参见洪大用《关于中国环境问题和生态文明建设的新思考》，《探索与争鸣》2013 年第 10 期。

"卫生责任制"在经年累月的实施中，已经使农户基本养成了保护环境的行为习惯，从"被动"到"主动"，从"村委要求我去做"到"我自己要去做"。陈静告诉笔者，她现在在路上看到有垃圾都会随手捡起来，环保意识就是在这样一点一滴的行动中慢慢形成的。

在庭院空间的"美化"意识上，梧村的农户们也有着很明显的转变。梧村的村民李志强回忆说：

> 我清楚记得我小时候，我家（庭院）是黄泥地，以前是那种，每家每户基本上（地）都是土的，我们就在土上玩什么的，然后以前的围墙可能也就是纯黄泥的那种，现在基本上是见不到的，（现在）要么是复古，故意复古做的那种围墙……围墙的话，以前水泥砖的算好的，现在已经做那种不锈钢（的了），或者其他反正怎么美怎么做，庭院变化也蛮大的，绿化的话以前基本上没有的，有的话每家每户家门口最多就一棵果树这样……然后现在的话都是那种，各种各样的都（以）观赏为主了。
>
> 以前的话，就实用的，留着，不实用的话都没有的。现在大家去搞庭院，不是以实用为主，就是更多以观赏为主。（2019 年 8 月 21 日，梧村"两委"办公楼，李志强）

陈静也回忆了她的庭院美化意识转变过程：

> 之前一开始我家前面这个就是地方很小的，就是那条路这（么）点宽，因为之前我们有仓库，自己家开厂子嘛，窗户照着的房子不怎么看得出，其实都没有这块院子的……后来因为美丽乡村建设，要修路，拆掉我们的仓库……后来就考虑做个庭院，为了美观嘛。（2019 年 8 月 14 日，荷村陈静家，陈静）

家住临风家园的卫秋英也讲到了自己的做法：

> 我现在就喜欢种种花，跟邻居换着种，到家里剪一串插在这里，过一年它就会长大了。这个我是去年插上的，这是今年插的，然后明年就跟它一样了。（2019年8月19日，临风家园卫秋英家，卫秋英）

当人们利用和改造自家私人空间时，如果是出于实用的目的，其利用或改造后的空间就叫"工具性空间"；如果在此基础上还考虑审美的需求，其利用或改造后的空间就叫"私人空间转型"，虽然空间属性仍然是工具性的，但其中加入了审美元素、融入了审美意识，私人空间发生了价值性偏向。通过对梧村农户的访谈，可以看出目前梧村的村民对庭院的需求主要集中在"美观""观赏"等关键词上，而以前他们对庭院的布置则更多体现在"实用性"上，梧村村民对庭院的空间安排有从注重"实用"功能到注重"观赏"功能的清晰的变化过程。梧村妇女主任王美兰认为，开展"庭院美化"后，村民们开始有了一定的审美意识：

> 那么现在其实大部分的老百姓，其实你看他（家庭院）走进去不只是土花了，到处想办法自己找或者是网上买花籽的也有，或者是到街上买花来种的，或者互相看见哪里有花，他们讨点来种的，这种还蛮多的。那么当时不是还有很多环保的那种小超市，或者谈谈报告这些（指互换信息），后来很多老百姓把家里这些用不上的轮胎，或者另外什么锅子、陶瓷的东西拿出来，这个可能其实就是一个，也就是说抛砖引玉、引导的作用，主要是激发老百姓这种美化、绿化的意识，那么我觉得这个措施其实还是比较好的。（2019年8月15日，梧村"两委"办公楼，王美兰）

同时，笔者也注意到，2016 年梧村开展的"美丽家庭"长效管理评比对村民意识转变的影响也很深刻。笔者发放的调查问卷中包括问题"您对村里 2016~2018 年开展的庭院评比活动的看法"，调查结果参见表 7-1。

表 7-1　村民对 2016~2018 年开展的庭院评比活动的看法

|  | 非常满意 | 满意 | 一般 | 不满意 | 非常不满意 |
|---|---|---|---|---|---|
| 人数（人） | 25 | 5 | 0 | 1 | 0 |
| 占比（%） | 80.6 | 16.1 | 0 | 3.2 | 0 |

大部分农户对评比活动都表示了认可，认为这种活动让大家都自觉去搞卫生、搞环境了，环保意识和庭院美化意识提升了许多。农户认为这项评比活动给村里带来的最大的改变就是"环境变美了"，笔者发现，在开放性问题"请简要描述您对 2016~2018 年庭院评比活动的看法"中，村民提到的最多的关键词就是"提高村民积极性"和"环境变美"。

> 检查嘛，还是希望你们这里搞得好一点，满意肯定是满意的。（2021 年 1 月 4 日，荷村刘丽华家，刘丽华）
> （美丽家庭）评比好呀，会督促我们去搞卫生、收拾庭院，现在我们也都会自觉去打扫卫生，买来花草种一种。我经常跟邻居家互换花草种子，交流一些种植小技巧。（2021 年 1 月 8 日，临风家园郭春芳家，郭春芳）

由此可见，梧村"美丽家庭"评比活动对村民意识层面的影响是非常大的，并且大部分村民也接受了评比活动的开展，甚至有的村民还提议继续开展这种评比活动。梧村村民对评比的积极性也揭示出他们在"庭院美化"意识层面上的转变。

庭院美化是一种行动，这种行动一定是由某种动机支配的。动机支配行动，也维持行动。关于心理动机，韦伯曾经提到，心理动力存在于个体或很多个体，是一种内在力量，任何一种被社会体系所认可并支持的"社会精神"，只要被社会中的多数人接受并转化为心理动力，就会成为社会行为的内部驱动力。[①]

审美意识就是这样一种韦伯所称的"社会精神"，是被社会管理所支持并提倡的。但是，村民审美意识的形成是一个长期的过程。审美意识既不会自发地产生，也不会一旦产生就长久留存，需要诱导、引领和培育，甚至还有一个反复的过程。

## 三 经济维度

经济维度同样是衡量私人空间转型是否完成的一个重要标准。没有一定的经济基础，"庭院美化"也是搞不起来的。马克思和恩格斯指出，人类生存的首要前提是能够生活，那么就需要衣物、食品、居住地以及一些必要的东西。因此人类的第一个历史活动就是生产满足这些需要的资料，也就是生产物质生活本身。[②]

人类精神文明的发展也是建立在这些物质条件之上的。有些农户对自家庭院进行改造时，花费了比较多的金钱，而且这种支出无关实用的目的，比如修花坛、修水池、修廊亭、种植观赏类花木等。笔者了解到，梧村村民在搞"庭院美化"时，经济支出最多的高达 20 万元（如第六章介绍的陈静家）。本节将从梧村客观的经济发展状况以及村民用于庭院美化的经济支出两方面来考察梧村是否完成了私人空间转型。

---

[①] 参见马克斯·韦伯《新教伦理与资本主义精神》，于晓、陈维纲等译，生活·读书·新知三联书店，1987，第 32~38 页；沙莲香《经济与心理——与马克斯·韦伯的心理学对话》，《中国人民大学学报》2002 年第 4 期。
[②] 中共中央马克思恩格斯列宁斯大林著作编译局编译《马克思恩格斯选集》（第一卷），人民出版社，2012，第 32 页。

## （一）梧村的经济发展状况

根据笔者在梧村收集到的资料，梧村的经济发展主要经历了三个阶段。第一个阶段是 2000 年以前，梧村的生产方式以第一产业为主，主要种植蔬菜水果，梧村整体处于在温饱线挣扎的状态。村民李志强回忆说：

> （20 世纪）90 年代肯定是农耕，主要是种蔬菜水果……反正以前 90 年代的时候，赡养的口粮都拿不出来，比如说老人问孩子要一年 300 块钱口粮，然后小孩子根本就拿不出来，以前是很贫困。（2019 年 8 月 21 日，梧村"两委"办公楼，李志强）

梧村的老书记张亮对过去梧村的经济状况也感慨良多：

> 我刚当书记的时候，梧村是个穷村呀，那时候路都没有的，都是黄泥路……村里没有钱，每年只有 2 万块的收入（村集体收入），那时候工资都发不出来的……再后来，1995 年，就出租厂房，集体出租厂房。（2019 年 8 月 24 日，荷村张亮家，张亮）

根据梧村村民的回忆，2000 年以前的梧村是十分贫困的，梧村的主要生产方式也是以农耕为主，村民考虑的第一大问题是温饱问题。张亮自 20 世纪 80 年代开始任梧村村委书记，直到 2015 年退休，共任职 20 余年。他告诉了笔者梧村当时的一些具体情况：最开始村集体收入只有 2 万元，后来开始出租厂房，收租金使梧村的集体收入略有提升。

梧村的经济发展真正有起色是从 2000 年开始的，那时农户逐渐种起了高利润的黄花梨、早园竹、毛竹等农作物，2006 年梧村又引进了工业园区，村集体收入方面也有大幅提升。李志强说起致富的经过时很是感慨：

> 2000 年到 2010 年，你应该听说了就是种黄花梨，反正是最开始的转变就是生活稍微富裕起来……然后种黄花梨之后慢慢富裕起来。比种田的话，那个时候一亩地种下来一年也就几百块钱，后来一亩地种黄花梨的话（利润）可能就上千了。（2019 年 8 月 21 日，梧村"两委"办公楼，李志强）

张亮也提到了梧村致富的途径：

> 我们这边荒山很多的，接近 7000 亩，后来就开始种黄花梨，再之后就是白茶……（2019 年 8 月 24 日，荷村张亮家，张亮）

李志强讲到村集体和个人的经济关系时说：

> 村子里的话，发展的话，我们是 2006 年开始引进工业园区，工业园区的话，我们就有土地了，我们有自己的建设用地了，我们是属于城郊的，属于规划区的，规划区的话是征地 100 亩，村集体（可以有）6 亩，可以开发建设的。我们有这个土地之后，建设了商业街，还有厂房这种，我们建设完这个之后，村集体就有了物业的收入，我们出土地，开发商造房子，然后一楼的门面房和四楼归我们村所有，然后到现在为止，我们村一年稳定的物业收入就有 300 万左右，这是村集体的。（2019 年 8 月 21 日，梧村"两委"办公楼，李志强）

由于开始种植黄花梨、早园竹、毛竹等利润较高的农作物

（参见图 7-2），且村集体引进了工业园区，有了建设用地供开发，梧村村集体和广大村民的收入有了极大的提升。

图 7-2　开垦荒山种植黄花梨（梧村"两委"提供）

自 2008 年起，梧村积极响应政府"千村示范、万村整治"工程、"十万农民饮用水"工程、"美丽乡村精品村创建"等，梧村享受到了生态文明建设带来的红利，村集体经济水平大幅提升，村民生活水平显著提高。

> 后来我们就在村子里搞美化绿化，我们 6 个自然村都得到了一等奖，梧村得到了县里搞的精品村（荣誉）……一等奖奖励 300 万，后来是 500 万。（再）后来就开始搞旅游，2016 年批准了（成为）3A 级景区。我们发展得还可以的，原来是个贫困村，后来变成一个比较富裕的村……后来我们到了一定程度，每年包括利息，包括领奖加起来（村集体）收入有 1000 多万。（2019 年 8 月 24 日，荷村张亮家，张亮）

美丽乡村建设是梧村彻底从贫困走向富裕的重要契机，梧村的生产方式逐渐从第一产业向第二产业，再向第三产业转变，梧村"两委"通过招商引资、开发生态旅游等市场行为大幅提高了村集体收入，村庄整体的发展也带动了村民的就业及自主创业，村民的物质生活水平大大提高。

## （二）庭院美化支出

笔者从梧村"两委"处搜集了自 2000 年开始的梧村集体收入、人均收入统计表。表中显示，从 2000 年到 2019 年这 19 年间，梧村人均年收入增长了近 10 倍。20 世纪 90 年代时，梧村村民还在为每年 300 元的老人赡养费发愁，家家户户都没有结余，但是近年来梧村的发展大幅提高了村民的物质生活水平，他们也有闲钱去做基本生活以外的事情了。问卷调查结果表明，开展了庭院美化的农户，其家庭年收入还是比较高的，有超过三分之二的家庭年收入在 10 万元以上。近年来，梧村村民在"庭院美化"上的花费日渐增长。李志强对此深有体会：

> 现在的话大家也不去山里移栽了，（都）去省城花卉市场，或者去县城的也多起来了，会追求一些品种……一棵小树苗就要几百块，大一点的要好几千……现在我们这边都流行种香榧，它的果实叫香榧子，大的一棵要几十万……我家算普通的，每年买这些花花草草也要两三千吧。（2019 年 8 月 21 日，梧村"两委"办公楼，李志强）

从问卷调查的结果来看，超过半数的农户会从花木市场购买花草树木来装点自家的庭院（参见表 7-2）。愿意花钱购买这些没什么经济效益的花花草草，并且花费时间打理，其意义是不言而喻的：一方面，说明村里的评比制度起到了倡导和约束的作用；另一方面，也说明村民内化了庭院美化的审美意识。

表 7-2　梧村农居庭院中花草树木的来源

| | 移栽山林/公共绿地的花木 | 移栽邻居家的花木 | 从花木市场购买 |
|---|---|---|---|
| 户数（户） | 9 | 6 | 16 |
| 占比（%） | 29.0 | 19.4 | 51.6 |

　　经济条件不同当然会影响到村民对庭院美化的资金投入。对此，王美兰看得很清楚：

　　　　他们（指在评比中获得三等奖的农户）一开始经济条件相对来说还比一些人稍微要差一点，其实是这样的，我觉得经济条件越好，其实越重视精神的层面的意思，就美化的那种意识更高一点。（2019 年 8 月 15 日，梧村"两委"办公楼，王美兰）

　　陈静家在庭院美化方面最用心，花钱也最多，她介绍说：

　　　　当时我家的院子找设计师设计了一下，出了个图纸，然后我们按照他的图纸来做，大概（花了）将近 20 万的样子。做好之后花花草草我就去萧山那边的花木市场自己去买……因为做了排水系统嘛，现在每年买过滤棉、净化器这些杂七杂八的也要两三千块钱。（2019 年 8 月 14 日，荷村陈静家，陈静）

　　家住临风家园的许明为庭院美化花费也不少，他介绍说：

　　　　我还是想给自己院子搞得有品位些，差不多（花了）5 万~10 万吧，这个水池可以养养鱼，有假山，看着也比较有品位……本来就是我们在这里（住）算是度晚年的，所以尽量舒服些，那边的菜地还可以种种菜，也比较绿色有机。

# 第七章　考察"梧村现象"的三个维度

（2019 年 8 月 16 日，临风家园许明家，许明）

在家庭收入仅能解决温饱的时代，梧村村民并无闲暇时间与闲钱去装扮庭院，大部分庭院都是黄泥地，围墙也是土堆的，有些人家甚至没有围墙，在庭院美化方面的支出更是没有。随着村民收入越来越高，温饱问题不再是村民最关注的事情，用于装扮庭院的支出比重才逐渐大了起来，价值不菲的香榧树变得寻常起来，修水池、修鱼塘的庭院也随处可见，甚至连周边县城的、省城的花木市场都"火"了起来，梧村村民纷纷去花木市场挑选一些具有观赏性的、稀有的品种进行种植。

由此可见，梧村村民从以前在庭院方面零支出，到现在愿意花费越来越多的精力与财力在庭院美化方面。问卷调查结果显示，除了村里提供的资金支持（每户 1000 元），梧村村民在庭院美化方面追加的资金投入也不少，超过三分之二的农户投资额在2000～10000 元，10000 元以上的有 3 户，约占调查总数的十分之一（参见表 7-3）。

表 7-3　梧村农户在庭院美化方面的资金投入

|  | 2000 元以下 | 2000～10000 元 | 10000 元以上 |
|---|---|---|---|
| 户数（户） | 7 | 21 | 3 |
| 占比（%） | 22.6 | 67.7 | 9.7 |

庭院美化是一项专业性较强的工作，需要有一定的审美能力和设计能力。村里曾为此专门请专业人士来梧村指导，培育村民的审美意识，提高他们的审美能力。大多数村民都是根据自己的喜好和审美观，自己设计庭院的空间布局和花草品种，也有请熟人帮忙规划、设计的。但也有 3 户村民在庭院美化过程中花费较大（如陈静家花了约 20 万元），专门请专业人士对自家庭院进行了美化设计（参见表 7-4）。

表 7-4　您家的庭院设计是否花钱？

|  | 是 | 否 |
| --- | --- | --- |
| 户数（户） | 3 | 28 |
| 占比（%） | 9.7 | 90.3 |

注：花钱的 3 户分别花费了 1000 元、3000 元、4000 元。

梧村的情况有些特殊，2000 年以前这里还是一个以农业为主业的贫困村，后来随着经济结构的转型，搞起了种植业、加工业，经济收入增加了，生活方式也改变了，这是实现"私人空间转型"的物质前提。

按照马斯洛的理论，需求分为生理需求、安全需求、社会需求、尊重需求和自我实现五类，低层次的需求被满足之后才会产生高层次的需求。审美需求是马斯洛在后期的著作中单独加入的，他将审美需求视为尊重需求和自我实现之间的中间需求，属于高层次需求。① 马斯洛认为在低层次需求被满足之后，人们会自发地产生高层次需求，展现出一种递进的趋势。有学者曾对需求层次理论进行反思，认为在满足低层次需求之后，高层次需求的产生怎么也不会是在旧有的满足之后的顺理成章。②

在本研究中，梧村农居庭院的美化行为和意识属于一种审美需求，体现了村民对庭院美化的追求。从需求层次理论的角度来看，庭院美化的行为和意识确实是在农户解决温饱问题之后才能产生的，"满足温饱需要"归属于生理需求和安全需求这两类低层次需求，因此本研究从农居庭院美化行为和意识的角度验证了马斯洛的"只有满足低层次需求，才能产生高层次需求"的理论。与此同时，本研究发现，农居庭院美化行为和审美意识并不是农民在满足生计需要之后自发产生的，换句话说，满足温饱需要是产生庭院美化行为和审美意识的必要但不充分条件。

---

① 参见彭聃龄《普通心理学》，北京师范大学出版社，2003，第 329~330 页。
② 参见蔡继红《马斯洛需要层次学说评述》，《理论界》2011 年第 5 期。

总之,审美需求确实是在满足低层次需求之后才能产生的,但不是自发地产生,需要外力的诱导、培育,而且产生之后不能自主地持续,有一个反复的过程。

梧村经济发展了,并不会自然而然地使村民产生审美意识。笔者在第五章和第六章里详细描述了庭院美化的过程。这个过程概括起来,就是村"两委"通过引领、培育、监督、评比等手段,经过审美意识培育、审美意识转化和审美意识内化三个环节,村民逐渐接受庭院美化的理念,并愿意花钱费力地整治、美化自家庭院。从经济维度来考察,笔者认为梧村庭院已经完成了"私人空间转型"。

## 四 时间维度

如果人们只是为了喜庆的气氛,或者是为了迎接上级检查,临时性地花费人力、物力装扮自己家的庭院,那么即便符合前述两个维度,还是不能称之为"私人空间转型"。换句话说,只有长期保持"庭院美化"的庭院,才能认为其真正完成了"私人空间转型";临时性的、不可持续的"庭院美化"空间,仍然没有完成"私人空间转型"。

2019年,梧村"两委"认为大部分农户已经形成了"庭院美化"意识,历时近三年的"美丽家庭"长效管理评比落下帷幕。那么,停止评比之后的农户还能够自主地进行庭院美化吗?

2019年8月,笔者在荷村一家农户访谈时偶然看见这样一个场景:景色美丽的庭院地面上有一个废纸团,一个八九岁的女孩在庭院中玩耍,女孩的爷爷要求女孩将地面上的垃圾捡起来扔到垃圾桶里,并告诉她:"地上有垃圾要随手捡起来。"从日常生活的细节,就可以看出荷村村民的环保意识及环保习惯已经养成,同时做到了对下一代的教育和传承。哪怕没有制度化措施的监管,村民依然能够做到自觉保护环境。

**图 7-3 陈静家的庭院里需要修剪的树木（摄于 2019 年 8 月）**

现在也没有人评比了，但是我们也养成习惯了，我公公还像以前一样每天就在门口扫一扫，在自己院子里扫一扫……像我们看见路边有垃圾什么的（就）随手捡一下这样子。意识就是慢慢形成的……像我家这棵树，长长了、形状不好了我们就会随时修剪一下。（2019 年 8 月 14 日，荷村陈静家，陈静）

在取消制度化管理措施之后，陈静的庭院美化行为并没有停止，而是持续性地投入精力与资金去维护庭院的现状。她所做的所有与庭院相关的工作都只是单纯地为了家人的舒适感，是从庭院的观赏性出发的，换句话说，是为了让庭院变得更美，而不是从实用性的角度去考虑。

在"美丽家庭"评比停止后，梧村周边的花木市场依旧火爆，村民、邻里之间也依然在交换花木种子以及交流种花、种树的小技巧。

我最喜欢与邻居换花木种子，或者是折一枝邻居家的花，插到自己家，来年开春就活了。（2019年8月19日，临风家园卫秋英家，卫秋英）

前几年可能移栽的比较多，现在的话移栽的大家也看，（但）大家都嫌太频繁了、太一般了。然后现在去省城花卉市场，或者去县城花卉市场，会追求一些品种了，品位越来越高了……我家现在都种着什么花我都叫不出名字，每天都是我妈在打理。（2019年8月21日，梧村"两委"办公楼，李志强）

村里搞的评比制度，实质上就是运用熟人社会里的"面子"机制，推动各家各户进行庭院美化，激发农户搞庭院美化的积极性，督促他们保持庭院的整洁、美观。从问卷调查的结果来看，评比的作用还是很明显的，100%的受访者都认为评比制度对自家庭院的美化有促进作用，至少是"有一点促进"作用（参见表7-5）。虽然村里为搞评比耗费了不少人力，但花费的资金却不多。一等奖、二等奖、三等奖的奖金额度都不大，而且级差也很小。富裕起来的梧村人对奖金的金额毫不在意，却对获奖等级十分上心，因为这关乎"面子"。

表7-5　村里搞的庭院评比活动是否有促进作用？

|  | 有促进 | 有一点促进 | 没促进 |
|---|---|---|---|
| 人数（人） | 18 | 13 | 0 |
| 占比（%） | 58.1 | 41.9 | 0 |

村民之间的互动更体现了群体性意识的形成，并且这种意识能够稳定和持续地维持下去，没有因为监管机制的消失造成私人空间价值性取向的消退，反而长久地保持了"庭院美化"，并且随着农户对于庭院空间的认知的提高以及种植花木技术的提高，他们也会有更高的追求和品位，使得私人空间的价值性取向愈加

凸显，而"工具性"的功能属性愈发减弱。换言之，虽然不再有制度化措施与监管机制规范农户的行为，但是时间越久，庭院空间的功能属性越向"价值性"倾斜，而"工具性"功能越来越弱化。

从以上三个维度来衡量，笔者认为梧村庭院已经基本上完成了私人空间转型。也就是说，梧村庭院从原来的工具性空间，经过庭院美化，已经变迁为价值性空间。变迁后的庭院空间增添了美学元素、融入了审美意识。

必须指出，一种意识从形成到内化，是一个长期而又复杂的过程，并不能一蹴而就。正如有学者提出，社会控制的手段分为外在控制和内在控制，内在控制是指个体对社会控制形式的理解和执行，但由于每个个体为自己的主观意志所支配，因此人们在不同的情境下、不同的人群中对社会控制的理解和执行各不相同，从而导致有的人内在控制较强，有的人较弱，同一个人有时内在控制较强，有时候较弱。所以，人的内在控制是不稳定的，这正说明思想引导的重要性。[①]

不难看出，梧村农户"庭院美化"的顺序是：经济结构转型、经济收入增加、生活方式发生改变，这是"私人空间转型"的物质前提。然后，在国家发展战略的引领下，在基层落实尤其是村级组织的推动作用下，村民开始重视环境的保护、建设和美化，先是公共环境的整治和美化，然后拓展至庭院美化。

## 五　本章小结

从感性认识上来看，梧村庭院确实发生了私人空间转型现象。在梧村（开展了庭院美化项目的荷村和临风家园），家家户户都对自家庭院进行了美化，修建观赏鱼池，栽种花卉，各种树木、绿植

---

① 参见穆怀中《社会控制概念和结构分析》，《社会学研究》1988 年第 3 期。

布满庭院，整个庭院整洁、美观。这种不能带来多少经济回报的庭院美化，显然不是出于增加经济收入之类的工具性目的，而是出于审美的需要。成规模、群体性地在自家庭院增加审美元素、融入审美理念，正是农居庭院完成私人空间转型的表征。

仅仅停留在感性认识阶段还不够，还需要进一步地作理论分析。为了考察农居庭院的私人空间转型是否真实发生了，笔者设定了测量的三个维度。只有当三个维度都符合时，我们才能确认这种变迁真实地发生了。

1. 私人空间转型最重要的一点是农户对庭院的认识转变。如果他们只是将庭院视作劳动、休息和堆放杂物的场所，也就是说，他们收拾、整理庭院仅仅是出于实用性目的，那这样的庭院仍然只是一般意义上的工具性空间。而当他们有了舒适、美观、整洁的追求意识，就会主动地去美化庭院。慢慢地农户就有了审美意识，并且他们会将这种审美意识融入到庭院布局和整治中去。这时我们就可以说私人空间转型了。因此，意识的建立和转变是衡量私人空间转型是否发生的第一个也是最重要的一个维度。

2. 没有经济基础，审美意识就是"空中楼阁"。梧村的经济结构转型、村民经济收入水平的提高以及随之而来的生活方式转变，是"私人空间转型"的物质基础。在此基础之上，如果产生了审美意识，农户就会心甘情愿地花钱、花精力、花心思去整治和美化自家的庭院。因此，在美化自家庭院方面，农户花费了多少金钱就成为衡量私人空间是否发生了转型的第二个维度。

3. 有些农户为了举办庆典、仪式，如婚丧嫁娶、庆寿等，或者欢度节假日，临时性地花钱费力地整治、美化自家庭院，事情过后又恢复本来面目。这一类的庭院美化不存在审美观念的建立和转变，因此不能算是庭院空间属性的变迁。还有一种情况，就是上级政府为某一目的要来检查，这时村里面也会要求各家各户打扫卫生、整理庭院，检查过后，一切恢复常态。这样临时性的"美化"庭院，也不能算是完成了私人空间转型。因此，时间也是很重要的一个维度，只有持续地保持庭院的美观整洁、不断地为此投入人力物力，才算是真正完成了私人空间转型。也就是说，时间，或者说庭院美化持续的时间长度，也是衡量私人空间转型是否完成的一个维度。梧村庭院美化始于 2015 年，至今只有 8 年的时间，在时间维度上只能说目前是符合的，是否有更好的效果还有待更长时间的观察。

# 第八章　总结与讨论

*美是理念的感性显现。*[①] ——黑格尔

本书在综合运用深度访谈法、参与观察法、文献分析法等研究方法的基础上，采用空间社会学的视角，以梧村为研究个案，详细考察了梧村的"庭院美化"现象。作为本书的最后一章，本章将提出研究结论，与相关研究展开讨论，并概括总结本书的研究发现、创新与不足。

## 一　研究结论

### （一）"梧村现象"的学术内涵

从空间社会学的视角来分析，"梧村现象"就是农居庭院空间发生了"私人空间转型"，变迁后庭院空间的空间属性发生了改变，从"工具性空间"转变成"价值性空间"，新的空间中添加了美学元素、融入了审美意识。

梧村的试点村（荷村与临风家园）在村里统一组织、统一规划、统一要求下，家家户户搞起了"庭院美化"，笔者将这种现象称为"梧村现象"。在全国广大农村地区，像梧村这样成规模、群体性地美化农居庭院的现象确实还不多见，具有一定的研究意义。

---

[①]　黑格尔：《美学》（第一卷），朱光潜译，商务印书馆，1972，第142页。

## （二）"梧村现象"产生的背景

梧村现象的产生有两个时代背景，一个是农村地区经济发展，另一个是发展理念变化。前者是"梧村现象"产生的物质基础，后者是思想基础。梧村"两委"是庭院美化的倡导者、推动者，也是监督者。发展理念的变化和基层组织建设是催生"梧村现象"的两股力量。"梧村现象"的产生，再次表明了基层建设对乡村建设的重要性。

## （三）"梧村现象"产生的过程

梧村努力建设"美丽乡村"，梧村的公共空间环境因此得到很大的改善。为了与公共空间相匹配、相协调，梧村在部分下辖村试点开展了"美丽庭院"项目，倡导、引领农户美化自家庭院，并为此制定了相关的规章制度，充分运用"面子"机制促使农户美化庭院并长久保持。笔者从意识、经济、时间三个维度考察了梧村农居庭院美化，结果表明梧村农居庭院确实完成了"私人空间转型"的过程。和所有的权力运作过程一样，在"庭院美化"的实施过程中，作为两个行为主体，梧村"两委"与农户之间也充满了服从与质疑，但合作还是占主导地位的，"合作机制"是"庭院美化"项目得以顺利实施并取得良好效果的重要保证。梧村"两委"的一些做法值得借鉴。

# 二　研究发现

本研究将"梧村现象"作为典型个案进行研究。经过研究和理论提炼，本研究有如下发现。

## （一）私人空间转型的影响因素

### 1. 时代背景

梧村的"庭院美化"现象并非心血来潮、凭空想象而来，而是在一定的时代背景下产生的。本书较为深入地研究了这一时代背景，主要有两方面：其一是全国农村地区的经济发展，其二是发展理念的变迁。经济发展解决了私人空间转型的物质基础问题；乡村建设进入升华阶段解决了乡村文化主体地位问题；"生态文明理念"的发展解决了发展方向问题。经济发展是基础，理念发展是方向。安吉县建设美丽乡村的实践则是产生"梧村现象"的实践基础。

2. 基层建设的重要性

同样的时代背景之下，为什么只有极少数像梧村这样的乡村出现了成规模、群体性的农居庭院美化现象，而其他乡村只有零星的庭院美化现象？农居庭院发生了"私人空间转型"，除了共同的时代背景之外，还有一个关键性因素——基层建设。其中，卢健是一个关键人物，他是"乡村能人型"干部，他的个人背景、生命历程等都在"私人空间转型"过程中有充分的体现。

梧村"两委"班子自改革开放以来，尤其是进入新时代以来，真抓实干，种白茶、开办加工厂，大力发展乡村旅游业，带领村民发家致富，积极开展美丽乡村建设，进行公共空间的整治和美化。这些都为倡导、引领村民开展"庭院美化"项目打下了坚实的基础。

基层建设包括两个方面：一是实体建设，主要指对基层场域中各类实体的建设过程，既包括对乡镇政府、居（村）委会等政权组织（准政权组织）的建设，也包括对各类存在于基层场域中的社会组织的建设；二是关系建设，主要指对基层场域中各类实体间关系的梳理与协调过程。

其中，基层组织建设与"人"是密不可分的，无论哪种政策、哪类制度或哪项改革，都与"人"相关，即与工作在农村第一线的村干部密切相关。基层治理是复杂的，需要基层干部寻找农民意愿与国家政策的平衡点。

宏观的时代背景和基层组织建设这两股力量，形成了推动

"私人空间转型"的合力。

## （二）"庭院美化"过程的三个环节

梧村农居的"庭院美化"过程先后经历了三个环节：审美意识培育、审美意识转化与审美意识内化。权力的影响始终贯穿于这三个环节之中。

### 1. 审美意识培育

梧村"两委"通过资金支持、审美教育等手段，通过知识优势逐步重塑农户的心理结构和行为准则，为正式开展"庭院美化"建设做好了前期工作。这一环节最重要的一点就是培育村民的审美意识，请人讲课、示范。审美意识的培育过程是艰难且复杂的，梧村"两委"为此没少花心思，做了大量复杂、细致的工作。

### 2. 审美意识转化

梧村"两委"根据县里的"美丽庭院"建设要求，具体设立了相关的奖惩机制、评分标准，出台了相关规范守则，实施了一系列制度化措施，与意识培育环节相比，公权力在这一环节的介入是更加清晰且直接的。这一环节能够取得成功，最重要原因是梧村"两委"充分运用了"面子"机制，并制定了完善的管理制度、奖惩制度、评分制度等。

### 3. 审美意识内化

在这一环节，虽然公权力不再像前两个环节那样，通过制度化措施直接介入农户的日常行为习惯中，但是公权力的影响始终没有消退，而是继续"在场"。公权力的继续"在场"，能形成一种无形的监督，从而促进农户持续开展"美化庭院"行为，完成审美意识的内化。这一环节的重点是使审美意识能够内化于心，使村民自觉自愿爱护环境、整治庭院。这个环节的完成需要经历很长时间，目前梧村正处在这一环节中，并且当内化动力不足时或许还需要重启第二环节，甚至重启第一环节进行巩固，最后完成审美意识的内化。

### （三）"私人空间转型"过程中权力的影响

梧村开展"庭院美化"项目的过程，其实就是基层权力运作的过程。权力的影响贯穿于"私人空间再生产"的全部三个环节当中。福柯曾指出，要想对权力进行实质考察，就要在权力的微观层面，即在权力运作的末梢进行考察。本研究正是通过对梧村庭院美化的三个环节进行详细分析，仔细考察权力在其中所起的作用，从而完成了这样的末梢考察。

在庭院美化过程中，村民并不仅仅是公权力作用的客体，而是与村"两委"并列的主体。只有村"两委"的倡导，没有村民的响应和行动，"庭院美化"项目是不可能进行下去的。因此，本书采用"主体间性"的视角，对庭院美化过程中村民的行动进行了研究。在庭院美化过程中，村"两委"与村民的关系是两个主体之间发生互动的关系，虽然在权力地位上，两个主体不是对等的，但作为主体的一方，村民也不是完全被动地接受，其间也有抗争。同时，作为主体的另一方，村"两委"也要在互动中考虑对方的合理诉求，有时甚至会做出必要的让步。本研究在分析两个主体互动的具体过程中，发现了双方的一些具体应对策略。

本研究验证了福柯关于现代权力是一种"弥散的权力"的理论。在梧村，权力以一种温和的方式运作，村民有时甚至感觉不到权力对自身行为的约束，在不知不觉中就产生了庭院审美意识。同时，本研究对福柯的现代权力理论进行了拓展，对权力在"私人空间转型"的运作过程中所起的作用进行了"末梢考察"，发现了中国基层社会权力运作的某些特点。

### （四）"梧村现象"产生的机制

1. 面子机制

要做到让村民既有"面子"，又不伤"面子"。在中国社会的现实生活中，尤其是在"熟人社会"里，"面子"机制还是日常交往的主导控制机制。处在农村"熟人社会"的大背景下，农户更在意"面子"。梧村的做法是，在评比结果公示时只公布获得一等奖和二等奖的农户，获得三等奖的农户不予公布。而且，一等奖与二等奖、三等奖之间的金额差很小，每户获得的奖金都相对平均。因为每户确实都在搞卫生、搞美化，所以这也算是对村民的一种认可和鼓励。

这种做法是村"两委"对保护农户"面子"的一种方式，这样一来，农户由于羞耻心而引发过激行为的可能性就会降低。

2. 合作机制

动之以情、晓之以理，认真考虑村民的诉求，做耐心细致的思想工作，这是梧村"两委"在"庭院美化"开展过程中所采取的做法。一项新事物的推行，总有这样那样的问题，取得村民的合作态度至关重要。合作意味着情感上相互理解，利益上彼此关切，必要时作出某些让步。例如，第六章中笔者曾讲述的说服乔祖辉开放自家庭院的故事。村干部一方面讲开放庭院对他经营茶叶生意的好处，另一方面在经济上给农户以适当补偿，最后做到两全其美。

由此可见，基层工作不易，推进任何一项工作都要考虑各种细节，包括农民的心理反应和风俗习惯。梧村的做法很有借鉴意义。

## （五）梧村的分化与隐忧

虽然从表面看，梧村（指开展了"庭院美化"项目的荷村和临风家园）的"庭院美化"开展得红红火火，但内部其实已经分化，随着时间的推移，隐忧也开始浮现。

1. 分化

由于农户各自的家庭经济条件不同，对庭院美化意义的理解也不同，有些村民家的庭院美化搞得非常好，他们也愿意为美化自家庭院而花费重金，并为长期保持整洁、美观付出金钱和精力，如前文中提到的陈静家。但大多数农户家庭还只是囿于评比制度的约束，出于"面子"的考虑来维持现状，这是一方面的分化。

另一方面的分化如荷村和临风家园。荷村的住户基本都是本地村民，临风家园则有许多的外来租房户。两村的住户结构不同，导致庭院美化的效果和持续性也大不相同，因为传统社会的"面子"机制只在"熟人社会"中起作用，对陌生人社会的约束力较弱。

2. 隐忧

在梧村村民心中，目前村庄的发展出现了停滞，与几年前相比梧村并没有进一步的发展，还是维持着当年建设美丽乡村时的水平。但是其他乡村已经学习到了梧村环境建设的模式，它们的发展纷纷赶超梧村，梧村的发展模式不再具有独特性，农户对村庄发展的心理预期出现了落差，目前梧村发展正处在"瓶颈期"。

卢健的离任对梧村庭院美化的长久维持和继续推进都有巨大的影响。继任者的眼界、意识和能力都无法与卢健相提并论。这就牵涉到更深层次的问题，"人在事在，人走事废"，这类现象在我国屡见不鲜。好在梧村庭院美化已经开展了多年，庭院审美意识已经部分地被村民内化，庭院美化行动也逐渐被邻村效仿，已经产生了示范效应。但梧村的未来如何，还需要更长时间的观察。

## 三 与相关研究的讨论

在研究过程中，笔者参考借鉴了相关研究的理论与成果，对其有验证也有补充。在作者较为深入地研究了"梧村现象"的基础上，与相关的主要研究展开如下讨论。

### （一）关于农村私人空间的改造

以往的研究概括起来说有如下几个特点：一是研究庭院的，甚少关注农居庭院；二是关注了农居庭院的，甚少采用空间社会学的理论视角；三是采用了空间社会学视角的，很少关注农户的"私人空间"，尤其是农居庭院这样的私人空间。

只有阎云翔等少数学者关注到了农居庭院这个私人空间的变迁。阎云翔采用经验研究的方法，讨论了庭院空间的功能变迁与社会环境之间的联系。

由于阎云翔讨论的是 1949～1999 年之间庭院空间的变化，庭院空间的布局及功能有一些微观层面的改变，他由此得出结论说农居庭院的用途始终是从实用性功能出发，农户使用庭院的初衷并没有发生本质上的属性变化。他的研究成果反映的是 20 多年前的农居庭院的情形，近年来中国农村发生了巨大的变化，因此本研究还是具有一定研究意义的。

农居是一个私人空间，一般来说，这个空间包括房屋建筑和庭院。它们虽然同属私人空间，但两者还有些不同：庭院的私密性比房屋建筑更强一些。村民（或游客）无需经过屋主的同意，即可看见房屋的建筑外形、风格、样式，因此房屋具有一些公共空间的性质。

庭院就不一样，由于有围墙、篱笆的遮挡，且未经屋主的同意就进不了大门，不进大门，就难以看见庭院的空间布局和样式，因此私密性很强。从这一点，我们就很好理解，为什么公权力对房屋建筑的外形规制较多，而对庭院空间的规制较少。

比如各地农村对农居建筑的标高和每层楼高都有严格的规定，超标即为违建。一些地方对房屋的外装饰和门前卫生责任区的划分都提出了统一要求，会就门前、墙外空间的整洁、绿化作出统一的规定。因为，每一栋农居建筑都是整体村庄空间外形的一部分，它不仅是农户的私人空间，也是公共空间的一部分。有些村庄甚至会对农居的建筑外形作出统一的规划，整个村庄的农居整齐划一。"农民上楼"更是做到极致，取消了农居庭院。

综上所述，我们就不难理解有关乡村私人空间变迁的研究为什么主要集中在住宅外形方面，而从空间视角对农居庭院变迁的研究较少。究其原因，主要是农居庭院这个私人空间较少受到公权力的规制。"梧村现象"的特殊之处就在于此。由村里统一组织、统一规划农居庭院空间，成规模、群体性的农居庭院美化现象在目前还不多见。

"梧村现象"产生的过程，实质上就是公权力介入"私人空间"的过程。由于庭院空间的私密性较强，对公共空间的影响不大，大多数乡村对农居私人空间的规制仅限于住宅房屋建筑的结构、外形，相关研究也多集中于此领域，没有渗透到农居庭院这个私人空间。换句话说，不是不管，是认为没必要管。因此，大多数情况下，农居庭院这个私人空间就成了公权力的"不毛之地"。

关于"农民上楼"的研究体现了公权力对私人空间的影响，主要是对农民住宅的形式和布局的影响，或者是关注"上楼"之后，农民在生活方式和人际关系等方面的变化，但鲜有学者对农居庭院私人空间转型进行专门的研究。农民"上楼"以后，乡村原有的生活方式、人际关系发生了改变，与城市生活相差无几，这都是空间变迁带来的影响。庭院空间的变迁对农户生活方式有影响，但这种影响仅限于对闲暇时间的安排和在庭院美化方面的经济投入，对人际关系方面的影响不大。庭院美化带来的主要影响是农户对生活的态度改变了，是审美意识的内化，涉及价值观层面的东西较多。

社区营造方面的研究主要关注的是城市社区，即使关注到农村社区，研究也集中在乡村公共空间的营造上。

综上所述，研究农居庭院这一私人空间的变迁，具有一定的理论意义和现实意义。

## （二）关于列斐伏尔的"三位一体"空间社会学理论

列斐伏尔的空间社会学理论对笔者的研究是极具启发性的。梧村的农居庭院就是一个"社会空间"，受到各种社会因素的影响，尤其受到公权力的规制。

列斐伏尔在《空间的生产》一书中详细论述了空间"三位一体"辩证法的核心内容，第一是空间实践（spatial practice），包含生产与再生产，还包括维系生产与再生产的场所和空间条件特点，它包括了实践者所具备的资质（competence），又包含了其具体的行动表现（performance）；第二是空间的表象（representations of space），它与精确的概念联系在一起，是科学家、规划者、都市主义者、社会工程师通过理论抽象来构想的感知的和亲身经验的空间，空间的表象是在任何社会中都占主导的空间，是生产关系及其秩序的表现物；第三是表象的空间（representational spaces），它与图像或象征物联系在一起，是居民或少数艺术家的空间，它与人的真实的生活经验相连，是人们亲历的空间，但这一空间常常处于被统治状态。①

私人空间转型与"空间再生产"虽然有一定的关联，但还是有区别的。主要区别就在于，"空间再生产"的关注点是权力的生产和再生产，"私人空间转型"的关注点是空间属性变迁。当然，引起这种变迁的主要社会因素是权力，这是两者的关联所在。

进一步地说，空间的表象（在这里类似于梧村"两委"及他们请来的设计师们所抽象、所构想的庭院空间）与表象的空间（在这里类似于与农户生活经验相连的庭院空间）是一种什么关系？按列斐伏尔的说法，后者处于一种被统治的状态。那么，我们需要搞清楚的是，前者是怎么实现对后者的统治的？这也是研究"梧村现象"的空间社会学意义之所在。

既然"空间的表象"与"表象的空间"是一种统治与被统治的关系，那么在中国农村基层社会治理中是怎样实现这种治理的？治理的过程是什么？有什么特点？这些问题从列斐伏尔的理论中是找不到答案的。

---

① 参见 Lefebvre H. , *The Production of Space*. Translated by Donald Nicholson Smith. London：Basil Blackwell，1991，p. 33。

福柯在《权力与知识》一书中曾这样形容空间、权力和知识之间存在的关系："一旦可以从区域、领域、植入、位移、转移等方面分析知识，就能够捕捉到知识作为一种权力形式发挥作用并传播权力效果的过程。这是一种知识的管理，知识的政治，通过知识传递的权力关系。"福柯在这里特别强调知识的作用，而审美恰恰就是一种知识，这种知识也是一种权力，掌握了行政权力的村"两委"同时也掌握了知识权力。

本研究借鉴"现代权力是一种弥散的权力"和"知识即权力"的理论，展开了对"梧村现象"产生过程的研究。研究发现，治理的过程诚如福柯所言，是一种温和的、和风细雨式的过程。

福柯提出，要在权力的微观层面，即在权力运作的末梢进行考察。本研究正是通过对梧村庭院美化的三个环节进行详细分析，考察了权力在其中所起的作用，从而完成了这样的末梢考察。

村"两委"和村民之间是"主体间性"的关系。梧村"两委"作为主体的一方，需要完成上级布置的建设美丽乡村的工作任务，将公共环境建设与农居庭院美化统一起来，为此向村民提供了资金支持、开展审美教育，并制定了相关的奖惩制度；作为主体的另一方，梧村村民并不是简单地接受、照办的客体，而是有主观能动性的主体，他们在自家庭院的美化过程中，或敷衍了事，或更上层楼，或对评比奖惩结果提出质疑，或为自身利益讨价还价，这是一个充满服从与抗争的复杂过程。

总之，中国基层社会的权力运作是很有特点的，本研究就试图通过研究"梧村现象"来了解这些特点。当然，要更清晰地了解这些特点，还需要更多、更深入的"末梢考察"。

### （三）关于空间分类的研究

关于空间分类的研究很多，如将空间分为"自然空间"与"人化空间"、"公共空间"与"私人空间"、"幻影和模拟的空间"与"纯粹直接和表面的空间"等。这些空间分类研究对本研究很有启发。分类是一种常见的研究方法，分类的实质是依据某一理论、某一标准或事物的某种特征，对事物进行分门别类的处理和分析。理想类型是韦伯提出的一种独特的方法。本研究借鉴理想类型的方法作出了新的空间分类。

庭院美化是在原有空间里增添美学元素、融入审美意识，空间的物理性变化不大，但是空间属性确实发生了变化。笔者认为，空间可以依据人类利用空间、改造空间的目的来进行分类。人类利用空间、改造空间的目的可以分为工具性目的、价值性目的和两者兼有的混合性目的。相应地，空间可以分为"工具性空间"、"价值性空间"和"混合性空间"。在此基础上，可以依据这三种类型的空间属性，划分出四种空间变迁的理想类型。

本书研究的"梧村现象"，在这种空间分类下，就转变成了研究"私人空间转型"。笔者作出这样的分类，完全是出于研究"梧村现象"的需要。这种空间变迁的理想类型划分，对于考察我国的城乡建设还是有一定参考价值的。

## 四　创新与不足

### （一）本研究的创新

1. 本研究在借鉴韦伯"社会行动理想类型"理论的基础上，对空间作出了新的理想类型分类，分为：工具性空间、价值性空间和混合性空间。在此基础上，进一步做出了空间变迁的理想类型分析。本研究的主要任务，就是要从理论上阐释"私人空间转型"为何会发生，以及审美元素是怎样添加进工具性空间的。这样的研究视角有助于我们更好地运用空间社会学理论来理解社会变迁，更好地理解空间的社会意义。这种新的空间分类和空间变迁类型的分类方法，具有一定的创新意义。

2. 本研究建立了考察私人空间转型的三个维度：意识维度、经济维度和时间维度，从这三个维度分别考察了梧村庭院美化的过程和结果,得出"梧村现象"的实质是空间变迁过程,在新的的空间里增添了审美元素、融入了审美意识,完成了"私人空间转型"。本研究建立的考察空间变迁的维度,对于空间社会学理论是一种有益的补充,具有一定的创新意义。

### (二)本研究的不足

1. 笔者多次赴梧村进行实地调研,与村民同吃、同住,还与许多村民结下了深厚的情谊。尽管如此,笔者还是感到"他者"的身份带来的不便。访谈中,受访者或碍于笔者的学生身份,或出于自身隐私的考虑,说的未必是事情的真相,也许有隐瞒、夸大的成分,需要笔者在运用访谈资料时反复斟酌、考量,有时还要与其他资料相互印证。在这一过程中,难免会产生"失真"。这些都是笔者今后从事田野调查时,需要特别小心谨慎、认真对待的事情,力争与受访者融为一体,把"他者"的影响尽可能地降至最低。

2. 笔者在北京出生、长大,对乡村生活不太熟悉,这对笔者收集田野资料有一定的限制,加之江浙官话对我这个北方人来说非常难懂,这使得在访谈中,可能有一些重要的信息被笔者遗漏,没有能够对一些村民的日常生活、日常话语作深入的挖掘和诠释。这些都有待笔者以后下乡调研时予以注意和改善。

3. 庭院美化,除了像梧村这样由村里统一组织、统一规划、统一要求之外,还包括村民自发、自主地对自家庭院进行美化。后一种现象在农村更为普遍。两者之间有何异同?本研究缺乏对两者的比较研究,有待在今后的深入研究中,注意增加比较的视角。

# 参考文献

## 中文著作

北京大学哲学系外国哲学史教研室编译《古希腊罗马哲学》，商务印书馆，1982。

费孝通：《乡土中国 生育制度》，北京大学出版社，1998。

高宣扬：《流行文化社会学》，中国人民大学出版社，2015。

洪大用：《社会变迁与环境问题：当代中国环境问题的社会学阐释》，首都师范大学出版社，2001。

洪大用、马国栋等：《生态现代化与文明转型》，中国人民大学出版社，2014。

计成：《园冶》，胡天寿译注，重庆出版社，2009。

李强：《自由主义》，中国社会科学出版社，1998。

梁漱溟：《乡村建设理论》，商务印书馆，2015。

梁思成：《中国建筑史》，百花文艺出版社，2005。

刘少杰主编《国外社会学理论》，高等教育出版社，2006。

毛泽东：《论人民民主专政》，新华书店，1949。

彭聃龄：《普通心理学》，北京师范大学出版社，2003。

孙大章：《中国民居研究》，中国建筑工业出版社，2004。

习近平：《之江新语》，浙江人民出版社，2007。

张红宇：《中国农村的土地制度变迁》，中国农业出版社，2002。

中共中央马克思恩格斯列宁斯大林著作编译局编《马克思恩格斯选集》，人民出版社，1972。

# 中文论文

H. 巴凯斯、路紫：《从地理空间到地理网络空间的变化趋势——兼论西方学者关于电信对地区影响的空间》，《地理学报》2000 年第 1 期。

白如钰、黄江、杨育民：《乡村振兴与新时代全面建成小康社会的战略选择》，《农业经济》2020 年第 3 期。

蔡昉、杨涛：《城乡收入差距的政治经济学》，《中国社会科学》2000 年第 4 期。

蔡继红：《马斯洛需要层次学说评述》，《理论界》2011 年第 5 期。

曹海林：《乡村社会变迁中的村落公共空间——以苏北窑村为例考察村庄秩序重构的一项经验研究》，《中国农村观察》2005 年第 6 期。

陈成文、陈静：《习惯与新时代基层社会治理》，《探索》2020 年第 1 期。

陈锋：《连带式制衡：基层组织权力的运作机制》，《社会》2012 年第 1 期。

陈铭等：《村庄闲置空间规划中的"庭院经济"策略》，《规划师》2014 年第 6 期。

陈文胜：《中央一号文件的"三农"政策变迁与未来趋向》，《农村经济》2017 年第 8 期。

陈锡文：《乡村振兴战略的来龙去脉》，《农村农业农民》2019 年第 2 期。

陈云良：《创建美丽庭院 助推乡村振兴》，《政策瞭望》2018 年第 4 期。

陈云良：《磐安以美丽城镇建设为引领助推乡村振兴》，《新农村》2019 年第 1 期。

陈振华、闫琳：《台湾村落社区的营造与永续发展及其启示》，《中国名城》2014 年第 3 期。

狄金华：《"权力－利益"与行动伦理：基层政府政策动员的多重逻辑——基于农地确权政策执行的案例分析》，《社会学研究》2019 年第 4 期。

窦清华：《乡村振兴背景下建设生态宜居乡村的实现路径——基于宜宾长宁"竹乡美丽庭院"实践的思考》，《吉林农业》2019 年第 22 期。

范成杰、龚继红：《空间重组与农村代际关系变迁——基于华北李村农民"上楼"的分析》，《青年研究》2015 年第 2 期。

冯健、周一星：《北京都市区社会空间结构及其演化（1982－2000）》，《地理研究》2003 年第 4 期。

冯雷：《当代空间批判理论的四个主题——对后现代空间论的批判性重构》，《中国社会科学》2008 年第 3 期。

耿敬、姚华：《行政权力的生产与再生产——以上海市 J 居委会直选过程为个案》，《社会学研究》2011 年第 3 期。

耿曙：《从实证视角理解个案研究：三阶段考察渠文的方法创新》，《社会》2019 年第 1 期。

谷玉良、江立华：《空间视角下农村社会关系变迁研究——以山东省枣庄市 L 村"村改居"为例》，《人文地理》2015 年第 4 期。

郭晗潇：《基层建设：实现乡村振兴战略的关键》，《中国社会科学报》2019 年 8 月 7 日。

郭晗潇：《近代以来我国乡村建设的路径选择》，《社会建设》2019 年第 1 期。

郭星华、刘朔：《中国城乡关系七十年回望：国家权力的下沉、回缩与再进入——有关城乡关系变迁的社会学思考》，《社会科学》2019 年第 4 期。

郭星华、任建通：《刑满释放人员社会适应的法社会学研究：主体间性的视角》，《国家行政学院学报》2014 年第 4 期。

何雪松：《社会理论的空间转向》，《社会》2006 年第 2 期。

贺雪峰：《论乡村治理内卷化——以河南省 K 镇调查为例》，《开放时代》2011 年第 2 期。

贺雪峰：《关于实施乡村振兴战略的几个问题》，《南京农业大学学报（社会科学版）》2018 年第 3 期。

贺雪峰、阿古智子：《村干部的动力机制与角色类型——兼论乡村治理研究中的若干相关话题》，《学习与探索》2006 年第 3 期。

洪大用：《关于中国环境问题和生态文明建设的新思考》，《探索与争鸣》2013 年第 10 期。

洪大用：《美丽乡村与环境治理（专题讨论）》，《学习与探索》2018 年第 7 期。

洪大用：《绿色城镇化进程中的资源环境问题研究》，《环境保护》2014 年第 7 期。

洪大用：《中国城市居民的环境意识》，《江苏社会科学》2005 年第 1 期。

黄家亮：《从定县百年乡建看乡村振兴战略》，《社会治理》2018 年第 7 期。

黄杉、武前波、潘聪林：《国外乡村发展经验与浙江省"美丽乡村"建设探析》，《华中建筑》2013 年第 5 期。

胡澎：《日本"社区营造"论——从"市民参与"到"市民主体"》，《日本学刊》2013 年第 3 期。

黄祖辉：《准确把握中国乡村振兴战略》，《中国农村经济》2018 年第 4 期。

纪志耿：《当前美丽宜居乡村建设应坚持的"六个取向"》，《农村经济》2017 年第 5 期。

李保平：《从习惯、习俗到习惯法——兼论习惯法与民间法、国家法的关系》，《宁夏社会科学》2009 年第 3 期。

李春勇：《表达与实践：改革开放后的中国法治建设进程——〈人民日报〉相关社论（1978-2014）的法社会学解读》，《长白学刊》2015 年第 5 期。

李君、李小建：《综合区域环境影响下的农村居民点空间分布变化及影响因素分析——以河南巩义市为例》，《资源科学》2009 年第 7 期。

李钧鹏：《生命历程研究中的若干问题》，《济南大学学报（社会科学版）》2011 年第 3 期。

李素华：《对认同概念的理论评述》，《兰州学刊》2005 年第 4 期。

李玉、詹全旺：《中国政治话语的概念隐喻分析——以〈人民日报〉元旦社论为例》，《江淮论坛》2013 年第 5 期。

李强、邓建伟、晓筝：《社会变迁与个人发展：生命历程研究的范式与方法》，《社会学研究》1999 年第 6 期。

廖彩荣：《乡村振兴战略的理论逻辑、科学内涵与实现路径》，《农林经济管理学报》2017 年第 6 期。

林辉煌：《变迁社会中的公共空间与私人空间——基于浙江 J 村的调查》，《长春市委党校学报》2010 年第 6 期。

林叶：《城市人类学再思：列斐伏尔空间理论的三元关系、空间视角与当下都市实践》，《江苏社会科学》2018 年第 3 期。

刘昌伟、吴薇：《中国新闻话语十年变迁：以〈人民日报〉2000 年-2010 年国庆社论为例》，《新闻世界》2011 年第 3 期。

刘少杰：《个人行动的社会制约——评迪尔凯姆关于个人行动、集体表象和社会制度的论述》，《黑龙江社会科学》2009 年第 5 期。

刘少杰：《以实践为基础的当代空间社会学》，《社会科学辑刊》2019 年第 1 期。

刘耀春：《意大利城市政治体制与权力空间的演变（1000-1600）》，《中国社会科学》2013 年第 5 期。

龙跃：《台湾地区总体营造的运行模式探析》，《贵州大学学报（社会科学版）》2015 年第 3 期。

卢晖临、李雪：《如何走出个案——从个案研究到扩展个案研究》，《中国社会科学》2007 年第 1 期。

卢晖临：《社区研究：源起、问题与新生》，《开放时代》2005 年第 4 期。

卢宁：《从"两山理论"到绿色发展：马克思主义生产力理论的创新成果》，《浙江社会科学》2016 年第 1 期。

陆学艺、杨桂宏：《破除城乡二元结构体制是解决"三农"问题的根本途径》，《中国农业大学学报（社会科学版）》2013 年第 3 期。

陆学艺：《社会主义新农村建设与中国现代化（笔谈）》，《江西社会科学》2006 年第 4 期。

陆学艺：《中国"三农"问题的由来和发展》，《当代中国史研究》2004 年第 5 期。

马密、师索：《福柯的现代权力理论研究》，《前沿》2012 年第 21 期。

穆怀中：《社会控制概念和结构分析》，《社会学研究》1988 年第 3 期。

牛俊伟：《论吉登斯、哈维、喀斯特对现代社会的时空诊断》，《山东社会科学》2012 年第 3 期。

潘泽泉：《社区：改造和重构社会的想象和剧场——对中国社区建设理论与实践的反思》，《天津社会科学》2007 年第 4 期。

渠敬东：《迈向社会全体的个案研究》，《社会》2019 年第 1 期。

沙莲香：《经济与心理——与马克斯·韦伯的心理学对话》，《中国人民大学学报》2002 年第 4 期。

沈满洪：《"两山"重要思想的理论意蕴》，《浙江日报》2015 年 8 月 12 日。

沈满洪：《习近平生态文明思想研究——从"两山"重要思想到生态文明思想体系》，《治理研究》2018 年第 2 期。

孙凯：《宇宙的本质》，《大科技（科学之谜）》2013 年第

5 期。

谈志林、张黎黎：《我国台湾地区社改运动与内地社区转型的制度分析》，《浙江大学学报（人文社会科学版）》2007 年第 3 期。

王春光：《农村流动人口的"半城市化"问题研究》，《社会学研究》2006 年第 5 期。

王汉生、王一鸽：《目标管理责任制：农村基层政权的实践逻辑》，《社会学研究》2009 年第 2 期。

王婧祎：《基于赞皇县幸福庄调研浅谈景观规划设计助力乡村振兴》，《现代园艺》2019 年第 19 期。

王宁：《代表性还是典型性？——个案的属性与个案研究方法的逻辑基础》，《社会学研究》2002 年第 5 期。

王先明：《中国乡村建设思想的百年演进（论纲）》，《南开学报（哲学社会科学版）》2016 年第 1 期。

王向东、刘卫东：《中国空军规划体系：现状、问题与重构》，《经济地理》2012 年第 5 期。

王仰麟、赵一斌、韩荡：《景观生态系统的空间结构：概念、指标与案例》，《地球科学进展》1999 年第 3 期。

温铁军、邱建生、车海生：《改革开放 40 年"三农"问题的演进与乡村振兴战略的提出》，《理论探讨》2018 年第 5 期。

文军、黄锐：《"空间"的思想谱系与理想图景：一种开放性实践空间的建构》，《社会学研究》2012 年第 2 期。

吴理财、吴孔凡：《美丽乡村建设四种模式及比较——基于安吉、永嘉、高淳、江宁四地的调查》，《华中农业大学学报（社会科学版）》2014 年第 1 期。

吴毅：《公共空间》，《浙江学刊》2002 年第 2 期。

吴玉鸣、徐建华：《中国区域经济增长集聚的空间统计分析》，《地理科学》2004 年第 6 期。

习近平：《决胜全面建成小康社会 夺取新时代中国特色社会

主义伟大胜利——在中国共产党第十九次全国代表大会上的报告》，人民出版社，2017。

谢志晶、柳建国、卞新民：《农村不同庭院农业模式与庭院经济发展的分析》，《安徽农业科学》2008年第2期。

信桂新、阎建忠、杨庆媛：《新农村建设中农户的居住生活变化及其生计转型》，《西南大学学报（自然科学版）》2012年第2期。

叶敬忠：《乡村振兴战略：历史沿循、总体布局与路径省思》，《华南师范大学学报（社会科学版）》2018年第3期。

叶兴庆：《新时代中国乡村振兴战略论纲》，《改革》2018年第1期。

叶涯剑：《空间社会学的缘起及发展——社会研究的一种新视角》，《河南社会科学》2005年第5期。

余华：《社区营造：协商空间的构建及地方归属感——以杭州良渚文化村为例》，《广西民族大学学报（哲学社会科学版）》2018年第1期。

余敏江：《基于民生改善的农村社会治理转型》，《理论探讨》2016年第5期。

袁明宝、朱启臻：《城镇化背景下农村院落的价值和功能探析》，《民俗研究》2013年第6期。

翟艳：《中国传统庭院空间构成要素解析》，《中国园林》2016年第9期。

张德胜等：《论中庸理性：工具理性、价值理性和沟通理性之外》，《社会学研究》2001年第2期。

张浩：《从"各美其美"到"美美与共"——费孝通看梁漱溟乡村建设主张》，《社会学研究》2019年第5期。

张俊斌、廖绍安、梁大庆：《乡村社区总体营造发展模式之探讨》，《水土保持研究》2007年第1期。

张良：《乡村公共空间的衰败与重建——兼论乡村社会整

合》，《学习与实践》2013 年第 10 期。

赵锋：《面子、羞耻与权威的运作》，《社会学研究》2016 年第 6 期。

赵晓峰：《税改前后乡村治理性危机的演变逻辑》，《天津行政学院学报》2009 年第 3 期。

赵旭东：《乡村成为问题与成为问题的中国乡村研究——围绕"晏阳初模式"的知识社会学反思》，《中国社会科学》2008 年第 3 期。

哲欣：《绿水青山也是金山银山》，《浙江日报》2005 年 8 月 24 日。

郑丽、张桂蓉：《城市居住空间的社会学浅析》，《长沙铁道学院学报（社会科学版）》2007 年第 1 期。

郑震：《空间：一个社会学的概念》，《社会学研究》2010 年第 5 期。

周安平：《私人空间与公共空间漫谈》，《浙江社会科学》2017 年第 5 期。

周飞舟、王绍琛：《农民上楼与资本下乡：城镇化的社会学研究》，《中国社会科学》2015 年第 1 期。

周晓虹：《理想类型与经典社会学的分析范式》，《江海学刊》2002 年第 2 期。

朱光磊：《中国公私空间的中西源流比较与未来可能走向》，《马克思主义与现实》2016 年第 1 期。

朱泽：《大力实施乡村振兴战略》，《中国党政干部论坛》2017 年第 12 期。

邹佳、周永康：《国内有关生命历程理论的研究综述》，《黑河学刊》2013 年第 4 期。

## 中文译著

〔英〕贝克莱：《人类知识原理》，郑运译，商务印书馆，1973。

〔捷〕布罗日克：《价值与评价》，李志林、盛宗范译，知识出版社，1988。

〔法〕布迪厄：《社会空间与象征权力》，载包亚明主编《后现代性与地理学的政治》，上海教育出版社，2001。

〔法〕布迪厄：《实践感》，蒋梓骅译，译林出版社，2003。

〔英〕布宁：《西方哲学英汉对照词典》，余纪元译，人民出版社，2001。

〔法〕笛卡尔：《第一哲学沉思集》，庞景仁译，商务印书馆，1986。

〔法〕福柯：《规训与惩罚》，刘北成、杨远婴译，生活·读书·新知三联书店，1999。

〔美〕哈维：《后现代的状况》，阎嘉译，商务印书馆，2003。

〔英〕霍默：《弗雷德里克·詹姆森》，孙斌、宗成河、孙大鹏译，上海人民出版社，2004。

〔英〕吉登斯：《民族-国家与暴力》，胡宗泽、赵力涛译，生活·读书·新知三联书店，1998。

〔英〕吉登斯：《社会的构成》，李康、李猛译，生活·读书·新知三联书店，1998。

〔美〕卡斯特：《网络社会的崛起》（第一卷），夏铸九、王志弘等译，社会科学文献出版社，2001。

〔法〕列斐伏尔：《空间：社会产物与使用价值》，载包亚明主编《现代性与空间的生产》，上海教育出版社，2003。

〔英〕洛克：《人类理解论》（上册），关文运译，商务印书馆，1997。

〔美〕米尔斯：《社会学的想象力》（第三版），陈强、张永强译，生活·读书·新知三联书店，2012。

〔英〕牛顿：《自然哲学之数学原理》，赵振江译，商务印书馆，2006。

〔德〕齐美尔：《社会学——关于社会化形式的研究》，林荣远译，华夏出版社，2002。

〔美〕舒茨：《社会实在问题》，霍桂桓译，华夏出版社，2001。

〔美〕苏贾：《后现代地理学——重申批判社会理论中的空间》，王文斌译，商务印书馆，2004。

〔法〕涂尔干：《宗教生活的基本形式》，渠东、汲喆译，上海人民出版社，1999。

〔德〕韦伯：《支配社会学》，康乐、简惠美译，广西师范大学出版社，2004。

〔德〕韦伯：《新教伦理与资本主义精神》，于晓、陈维纲等译，生活·读书·新知三联书店，1987。

〔美〕阎云翔：《私人生活的变革：一个中国村庄里的爱情、家庭与亲密关系（1949-1999）》，龚小夏译，上海人民出版社，2006。

## 学位论文

陈青红：《浙江省"美丽乡村"景观规划设计初探》，浙江农林大学硕士学位论文，2013。

邓寄豫：《现代文化视角下的传统庭院空间研究》，湖南大学硕士学位论文，2010。

冯奇：《中国民居庭院空间研究》，华南理工大学硕士学位论文，2010。

何建美：《中西古代庭院空间比较研究》，湖南大学硕士学位论文，2006。

李贺楠：《中国古代农村聚落区域分布与形态变迁规律性研究》，天津大学博士学位论文，2006。

孟宇航：《徐州地区农村庭院发展状况与设计研究》，中国矿业大学硕士学位论文，2014。

石新国：《社会互动的理论与实证研究评析》，山东大学博士学位论文，2013。

倪云：《美丽乡村建设背景下杭州地区乡村庭院景观设计研

究》，浙江农林大学硕士学位论文，2013。

熊璟：《中国传统庭院空间形态分析及应用》，武汉纺织大学硕士学位论文，2013。

姚彬：《关于庭院空间景观设计的研究分析》，浙江大学硕士学位论文，2013。

余剑峰：《中国传统庭院式民居空间对当代住宅空间的影响》，中央美术学院硕士学位论文，2007。

赵坤：《传统民居庭院空间的比较研究》，东北林业大学硕士学位论文，2006。

周伟：《建筑空间解析及传统民居的再生研究》，西安建筑科技大学博士学位论文，2004。

朱姝：《住宅空间与家庭关系的再生产》，南京大学硕士学位论文，2017。

## 英文著作

Bourdieu，P.，*Outline of a Theory of Practice.* Cambridge：Cambridge University Press. 1977.

Foucault，M.，*Power/Knowledge.* Colin Gordon（ed.）. New York：Pantheon Books. 1980.

Foucault，M.，*Discipline and Publish*：*The Birth of the Prison.* Trans. by Alan Sheridan. New York：Random House Inc. 1977.

Giddens，A.，*Central Problems in Social Theory* . London：the Macmillan Press Ltd. 1979.

Giddens，A.，*A Contemporary Critique of Historical Materialism*（*vol.* 1）：*Power*，*Property and the State.* London：The Macmillan Press Ltd. 1981.

Halfacree，K.，*Rural Space*：*Constructing a Three-fold Architecture//Cloke P*，*Marsden T*，*Mooney P. Handbook of Rural Studies.* London：Sage. 2006.

Harvey, D., *Time-space Compression and the Postmodern Condition*, Oxford: Blackwell. 1989.

Lefebvre H., *The Survival of Capitalism, Reproduction of the Relations of Production*. Translated by Frank Bryant. London: Allison & Busby Ltd. 1976.

Lefebvre, H., *Spatial Planning: Reflections on the Politics of Space*, in Richard Peet ( ed. ), *Radical Geography: Alternative Viewpoints on Contemporary Social Issues*. Chicago: Maaroufa Press. 1979.

Lefebvre, H., *The Production of Space*. Translated by Donald Nicholson Smith. London: Basil Blackwell. 1991.

Lefebvre, H., *Everyday Life in the Modern World*. Trans. by Sacha Rabinovitch. New Brunswick: Transaction Publishers. 1984.

Simmel, G., *The Sociology of Space*. Trans. by Mark Ritter & David Frisby. In David Frisby & Mike Featherstone ( eds. ), *Simmel on Culture*. London, Thousand Oaks, New Delhi: SAGE Publication. 1997.

Soja, E. W., *Postmodern Geographies: The Reassertion of Space in Critical Theory*. London: Verso. 1989.

Soja, E. W., *Third Space*. Oxford: Blackwell. 1996.

Weber, Max, *The Protestant Ethic and the Spirit of Capitalism*, London: George Allen. 1930.

Weber, M. *The Methodology of the Social Science*, New York: The Free Press. 1949.

## 英文期刊、论文

Christophers, B. "Revisiting the Urbanization of Capital", *Annals of the Association of American Geographers* 6. November 2011.

Birringer, J., "Invisible cities/ transculture images", *Performing Arts Journal* 12. 1989.

Bourdieu, P., "The Social Space and the Genesis of Groups",

*Theory and Society* 14 (6). 1985.

Peter, B. Nelson. , "Rural restructuring in the American West: Land Use, Family and Class Discourses", *Journal of Rural Studies*, 17 (4): 395-407. 2001.

Pahl, R. E. , "Instrumentality and Community in the Process of Urbanization", *Sociological In-quiry* 43. 1973.

Read, Benjamin L. , "State, Social Networks and Citizens in China's Urban Neighborhoods", Department of Government, Harvard University. Ph. D. Dissertation. 2003.

Soja, E. W. , "Regional Urbanization and Third Wave Cities", *City Analysis of Urban Trends Culture Theory Policy Action* 17 (5): 688- 694. 2013.

Soja, E. W. , "In Different Spaces: The Cultural Turn in Urban and Regional Political Economy", *European Planning Studies* 7 (1): 65-75. 1999.

Bate, David, "The Archaeology of Photography: Rereading Michel Foucault and The Archaeology of Knowledge", *Afterimage* 35 (3): 3-6. 2007.

# 附　录

## 附录一　调查问卷

尊敬的女士/先生：

您好！受中国人民大学社会学系的委托，我来您家了解一些情况。非常感谢您在百忙之中填写这份问卷，该问卷的调查目的是想了解目前梧村的庭院建设情况。本问卷各项答案无对错之分，问卷所得结果只做统计分析，不会反映您的个人信息，对外绝对保密，所以请您依据自己的想法放心填写。该问卷预计用时10分钟，感谢您的配合！请在符合您家情况的字母上画圈，或具体填写。

1. 您对村里 2016~2018 年开展的庭院评比活动的看法？

A. 非常满意　　B. 满意　　C. 一般　　D. 不满意

E. 非常不满意

2. 您觉得村里搞的庭院评比活动对您进行庭院美化有促进作用吗？

A. 有促进　　B. 有一点促进　　　　C. 没促进

D. 请填写_____

3. 关于搞庭院美化，大家有不同的说法，您同意哪种说法？

A. 各家搞各家的，没必要由村里统一搞

B. 村里统一搞比较好　　　C. 其他_____

3. 到目前为止，您家在整治庭院方面总共花了多少钱？大概花了_____元。

4. 您家的庭院设计是否花钱？

A. 没花钱　B. 花了_____元，由_____设计。

262

5. 您的家庭年收入大约是？　　大概有＿＿＿＿＿万元。

6. 您家庭院种植的花木从何而来？

A. 移栽山林/公共绿地的花木　　B. 移栽邻居家的花木

C. 从花木市场购买　　　　　　D. 其他＿＿＿＿＿

7. 请简要描述您对 2016～2018 年庭院评比活动的看法。（满意在哪儿？不满意在哪儿？）

———————————————————————————————

8. 请简要描述您家庭院的花木种类：＿＿＿＿＿＿＿＿＿＿

———————————————————————————————

问卷调查到此结束，再次谢谢您！

中国人民大学社会学系

2021 年 1 月 4 日

**开放式调查问卷部分：**

一、您怎么看村里要求家家户户搞庭院美化这件事？

二、您家修整庭院的具体做法是什么？

三、为了庭院美化这件事，您和村里发生过矛盾吗？

四、如果村里不检查、不评比，您还会继续保持院子的整洁和美化吗？

五、庭院美化，种一些花花草草，又没什么经济效益，您为什么还要花钱费力地去搞？

六、请您讲讲在庭院美化过程中发生的一两个小故事，您自己的也行，别人家的也行。

七、如果满分是 100 分，对卢书记这个人在梧村的工作表现，您认为能给他打多少分？

## 附录二　梧村有关"美丽庭院"建设的规章制度汇总

### 荷村管理制度

为加强自然村公共管理，维护全体住户合法权益，维护公共环境和秩序，通过全体住户会议表决，特制定荷村自然村管理制度，全体住户需自觉遵守，共同创建一个优美、整洁、安全、文明、和谐的居住环境。

（一）公共秩序管理制度

（1）全体住户必须遵守国家和地方治安管理的有关规定，遵守维护全体住户生活秩序和安全的各项规章制度。

（2）全体住户必须及时向村委会申报暂住人口、办好暂住证、做好登记，无身份证人员一律不得承租，确保治安秩序的稳定。

（3）不得在本小区进行非法及违法活动。

（二）消防管理制度

（1）住宅区消防管理工作贯彻"预防为主，防消结合"的方针，全体住户要密切配合业主管理委员会，主动参与住宅区的消防管理工作，自觉维护小区内的消防设备，不得擅自挪用消防设备、器材或备用水源。

（2）遵守安全用电管理规定，严禁超负荷使用电器，以免发生事故。

（3）住宅区内严禁经营、贮存烟花、炮竹、炸药、汽油、香蕉水等易燃易爆物品以及各类剧毒物品。

（三）环境卫生管理制度

（1）不得在小区内有影响环境的乱搭、乱建、乱贴、乱挂、乱画等行为；搭建钢棚、透明棚等附属设施，须由住户本人书面申请（写明具体材料、面积、结构等），经村及业主管理委员会书面答复后方可搭建，否则按违章建筑拆除，拆除费用从年终分红中扣除。

（2）自觉遵守小区环境卫生保洁制度，自觉做好垃圾分类，各类生产生活垃圾按规定投放到指定的地点；有出租房的住户要负责好、教育好、安排好暂住人员的垃圾分类及投放工作，且出租房的保洁费用（如垃圾袋等）由出租户自行承担。

（3）房屋四周的卫生由住户自己保洁，具体范围由村及业主管理委员会确定。

（4）小区内不得种植有藤的蔬菜、竹子等，禁止搭棚种蔬菜或使用泡沫箱种植蔬菜，严禁饲养家禽家畜。

（四）绿化养护管理制度

（1）小区内所种植的花草树木及绿化设施是全体住户的公共财产，个人不得占为己有或擅自加以改造，全体住户都有责任和义务维护好房屋四周的绿化设施；不得损害公共绿化带及设施，包括公共绿地、花草树木、建筑小品、健身设施、小区娱乐设施、体育设施等，一旦发现照价赔偿，故意损坏的，除照价赔偿外处罚金1000元；小区主要节点前的绿化和高大树木等由村派专人负责。

（2）小区绿化设施分段分块，住户房屋周围落实责任制后必须认真管理养护，不得以任何借口将绿化设施如树木、草地等挖掉种菜或改为他用。一旦发现：①责令其恢复原样或业主管理委员会代为恢复，费用从年终分红中扣除；②赔偿经济损失，即处罚金1000元。

（3）村统一购买绿化所需器材，并交由业主管理委员会代为保管；住户如需绿化器材，可向业主管理委员会借用，同时必须做好出借登记并及时归还，遗失的照价赔偿。

（五）公共设施管理制度

（1）在小区内不得擅自占用公共道路、车位和公共绿岛。

（2）不得损坏路灯、消防设施、电房、下水道、供电线路、自来水管道等。

为更好地落实本管理制度，小区特成立业主管理委员会和绿化卫生评定小组。业主管理委员会：委员会成员 5 人，由小区住户选举产生，业主管理委员会日常经费由村统一拨付，在村委会领导下开展工作。绿化卫生评定小组：由小区内党员、生产队长、妇女队长、业主管理委员会成员组成。业主管理委员会将组织绿化卫生评定小组对小区内住户进行检查（每一个月或每一个季度进行一次），现场打分，并根据得分情况评出一、二、三等；村及业主管理委员会按评出来的一、二、三等给予奖励，奖金从村拨付的小区管理经费中支出；村及业主管理委员会组织约谈得分最低的住户，查找原因并帮助整改。望全体住户积极配合，共建和谐幸福家园！

梧村村民自治委员会

## 临风家园住宅小区管理制度规定

为加强住宅小区公共管理，维护全体住户合法权益，维护公共环境和秩序，通过全体住户会议表决，特制定临风家园住宅小区管理制度，全体住户需自觉遵守，共同创建一个优美、整洁、安全、文明、和谐的居住环境。

（一）公共秩序管理制度

（1）全体住户必须遵守国家和地方治安管理的有关规定，遵守维护全体住户生活秩序和安全的各项规章制度。

（2）全体住户必须及时向村委会申报暂住人口、办好暂住证、做好登记，无身份证人员一律不得承租，确保治安秩序的稳定。

（3）不得在本小区进行非法及违法活动。

（二）消防管理制度

（1）住宅区消防管理工作贯彻"预防为主，防消结合"的方针，全体住户要密切配合业主管理委员会，主动参与住宅区的消防管理工作，自觉维护小区内的消防设备，不得擅自挪用消防设备、器材或备用水源。

（2）遵守安全用电管理规定，严禁超负荷使用电器，以免发生事故。

（3）住宅区内严禁经营、贮存烟花、炮竹、炸药、汽油、香蕉水等易燃易爆物品以及各类剧毒物品。

（三）环境卫生管理制度

（1）不得在小区内有影响环境的乱搭、乱建、乱贴、乱挂、乱画等行为；搭建钢棚、透明棚等附属设施，须由住户本人书面申请（写明具体材料、面积、结构等），经村及业主管理委员会书面答复后方可搭建，否则按违章建筑拆除，拆除费用从年终分红中扣除。

（2）自觉遵守小区环境卫生保洁制度，自觉做好垃圾分类，各类生产生活垃圾按规定投放到指定的地点；有出租房的住户要负责好、教育好、安排好暂住人员的垃圾分类及投放工作，且出租房的保洁费用（如垃圾袋等）由出租户自行承担。

（3）房屋四周的卫生由住户自己保洁，具体范围由村及业主管理委员会确定。

（4）小区内不得种植有藤的蔬菜、竹子等，禁止搭棚种蔬菜或使用泡沫箱种植蔬菜，严禁饲养家禽家畜。

（四）绿化养护管理制度

（1）小区内所种植的花草树木及绿化设施是全体住户的公共财产，个人不得占为己有或擅自加以改造，全体住户都有责任和义务维护好房屋四周的绿化设施；不得损害公共绿化带及设施，包括公共绿地、花草树木、建筑小品、健身设施、小区娱乐设施、体育设施等，一旦发现照价赔偿，故意损坏的，除照价赔偿外处罚金 1000 元；小区主要节点前的绿化和高大树木等由村派专人负责。

（2）小区绿化设施分段分块，住户房屋周围落实责任制后必须认真管理养护，不得以任何借口将绿化设施如树木、草地等挖掉种菜或改为他用。一旦发现：①责令其恢复原样或业主管理委员会代为恢复，费用从年终分红中扣除；②赔偿经济损失，即处罚金1000元。

（3）村统一购买绿化所需器材，并交由业主管理委员会代为保管；住户如需绿化器材，可向业主管理委员会借用，同时必须做好出借登记并及时归还，遗失的照价赔偿。

（五）公共设施管理制度

（1）在小区内不得擅自占用公共道路、车位和公共绿岛。

（2）不得损坏路灯、消防设施、电房、下水道、供电线路、自来水管道等。

为更好地落实本管理制度，小区特成立业主管理委员会和绿化卫生评定小组。业主管理委员会：委员会成员5人，由小区住户选举产生，业主管理委员会日常经费由村统一拨付，在村委会领导下开展工作。绿化卫生评定小组：由小区内党员、生产队长、妇女队长、业主管理委员会成员组成。业主管理委员会将组织绿化卫生评定小组对小区内住户进行检查（每一个月或每一个季度进行一次），现场打分，并根据得分情况评出一、二、三等；村及业主管理委员会按评出来的一、二、三等给予奖励，奖金从村拨付的小区管理经费中支出；村及业主管理委员会组织约谈得分最低的住户，查找原因并帮助整改。望全体住户积极配合，共建和谐幸福家园！

梧村村民自治委员会

## 美丽庭院创建的标准（2018）

1. 院有"花"香

（1）道路硬化：入户道路硬化，通行方便顺畅，路面无破损；（2）环境洁化：房屋院落四周环境整洁，生活垃圾定点投放；建有三格式化粪池和卫生厕所，生产生活污水经处理后达标排放；（3）庭院美化：庭院内外种植花草树木；外墙美化，围墙院门美观大方；院内生产工具、生活用品摆放整齐；房前屋后无乱搭建、乱悬挂、乱张贴。屋内干净整洁，庭院及责任区块物品摆放整齐，无垃圾、柴等杂物堆。门前道路无垃圾，生活垃圾分类装入垃圾袋，按规定投放到指定的地点，无乱倒乱抛行为。

2. 室有"书"香

（1）有一定的文化气息：居室布置有一定数量的文化艺术品，装饰大方得体；尊师重教、言传身教；不参与赌博、迷信活动；（2）有良好的学习习惯：收听收看时事新闻；有阅读习惯，有一定数量的藏书；订阅报刊杂志；（3）有健康的生活方式：积极参加体育锻炼和文化娱乐活动；注重环保节约；理性消费，不盲目攀比。

3. 人有"酿"香

（1）想创业：有创业激情、创业思路和创业行动；敢于拼搏、善于创造、大胆实践；（2）学创业：积极参加各种技能培训；家庭劳动力有一定的生产技能或经营经验；积极降低成本、提高效率、节能减排；（3）会创业：积极发展多种经济，多门路致富；家庭人均收入超过上年度全县农民人均水平；收入持续增长，家业殷实。

4. 户有"溢"香

（1）品德优良：遵纪守法，诚实守信，办事公道，助人为乐，热爱家乡；（2）家庭和睦：尊老爱幼，夫妻和睦，婆媳、兄弟、妯娌等家庭关系融洽；（3）邻里团结：邻里互谅互让，友好相处，团结互助。

# 后 记

"梧村现象"的出现是有迹可循的，从"美丽乡村建设"到"乡村振兴"，再到"习近平生态文明思想"，可以说"梧村现象"是国家发展战略引导下的产物。本书就是以"梧村庭院"为研究对象，从一个侧面探讨中国乡村建设问题。

需要指出的是，梧村的发展路径并不是所有中国乡村都可以简单效仿的，其原因主要有三。一是梧村地处浙江省安吉县，而安吉县作为"美丽乡村"和"两山"理念的发源地，在生态环境的建设层面有着得天独厚的地理优势和政策优势。二是梧村具有一定的经济优势。自 2002 年起，梧村村集体先后通过创立黄花梨合作社、引进工业项目等措施改变了产业结构，村集体的经营性收入与村民的生活水平都达到了一定高度，因此才有了"梧村庭院"形成的可能性。一定的经济水平是"梧村现象"出现的基石，在一些生产生活水平较低的乡村，不论是村集体层面还是村民层面，都没有"庭院美化"的动力。三是"人"的重要性。基层组织建设是梧村进行规模化的庭院美化建设的关键性因素，基层组织的建设与"人"息息相关。在梧村的基层组织中，引领村"两委"班子推动梧村庭院建设的人就是当年的第一书记卢健。卢健的工作作风与思想胆识并不是所有乡村的第一书记都具备的，具有一定的特殊性。中国不同地域的乡村具有不同的特色，发展乡村的根本要义还是具体问题具体分析，发展路径要契合乡村的本土性，而不是盲目地效仿或复制其他乡村的发展模式。

在我博士毕业后的第三年，《梧村庭院》终于付梓了。本书是我在博士论文的基础上，经过不断的修改、补充和完善形成的。我曾在 2017~2021 年间三次到访梧村进行调研，与当地村民建立了深厚的感情。我每次到梧村都讶异于当地发展之快，也为当地村民越来越富足的生活感到欣喜。我出生成长于北京城，对中国的乡村比较陌生，记忆中最深刻的乡村模样大抵就是小时候跟随母亲回她河北老家时看到的乡村的样子——雨天时道路泥泞，天晴时尘土飞扬。我当时以为全中国的乡村都是如此，直到去了梧村才发现，原来乡村也可以是这副模样。

本书虽然是我的心血之作，但从构思、写作再到出版离不开师长、亲朋好友的倾力相助。首先感谢我的导师洪大用教授，他是严师慈父型的学者，在学术上精益求精。是恩师带我走进了梧村，见识到了中国乡村的另一面，在我调研遇到瓶颈时为我指明方向，在我写作思路不清晰时为我梳理框架，有时还在深夜发来修改意见，令人感动。如果没有导师的精心指导与谆谆教诲，督促我一遍又一遍地修改论文，我的博士论文恐将难以通过我们系里严苛的预答辩和教育部的专家匿名评审，遑论出版。感谢为本书写序的周大鸣教授，周教授是我国著名的人类学家，在中国乡村人类学研究方面有重大的学术建树，闻名遐迩。本书能够获得周教授的点拨与错爱是我莫大的荣幸。感谢在我写作过程中给予过帮助的赵旭东教授、肖晨阳教授、陆益龙教授、王水雄教授、岳永逸教授、叶敬忠教授、时立荣教授、吕新萍教授、童志锋教授、刘谦教授、黄家亮副教授、李荷副教授。感谢在调研过程中给予我帮助的所有人，他们质朴热情，为我提供了各种便利条件和帮助，使我的调研活动得以顺利展开，让我的田野资料丰厚且翔实。感谢在出版过程中对接所有事宜的谢蕊芬编辑，她事无巨细，亲力亲为，没有谢老师的帮助，本书的出版不会如此顺利。

攻读过博士学位的人，都知道那是一个充满艰辛和泪水的过程，也是一个开拓眼界、吸吮知识的过程。在经历了严格的学术训练和思维锤炼之后，我也成了一名教书育人的大学教师，面对一张张求知若渴的年轻面孔，我深感肩上的责任。

本书记录了我的学术思考，也承载了我五年的时光与心血，写到最后，竟有些不舍。著作虽有完结的一天，但是学术之路是无止境的，征途漫漫，唯有奋斗。

是为后记。

2022 年 12 月 3 日于北京家中

郭晗潇

图书在版编目（CIP）数据

梧村庭院：美丽乡村建设的路径选择 / 郭晗潇著
. -- 北京：社会科学文献出版社，2024.2
ISBN 978-7-5228-2514-4

Ⅰ.①梧…　Ⅱ.①郭…　Ⅲ.①农村-社会主义建设-
研究-中国　Ⅳ.①F320.3

中国国家版本馆 CIP 数据核字（2023）第 179960 号

梧村庭院:美丽乡村建设的路径选择

著　　者 / 郭晗潇

出 版 人 / 冀祥德
责任编辑 / 李　薇
责任印制 / 王京美

出　　版 / 社会科学文献出版社 （010）59367002
　　　　　　地址：北京市北三环中路甲 29 号院华龙大厦　邮编：100029
　　　　　　网址：www.ssap.com.cn
发　　行 / 社会科学文献出版社 （010）59367028
印　　装 / 三河市尚艺印装有限公司

规　　格 / 开　本：787mm×1092mm　1/16
　　　　　　印　张：18.25　字　数：241 千字
版　　次 / 2024 年 2 月第 1 版　2024 年 2 月第 1 次印刷
书　　号 / ISBN 978-7-5228-2514-4
定　　价 / 128.00 元

读者服务电话：4008918866